古代歷史文化 研究輯刊

三一編

王明蓀 主編

第 25 冊

清代篆隸名家風格新變研究（上）

陳秀雋 著

國家圖書館出版品預行編目資料

清代篆隸名家風格新變研究（上）／陳秀雋　著 -- 初版 -- 新
北市：花木蘭文化事業有限公司，2024〔民 113〕
目 10+196 面；19×26 公分
（古代歷史文化研究輯刊 三一編；第 25 冊）
ISBN 978-626-344-677-9（精裝）
1.CST：書法 2.CST：研究考訂 3.CST：清代
618　　　　　　　　　　　　　　　　　112022537

ISBN-978-626-344-677-9

9 786263 446779

古代歷史文化研究輯刊
三一編　第二五冊　　　　　ISBN：978-626-344-677-9

清代篆隸名家風格新變研究（上）

作　　者　陳秀雋
主　　編　王明蓀
總 編 輯　杜潔祥
副總編輯　楊嘉樂
編輯主任　許郁翎
編　　輯　潘玟靜、蔡正宣　美術編輯　陳逸婷
出　　版　花木蘭文化事業有限公司
發 行 人　高小娟
聯絡地址　235 新北市中和區中安街七二號十三樓
　　　　　電話：02-2923-1455 ／傳真：02-2923-1452
網　　址　http://www.huamulan.tw 信箱 service@huamulans.com
印　　刷　普羅文化出版廣告事業
初　　版　2024 年 3 月
定　　價　三一編 37 冊（精裝）新台幣 110,000 元

清代篆隸名家風格新變研究(上)

陳秀雋　著

作者簡介

作者：陳秀雋

出生：1950 年生於高雄旗山。

學歷：國立台中教育大學哲學博士。國立中興大學中文碩士。

曾任：國立台中二中國文科教師。國立空大人文學系兼任助理教授。

得獎：興大中興湖文學獎第 26 屆古典詩第一名。二林社大至聖之經金牌獎。傳統詩學會金牌獎。書法：入選台北市、高雄市、南瀛美展、全省美展。

參加第六、七屆國際漢字書法教育學術研討會。

參加藍田、彰化詩學會、中華傳統詩學會。

現任：弘道書學會常務監事。

提　　要

書法是以漢字為素材來表現心靈境界的藝術，是文化的精粹，最足以代表中國文化，故自漢以來即被稱為「文化精英」的藝術。

本論文「清代篆隸名家風格新變研究」，內容共分六章。第一章緒論。第二章清代書學環境。第三章清初篆隸名家風格新變。第四章清中期篆隸名家風格新變。第五章清晚期篆隸名家風格新變。透過對書家生平、學書歷程、作品分析、風格評價，探討新變成就。第六章結論。

風格研究是最具價值意義的。藝術的可貴在創造，若無新變，何以代雄？周、秦、兩漢為篆隸發展的時代，宋、元、明帖學興盛。清代，考據學、文字學、金石學的發展，促使篆、隸、北碑的復興。清篆、隸新變方式或表現在工具上、或碑帖取法上、或結體造形上、或融入書體上，真可謂風格多樣、人才濟濟，與周、秦、兩漢迥異。

就時代風格而言，大體整個清代是尚質，以追求樸拙為主。文學藝術愈樸拙，愈見情感之真誠。清初風格形式較為詭異。清中期各具獨特的個性風格特色。清晚期則在金石學發達更加深化、融合創新，成果斐然。

化古為新與碑帖結合，是書壇創新的兩大主流。而新變不外質變與形變，學篆隸有助線質提升，形式變化有賴美學視野的開拓。形式是用來表意的，透過有意味的形式來傳達心意。清代簡牘 未出土，今日簡牘成為書壇顯學。透過出土文物，是今人學書可超越清人之處。清代書家學問淵博，詩人、畫家、篆刻家、文字學家，甚至詩、書、畫、印兼通，這說明書法是一門以學問為根柢的藝術。

圖　次

第一章　緒　論

第一節　研究動機與目的

　　中國書法，自唐、宋、元、明，直到清代中葉樸學興起以前，這期間書法界風行的全都是帖學派，可說是帖學一統天下。清代書法最大的特色就是碑學興起，篆、隸、北碑書法重新受到重視。篆、隸書法在先秦兩漢最為興盛，唐以後衰微沉寂了一段長時期，有學者認為篆隸在先秦兩漢已發展至頂峰，後人很難超越，這種說法筆者不能苟同，由於清代特殊的書學環境，金石學興起，清朝篆、隸人才濟濟，風格多樣，頗值得研究探討。為什麼要研究清代篆隸名家風格新變？究竟清代篆隸名家風格與先秦兩漢篆隸典範有何不同？清代篆隸的發展有何新變特色？清代篆隸書家是如何新變的？這是筆者想要研究釐清的。

一、研究動機

（一）篆隸在書法中的重要性

　　本論文「清代篆隸名家風格新變研究」是以清代篆隸重要代表書家及其作品為研究核心。從學書歷程、作品分析、探討其風格特色、新變因素，究明書法文化的真實現象，以作為書法學習、教育、審美、創作之借鏡。

　　為什麼要研究清代篆隸名家風格新變？因為追求新變，是古今中外，文學藝術生存發展的規律。時代風格的演變是深受歷史、政治、文化、社會環境和經濟基礎所影響。個人風格則受審美思想、性情、學問、修養等因素左

右。分析古人書法風格是當今從事書法藝術創作者化古為新的重要途徑。清代書法與唐、宋、元、明相比較，最突出的現象，便是篆、隸書體的復興和篆刻藝術的繁榮，以及隨之引發的碑學運動。

　　探討篆隸名家風格新變之前，首先認識篆隸在書法藝術中的重要性。傅山說：「楷書不自篆隸八分中來，即奴態不足觀矣。」〔註1〕趙之謙在寫給友人夢惺的信說：

　　　　弟於書僅能作正書，篆則多率，……然生平因學篆始能隸，學隸使

　　　　能為正書，取法乎上，僅能乎中，此甘苦自知之。〔註2〕

趙之謙四體兼善，然因學篆始能隸，學隸使能為正書，可見篆隸之重要。清末著名書家鄭孝胥亦認為：「字之雅，須本乎六書，書之雅，應來自篆隸。專習篆書可俯視一切。專習隸書，可避俗氣。」〔註3〕篆書為四體之本，若能熟習，他體不求工而自工。李瑞清認為，學書必須從篆書開始，他說：「書法雖小道，必從植其本始。學書從篆入，猶為學之必自經始。」〔註4〕他對篆書的重視已到學書不學篆，猶文家不通經的程度，故學書必自通曉篆書開始。〔註5〕包世臣云：

　　　　篆書之圓勁滿足，以鋒直行於畫中也；分書之駿發滿足，以毫平鋪

　　　　於紙上也。〔註6〕

篆書的用筆是中鋒，結體的主要審美特徵是圓。隸書用筆分為方圓兩大類，用筆改轉為折，提按頓挫，結體的主要審美特徵是方。其橫畫一波三折，是隸書最具特點的筆法，劉熙載《藝概・書概》云：

　　　　書之有隸，生於篆，如音之有徵，生於宮。故篆取力弇氣長，隸取

　　　　勢險節短，蓋運筆與奮筆之辨也。〔註7〕

〔註1〕傅山《霜紅龕集・卷廿五》（台北：漢華文化事業有限公司，1971年8月出版），頁710。

〔註2〕馬國權〈趙之謙及其藝術〉收錄於《書論合訂本第十卷1984年卷》，頁15。

〔註3〕李羲興〈鄭孝胥研究〉收錄於陳振濂主編《近現代書法史》（天津：古籍出版社，1998年10月出版），頁354。

〔註4〕季伏昆編《中國書論輯要・李瑞清跋自臨散氏盤》（江蘇：美術出版社，2000年12月），頁145。

〔註5〕陳方既著《中國書法美學思想史》（北京：人民美術出版社，2009年1月1刷），頁386。

〔註6〕黃簡《歷代書法論文選・包世臣藝舟雙楫・答熙載九問》（上海：書畫出版社，2000年12月4刷），頁660。

〔註7〕劉熙載《藝概・書概》（台北：金楓出版社，1998年7月1版），頁185。

隸生於篆，篆隸之差別一在運筆，一在奮筆。康有為云：

> 書法之妙，全在運筆，該舉其要，盡於方圓，操縱極熟，自有巧妙。
> 方用頓筆，圓用提筆，提筆中含，頓筆外拓。中含者渾勁，外拓者
> 雄強。中含者，篆之法也；外拓者，隸之法也。提筆婉而通，頓筆
> 精而密。〔註8〕

書法之妙全在運筆，用筆不外方圓，圓用提筆，提筆中含渾勁，篆之法也；方用頓筆，頓筆外拓雄強，隸之法也。提筆婉而通，頓筆精而密。篆隸用筆已概括書法用筆之大要。

由以上三家的論述我們可知：篆隸的區別在於篆書圓勁，鋒直行於畫中。分書駿發，毫平鋪於紙上。篆取力弇氣長，隸取勢險節短。其差別在篆運筆，隸奮筆，用筆之妙盡於方圓，而隸生於篆，篆隸筆法、結體不同，造成審美風格差異。

學書為什麼要學篆隸？《廣藝舟雙楫·本漢第七》引用逸少曰：「夫書須先引八分、章草入隸中，發人意氣，若直取俗字，則不能生發。」〔註9〕傅山所謂的楷書不從篆隸八分中來，即奴態不足觀矣，最能說明學書須溯源的重要。

書法史的發展各有其時代社會環境因素，到了清代，清初承明末帖學書風，清中期碑學〔註10〕興起，審美趣味改變，帖學書卷味濃厚，碑學金石氣強烈而碑帖各有擅勝，阮元於〈北碑南帖論〉論之詳矣。其《南北書派論》云：

> 元謂書法遷變，流派混淆，非溯其源，曷返于古？蓋由隸字變為正
> 行草書，其轉移皆在漢末魏晉之間。而正行草之分為南北兩派者，
> 則東晉宋齊梁陳為南派，趙燕魏齊周隋為北派也。〔註11〕

然自宋以來，閣帖盛行，輾轉翻刻，篆分古意漸失，此時阮元倡導碑學，開啟一代尚碑書風，因考據學、金石學發展，學篆隸是時勢所趨，且學書要先立筋骨再潤澤肌膚，亦即先學碑再學帖，若不溯源篆隸北碑，曷返于古？學書恐怕更日趨靡弱了。

〔註8〕康有為《廣藝舟雙楫·綴法第二十一》（台北：金楓出版社，1999年4月1版），頁286。

〔註9〕康有為《廣藝舟雙楫·本漢第七》（台北：金楓出版社，1999年4月1版），頁149。

〔註10〕碑學有廣狹二義：狹義的指專學魏碑體的書法流派。廣義的指周秦至南北朝時期，篆、隸、楷三種字體的金石文字，作為學習對象的書法流派。

〔註11〕阮元〈南北書派論〉收錄於黃簡《歷代書法論文選》，頁629～630。

篆字《說文》釋為「引書也。」〔註12〕「引」字,《說文》開弓也。〔註13〕
引書即引筆著於竹帛以成字。是把筆劃拉長,很合小篆的字形。篆書包括大篆
和小篆,秦朝的篆書稱為小篆,廣義的大篆則包括秦以前的各種文字,二者是
相對而言的。張宗祥《書學源流論・篆隸篇》云:

> 篆自李斯而下,胡毋敬、趙高、揚雄、曹喜、班固、崔瑗、許慎、蔡
> 邕皆稱能手,然盡守小篆之法而不變。晉及六朝善小篆者蓋不多見。
> 至李陽冰而復昌,其篆之中興乎!自李而下絕少概見。蓋篆者與小
> 學相依以為盛衰者也。〔註14〕

此則言晉及六朝善小篆者蓋不多見,蓋漢興有隸書,而隸書的書寫較小篆為方
便,基於實用性,取代篆書的書寫。唐代李陽冰是篆書中興,李陽冰是文字學
家、書法家,曾刊定《說文解字》,對文字學的影響很大;他所寫的篆書受到
極大的推崇,稱他是李斯之後的第一人。篆書與小學相依以為盛衰,在李陽冰
身上得到印證,若不懂小學(文字學)而想寫好小篆是有困難的。小學又稱樸
學,即研究文字的形、音、義的學問,蓋篆書與文字學關係最為密切。張宗祥
又云:

> 隸之起也,解散篆書而為之,必無挑勒之形。挑勒者,後人修飾隸
> 書而成者也。……《裴岑記功》為漢碑,其字體則在篆、隸之間,
> 餘所見漢瓦器多種,字亦相類。然與篆同者獨其結體長方,用筆則
> 皆為隸,此可證篆變為隸之初,所有隸書必不與《禮器》、《史晨》
> 諸碑相同矣。〔註15〕

張宗祥以《裴岑記功碑》,其字體則在篆、隸之間,以印證隸從篆來,且早期
漢碑,沒有《禮器》、《史晨》之挑勒,有挑勒者為八分。清代考據學興盛,對
文字學的研究超越前代,帶動對金石學、碑學的研究。書法史稱乾隆以前為帖
學期,其後為碑學期。在此之前的宋、元、明書法可說是帖學時代。帖學是以
晉唐楷、行、草、小楷為主。

為什麼要研究篆隸名家風格?因為金石篆隸的「質」,可以重振書法的生

〔註12〕許慎《說文解字》(台北:世界書局,1979 年 10 月 3 版),頁 142。
〔註13〕許慎《說文解字》(台北:世界書局,1979 年 10 月 3 版),頁 428。
〔註14〕張宗祥〈書學源流論・篆隸篇〉收錄於崔爾平編《歷代書法論文選續編》(上
　　　海:書畫出版社,1999 年 11 月),頁 900。
〔註15〕張宗祥〈書學源流論・篆隸篇〉收錄於崔爾平編《歷代書法論文選續編》,頁
　　　902。

機，書法的線質，若不從篆隸來，就失去生命的力度與強大感染力。宗白華說：「從來藝術之變遷，不過如風格之循環往復而已。」〔註16〕的確風格概括不外壯美（陽剛）與優美（陰柔）兩大類，其變化皆在此兩類中循環往復而已。然兩大類中又可細分多種風格，風格的內涵非常複雜，是藝術研究中最具價值的。有無獨立的風格面目，是判斷書家是否成熟的標誌。本論文針對清代篆隸著名的大家，及其作品作研究，擬將篆隸風格試作釐清。

（二）書法風格新變的重要

清代篆隸書法風格如何新變？其原因如何？書家風格成就及影響如何？這是我想研究清代篆隸風格新變的原因。

書法風格上，清初學風由於文人為了不因詩文罹禍，轉向考據，研究古代碑誌，出現一批研究金石的專家、學者。如顧炎武《金石文字記》、翁方綱《兩漢金石記》、孫星衍《寰宇訪碑錄》……等。在古碑刻中看到各種各樣的篆隸書。阮元主張學碑，經包世臣、康有為的推波助瀾，終於形成一種風氣，學術研究、崇尚三代之治及尋求書法新體式，成為奇妙的組合，這在書法風格上有重大意義。

書法風格的基本構成，有主客觀條件，主要有四種因素。徐利明說：

（一）特定的功用目的及其相應的格式如瓦當。（二）工具與材料如狼毫或羊毫，生宣與熟宣。（三）形式表現技巧如取法碑帖或慣用的形式表現技巧。（四）個性氣質與審美趣向如書家主觀因素、個性、學問。〔註17〕

風格變化反映某種文化現象，體現當時哲學的、美學的觀念和思潮。中國書法，商周秦為篆書時代，兩漢為隸書時代。魏晉以前是書體發展期，至唐成熟，唐以後是個人風格創造期。

清代書法號為中興，成就可觀，人才輩出有目共睹，而其時代環境、背景原因頗值得探討，可作為書學發展與書法創作之借鏡。有清二百六十八年，可說中國書法發展史，繼漢魏、晉唐以後又一高峰。而清代書法史有其特殊的文化學術環境，清代前期，帝王愛好崇尚董、趙，為帖學時期。馬宗霍云：

嘉道以還，帖學始盛極而衰，碑學乃得以乘之。先是雍正、乾隆間，文字之獄甚嚴，通人學士含毫結舌，無所攄其志意，因究心於考古，

〔註16〕林同華主編《宗白華全集1》（安徽：教育出版社，2008年5月2版），頁524。
〔註17〕徐利明《中國書法風格史》（河南：美術出版社，1997年11月2刷），頁6。

> 小學既昌，談者群藉金石以為證經訂史之具。金石之出土日多，摹
> 拓之流傳亦日廣，初所資以考古者，後遂資以學書。故碑學之興，
> 又金石有已成之也。〔註18〕

由於帖學衰落，學者究心考古、小學，金石學因之興起，金石出土日多，本為
考古者今則以之學書，於是碑學興起。清代書法，最大的成就是碑學，而碑學
最大的成就，表現在篆隸書法上，清代出現了歷史上最多的篆隸書家。篆隸風
格最重要的特色即是金石氣〔註19〕。金石氣與書卷氣〔註20〕是書法風格的兩
大類型。這兩種風格各有獨立的審美特徵與價值，又相輔相成活躍於風格的歷
史演化進程中。

　　文學藝術，貴在新變，書法亦然。晚唐僧人釋亞棲《論書》云：

> 凡書通即變，王變白雲體，歐變右軍體，柳變歐陽體。永禪師、褚
> 遂良、顏真卿、李邕、虞世南等並得書中法，後皆自變其體，以傳
> 後世，俱得垂名。若執法不變，縱能入石三分，亦被號為書奴，終
> 非自立之體，是書家之大要。〔註21〕

若執法不變，縱能入石三分，亦被號為書奴。此句最能說明新變的必要，若
無新變不能代雄。亞棲要求書家自覺尋求「自立之體」。研究大家如何新變？
是本論文探討的重點。文學上齊梁革新晉宋詩風，初盛唐變漢魏古體為唐體，
韓愈變詩人之詩而為學人之詩，蘇、黃變西崑、晚唐，楊萬里變江西詩風，
皆可見求變追新，可以代雄的事實。本文擬從書家生平、學書歷程、作品分
析、風格新變、美學思想等來探討。梁啟超論〈清代學術〉云：

> 此二百餘年間總可命為中國之『文藝復興時代』，特其興也，漸而非
> 頓耳。其中卓然成一潮流，帶有時代運動色彩者，在前半期為「考
> 證學」，在後半期為「金石學」，而金石學又實從考證學衍生而來。
> 我國自秦以後，確能成為時代思潮者，則漢之經學，隋唐之佛學，
> 宋及明之理學，清之考證學，四者而已。既言潮流就有漲落，不外

〔註18〕馬宗霍《書林藻鑑下冊》（台北：商務印書館 1982 年 5 月 2 版），頁 341。

〔註19〕金石氣指一種融會篆隸筆意而又凝勁沉澀、樸拙老辣通圓暢達的書法審美意
　　　　境，具有質感、澀感、韻律感和力度感的金石氣韻。

〔註20〕書卷氣指書法作品具有一種靜穆閑雅，耐人尋味的氣息和感染力，是溫文爾
　　　　雅的書風，為書家思想境界、精神氣質、知識學問、品德情操等的綜合積澱和
　　　　自然流露。

〔註21〕黃簡編《歷代書法論文選・釋亞棲論書》（上海：書畫出版社，2000 年 12 月
　　　　4 刷），頁 297。

啟蒙、全盛、蛻分、衰落的過程。時代潮流的發展變遷，多循此軌

跡。〔註22〕

梁啟超認為清朝二百餘年，可稱中國的「文藝復興時代」，前半期是「考證學」
後半期是「金石學」，金石學又從考證學衍生而來。此論頗能說明清代學術發
展軌跡。王國維〈沈乙庵先生七十壽序〉云：

> 我朝三百年間，學術三變；國初一變也，乾嘉一變也，道咸以降一
> 變也。順康之世，天造草昧，學者多勝國遺老，離喪亂之後，志在
> 經世，故多為致用之學。求之經史，得其本原，一掃明代苟且破碎
> 之習，而實學以興。……雍乾以後紀綱既張，天下大定，士大夫得
> 肆意稽古，而經史小學專門之業興焉。道咸以降，途轍稍變，言經
> 者及今文，雖承乾嘉專門之學，然亦逆睹事變，有國初諸老經世之
> 志。故國初之學大，乾嘉之學精，道咸以降之學新。〔註23〕

國初一變也，乾嘉一變也，道咸以降一變也。國初之學大，乾嘉之學精，道
咸以降之學新。王國維這段話頗能概括清代學術發展大要。而文學藝術與學
術息息相關，研究清代篆、隸自然不能忽視清代學術的發展演變。

清初期，康熙推崇董其昌書，書風一時盡崇董書，這一時期，惟傅山、
王鐸、朱耷能獨標風格，另闢蹊徑；乾隆時，尤重趙孟頫行楷書，帖學風格
至乾隆時期達到極盛，出現一批取法帖學的大家。清中期，古代的吉書、貞
石、碑版大量出土，興起了金石學，鄧石如開創了碑學之宗。咸豐後至清末，
碑學尤為昌盛。體現碑學風格的大家，前後有金農、伊秉綬、鄧石如、吳熙
載、陳鴻壽、何紹基、楊沂孫、張裕釗、趙之謙、吳昌碩、康有為等在風格
上變革創新。

美學上，傅山提出「四寧四勿」的審美標準。即「寧拙勿巧、寧醜勿媚、
寧支離勿輕滑、寧真率勿安排。」〔註24〕這在書法史上是劃時代的，將「寧
拙勿巧」與前代書風相比，可知王羲之追求的是「巧媚」，而王羲之以前的周、
秦、漢、魏，總體格調是「拙」。王羲之以前還達不到「巧」的境界。從書法

〔註22〕梁啟超《清代學術概論·自序》（台北：裏仁書局，2000 年 5 月初版 2 刷），
頁 3～5。

〔註23〕王國維〈沈乙庵先生七十壽序〉收錄於《觀堂集林下》（河北教育出版社，2001
年 11 月 1 版），頁 720。

〔註24〕傅山《霜紅盦集·卷四·作字示兒孫》（台北：漢華文化事業有限公司，1971
年 8 月出版），頁 108。

發展早期追求「巧媚」到傅山追求「醜拙」，其中包含書法風格史上一個很重要的觀念轉變。對理解清代書法史，具有重要意義。可說傅山新的審美要求對王羲之以後的書法做了一個宏觀的審美總結，且對清代碑學的興起，產生了先導作用。一部書法風格史，可說是書法美學思想發展的變遷史。是書家在創作與欣賞的實踐中，不斷努力發展而豐富的。

二、研究目的

　　書法研究的目的在探求書法文化的事實，從中瞭解所蘊含的深意，使書法的文化藝術價值得到顯現，並透過省思批判，篩選出有參考借鑒意義的因素，以利書法的發展弘揚。

　　本研究擬透過書法分期，書法大家代表性作品，探討清代書法風格新變的因素。因此本論文的研究目的如下三點：

　　（一）探討篆隸名家風格新變的內容成究：藝術的可貴在創造，探討篆隸
　　　　　大師名家的風格新變歷程，提供創作借鑑。透過研究瞭解清代篆隸
　　　　　名家風格，深化書法的知性內涵，提升審美欣賞能力，拓展書法創
　　　　　作空間。

　　（二）探討書家的文化精神內涵：從傳統到創新，透過研究，深入傳統書
　　　　　法文化，瞭解清代文人、書家、學者治學與書法文化觀念，惟有豐
　　　　　富的精神內涵，才能繼往開來，為書法創作，提供較為正確的參考
　　　　　資訊。

　　（三）為書法創新指引正確方向：書法是大眾文化，亦是菁英文化。透過
　　　　　研究心得，得作為書法教育之憑藉，文化雖然多元，而詩書是文化
　　　　　的結晶、精粹，弘揚書法文化、加強推展書法美學、理論探討、提
　　　　　昇書法藝術修養並兼顧生活化，使欣賞學習更普及化。

　　書法被稱為「文化精英的藝術」，過去參與書法文化活動的大都是博學的知識份子，現為民主、自由的時代，社會開放、文化多元，人人可學，但自白話文盛行以後，傳統古典優秀文化，常被忽視，對書法文化的精義，有深入體會的並不多。為傳承優秀的書法文化藝術，研究書法大家的創作經驗，探討新變的因素、觀念，才能開創新局，若無新變不能代雄，這是研究清代篆隸名家風格新變的目的。

第二節　文獻探討

有關清代篆隸風格研究之相關論文，茲根據收集到的相關資料，將之分為（一）有關清代書學研究方面。（二）有關篆隸研究方面。（三）有關書法美學、風格探討方面。（四）有關清代篆隸學位論文方面。茲將較為重要者，整理分類簡述如下：

一、有關清代書學研究方面

沙孟海著《近三百年的書學》，沙孟海二十九歲時即以《近三百年的書學》馳譽書壇，後師承碑學大師吳昌碩，奠定了他一生習碑的基調。他對碑帖都有中肯的評價，而不是以碑派立場，揚碑抑帖，強分軒輊。這種史學家的眼光和胸襟，反映在他的書法創作中。此書內容提到清朝書學，嘉道以後碑學為主，科舉時代的館閣體講究「烏、方、光」三字訣，但千篇一律，沒有個性。此書為清朝書學家建立簡單的年表。並分別就帖學、碑學，寫方筆、寫圓筆、寫篆、寫隸的書家加以介紹。其中介紹篆書家僅錢坫、鄧石如、吳大澂、楊沂孫、吳俊卿等五人。隸書僅鄭簠、朱彝尊、桂馥、金農、伊秉綬、何紹基等人，陳鴻壽則簡略帶過。對清代篆隸書家於人數與內容介紹均嫌簡略。

張光賓《中華書法史》，其中清代以嘉慶、道光之際為分野，前期帖學式微，後期碑學興起。晚清民初考古發達，學古風氣至今益盛，以清代學古為特徵總為一章。內容分概說、書蹟、論著、書家、清代刻帖五節，刻帖部分與篆隸無關，其中清人論著與書家介紹，頗值得參考，惟嫌簡略。

周鳳五《書法》一書，內容有關明末清初的變形書風，明清以來新書風的形成，復興篆隸書法的鄧石如、伊秉綬、何紹基與清代篆隸書學的介紹。

劉恆《中國書法史・清代卷》此書內容分六章：（1）晚明書風的延續與碑學的濫觴。（2）帖學與碑學的轉換。（3）碑學的完善與發展。（4）碑派書法的鼎盛時期。（5）清代書法教育和域外影響。（6）清代的書學。此書清代書法單獨成卷，較一般書法史，將歷代都為一冊者內容更為詳盡，並附錄清代書法大事年表。

單國強主編《清代書法》此書為北京故宮博物館，館藏文物珍品大系，清代部份。分總序、文物目錄、導言、圖版四部份。導言為編者單國強所撰概略介紹清代書法。圖版雖以銅版紙印刷精美，清代各體書家作品均有，然篆隸所佔篇幅不多。

顧廷龍主編《中國美術全集‧書法篆刻編 6 清代書法》，錦繡出版社出版，此書分一、概述。二、圖版。三、圖版說明三部份。概述為〈清代書法概說〉文章為沙孟海所撰，內容不外清代書法發展歷史簡要介紹。圖版為清代重要著名書家作品共 212 件。圖版說明則有作品之釋文與簡要作者介紹，篆隸作品數量有限，風格甚少論及。

姜壽田主編《中國書法批評史》浙江中國美術出版社出版，此書第八章為清代碑學理論的建構。此章內容主要針對阮元、包世臣、劉熙載、康有為的理論探討。對碑學理論發展分前奏、深化、辯證、總結四階段。

陳振濂主編《近現代書法史》，此書從民國說起，其中有吳昌碩、沈曾植、康有為等是清末民初大書家，其活動時期大部分時間在清朝，他們書法成就影響深遠。

朱仁夫《中國現代書法史》，其中與清代有關者，有吳昌碩與康有為兩家之介紹。

二、有關篆隸研究方面

祝遂之撰〈清代篆書藝術試析〉，此篇論文就清代篆書分舊派與新派，大底前期為舊派，包括王澍、錢坫、孫星衍。中葉以後新派鄧石如、吳熙載、楊沂孫、胡澍、徐三庚、趙之謙、吳大澂、吳昌碩。論說較沙孟海《近三百年書學》深入簡要，祝氏為沙孟海弟子，對傳統書法有深刻認識與繼承，然此文仍嫌簡略。

王冬齡撰〈清代隸書簡論〉，此篇論文介紹清代隸書發展概況，提出人才濟濟與風格多樣兩大特色。內容分發展原因、清代隸書發展的意義與影響、小結、清代隸書理論提要輯錄、清代隸書大事年表。從時間順序上給卓有影響的書家作評述。並對金石學著作略作介紹。先大略介紹隸書家，然後選出鄭簠、金農、桂馥、鄧琰、伊秉綬、陳鴻壽、何紹基、趙之謙、吳俊卿等九家。說明九人在清代隸書具有影響力。

商承祚撰〈說篆〉，此篇〈說篆〉乃就篆書各方面，簡要介紹，從基礎、篆帖、篆法、各體篆、多讀多見以養韻、筆墨紙硯、歷代篆人書法等做簡要說明。提出習甲骨、金文先習小篆，不由小篆以溯其源，不能得甲骨金文之法度。而《說文》為識篆基本書籍。

吳兆璜撰〈漫談清代篆書〉，此文簡述篆書源流，後談清代小篆，以王澍

為主，錢坫、孫星衍、洪亮吉，四人風格相近，推崇鄧完白獨出心裁，用新方法寫小篆。一洗以往寫小篆的拘束和呆板習氣。

個別書家專著有河北教育出版社出版的范正紅著《中國書法家全集·金農》、崔偉著《中國書法家全集·何紹基》、金丹著《中國書法家全集·伊秉綬·陳鴻壽》……等於生平傳略、書藝、論藝摘選做介紹，榮寶齋出版的《中國書法全集 70·何紹基》、《中國書法全集 71·趙之謙》、《中國書法全集 77·吳昌碩》……等於書家生平，作品有簡要考釋。

三、有關書法美學、風格探討方面

陳望衡著《中國古典美學史》其中第四十五章第三節述及清代書法美學。主要談碑學與帖學，書學與印學。於書法方面，引述資料為常見之書論，似欠深入。

陳方既、雷志雄《書法美學思想史》，此書按書法史發展，依朝代展開論述，書法史也是美學發展史，其中有鬥爭激化的清代前、中期書法美學思想，清嘉道後，中興期的美學思想，是有關清代書法美學著作。

金學智《中國書法美學》，此書於書法美學中，可說體大思精，比較完善的一部。第三編書藝風格美與鑑賞品評。有書體美與鑑賞品評、書藝時代風格與鑑賞品評、書藝地域風格與鑑賞品評、個體風格美研究等。是研究書法美學頗值得參考借鏡的一部書。

陳振濂《書法學》此書第四章為書法美學，對於審美形式、主體精神、內容與形式的辨證、創造與審美心理加以闡釋。此章對書法的欣賞與創作，在觀念上能有所啟發。

徐利明著《中國書法風格史》，此書於風格研究甚有參考價值，首先於風格基本構成因素、風格史基本特徵、著書體例加以說明，此書分兩部份，一為書體演變期風格，於篆、隸、楷、行、草等書體整體風格。二為個性風格翻新期，因書家個性不同，而有不同風格。書體演變期，書法的風格分著意型與隨意型。由於實用的社會功能因素，著意型作者主動追求服從實用的審美。而隨意型則不受任何特定用途約束，讓人感受到藝術靈感自由噴發。個性風格翻新期，則以文人士大夫自覺追求為主旋律。崇尚個性、求新尚變的主體意識非常強烈。此書對於風格分類、認識甚有助益。於時代書風亦有探討，是研究書法風格不可缺的參考書。

四、有關清代篆隸研究之學位論文

薛龍春《鄭簠研究》榮寶齋出版美術學博士論叢。此書作者透過資料蒐集研究，將鄭簠的生平、藝術實踐和文化環境，作詳細的呈現。薛龍春把鄭簠放在書法史的背景下加以考察，發現在清初享有盛譽的鄭簠，到了乾嘉時期則受到嚴厲的批評，說明碑學前後期，審美觀念的轉變。

張小庄《趙之謙研究》榮寶齋出版美術學博士論叢。此書是作者在博士論文的基礎上增加、改動而成的一本書。堪稱目前研究趙之謙最完整，頗具深度的著作。趙之謙是碑學理論的實踐者，將北碑融入四體，又詩、書、畫、印四絕，融合無間，是全面學碑的典範。

金丹《包世臣書學批評》榮寶齋出版美術學博士論叢。此書是金丹在博士論文的基礎上修改而成的一本書。是其碩論《阮元書學思想研究》的延續研究。

廖新田撰《清代碑學書法研究》台灣師大碩士論文。此論文對碑學書法的成因、理論及體系、美學觀與書法風格等均有詳細的歸納，資料的整理分析有條不紊，且圖表清晰，對研究清代篆隸北碑極具參考價值。

郝海波《清代篆書繼承與流變》大陸中央美術學院碩士論文。此論文述及篆書在書史的重要地位，由清代金石、考據學興起，篆書重新得到關注，使長久以來衰微篆書創作，又重回書法藝術大家庭中。並將篆書筆法融入各體創作，根據不同風格加以分類，從實踐角度進行分析闡釋，說明社會、文化、文人書法觀念導致篆書風格變化。觀念甚佳，惟整本碩論僅三十四頁，其簡要可知。

姚吉聰撰《清代後期篆書造型研究》明道大學碩士論文。此論文於清代後期篆書研究詳實細緻，以造形結構來探討風格，亦是近年來結合書法空間、藝術與視覺心理學、美術心理學、形態學以研究書法的時代新趨勢。書中諸多圖表，甚為用心。附有清代後期篆書年表。

何孟候撰《何紹基及其書法研究》文化大學碩士論文。此論文於何紹基生平、交遊、性格、仕宦、詩學、書法、論書均有介紹，惟關於篆隸風格探討極為簡略。

洪嘉勇撰《趙之謙書法藝術研究》中興大學碩士論文。此論文對趙之謙資料蒐集豐富論述詳實，於趙之謙的著作、書法思想、篆隸楷行之風格特色均有介紹。

此外尚有清代個別書家研究之碩士論文，如金農、伊秉綬、……等等。

以上有關清代書法史、篆隸研究、歷代書法論文選、書法美學、書法風格史、學位論文等文獻，對篆隸書家風格多有闡釋，然有的偏重視覺形式，偏於造型技巧分析之研究，而於學術、美學、文化精神方面較少論及，且未深究風格形成原因，於新變之探討較為缺乏。本論文「清代篆隸名家風格新變研究」，重點與目的則在書家風格新變之探討，擬從生平簡介、學書歷程、作品分析、特色評價等研究中歸納出有利創作的新變因素，提供書法創作之參考借鏡。

第三節　名詞界說

一、篆隸

（一）篆書

漢字書體之一。廣義指漢代隸字以前的文字及其延屬，如甲骨文、金文、籀文、六國古文，小篆、繆篆、疊篆等。狹義主要指大篆和小篆。其變體甚多，如殳書、刻符書等，統稱雜體篆。唐代張懷瓘《書斷》云：「篆者傳也，傳其物理，施之無窮。」〔註25〕篆字的本意，一作轂約解，轂約是古代車輪的籀，轂者車輪也，約者籀也。一作鐘帶解，古代鐘的腰帶。車輪的籀是隨車輪而轉動的，鐘的腰帶是傳聲的，因而假借其意作為文字書體之名，意謂篆書這種文字書體，可以傳達事物之理，施用於無窮的一切事物。因其時篆書是唯一的文字書體。〔註26〕《說文》：「篆，引書也。」〔註27〕意謂引筆而書，引而成畫，積畫成形，形似象字。篆書的第一特點是象形。象形是篆字的主要特徵。指事、形聲、會意、轉注、假借都是這基礎上發展而來的。篆書的第二特點是有轉無折，一切轉彎的筆畫，都成圓轉，而不成方折。換言之，字的結構雖然比後世的文字複雜，但筆畫卻比較簡單，只有橫、豎、弧、圓四種。篆書的第三個特點是圓筆中鋒，筆畫的起筆和收筆都成圓形。近人郭沫若《古代文字之辯證發展》云：

〔註25〕楊素芳、後東生《中國書法理論經典》（河北：人民出版社，1998年8月1版），頁104。

〔註26〕陶明君《中國書論辭典》（河南：美術出版社，2001年10月1刷），頁493。

〔註27〕許慎《說文解字》（台北：世界書局，1979年10月3版），頁142。

篆者掾也，掾者官也。漢代官制大抵沿襲秦制，內官有佐治之吏曰
掾屬，外官有諸曹掾史，都是職司文書的下吏。故所謂篆書，其實
就是掾書，就是官書。〔註28〕

郭沫若就古代社會發展，文字之使用實際情形，而定篆書即官書。篆書因其筆
畫圓轉，故唐代孫過庭《書譜》云：「篆尚婉而通」。〔註29〕啟功在《古代字體
論稿》中舉出從「象」得聲的字有圓轉與莊嚴鄭重之義。〔註30〕所以「引書」
即指筆畫圓轉之書。篆書的結構，獨體字要上密下疏，合體字要左右相顧。

　　鐵線篆〔註31〕，小篆的一種，筆劃纖細如線，剛勁如鐵。由秦《泰山刻
石》、《瑯琊台刻石》等玉筯書風脫出。唐李陽冰《謙卦碑》是其代表。玉筯
篆（亦稱玉箸）筆畫豐腴圓潤，形如玉筯。玉筯較粗，鐵線較細，其法一也。
〔註32〕用筆圓活，細硬似鐵，筆畫首尾粗細如一，故名。後世稱唐代李陽冰
的篆書為「鐵線篆」。

（二）隸書

　　古代漢字書體之一，是中國自有文字以來的第二大書體。亦稱隸書、隸
體、隸文、佐書、史書。由篆演變而成。廣義的隸書包含古隸、八分、今隸
三種。古隸是從篆書到八分這個隸變過程中的書體。漢代人稱為隸書。八分
是東漢末年由官定的一種書體，它的標準就是《熹平石經》。就是我們現在
講的隸書，如《禮器碑》、《史晨碑》等東漢末年的刻石文字。東晉時今隸則
指楷書。隸書始於秦代，通行於漢魏。《漢書藝文志》：

是時（秦代）始造隸書矣，起於官獄多事，苟趨省易，施之於徒隸
也。〔註33〕相傳為程邈所創。漢代蔡邕《聖皇篇》云：「程邈刪古
立隸文。」〔註34〕

隸書相傳為程邈所創，事實上文字發展是逐漸演變而成，非一人之力可成，
程邈應是加以整理改造，而名聲較顯著而已。南朝齊王僧虔《名書錄》以為

〔註28〕陶明君《中國書論辭典・書體論》（湖南：美術出版社，2001年10月1版），
　　　　頁494。
〔註29〕唐孫過庭《書譜》（日本二玄社中國書法選38），頁21。
〔註30〕啟功《古代字體論稿》（北京：文物出版社，1999年3月2版），頁9。
〔註31〕陶明君《中國書論辭典・書體論》，頁501。
〔註32〕唐代釋齊己有「玉筯真文久不興，李斯傳到李陽冰」句。陶明君《中國書論辭
　　　　典・書體論》，頁501。
〔註33〕《漢書・藝文志》（台北：鼎文書局），頁1721。
〔註34〕黃簡《歷代書法論文選・張懷瓘・書斷・隸書》，頁161。

隸「出自大篆。」〔註35〕江式《論書表》:「隸書者,始皇時使下杜人程邈附於小篆所作也。世人以邈徒隸,即謂之隸書。」〔註36〕諸說不一。早期多篆意,後趨於完善,成為筆勢、結構與秦篆迥然有別的字體。其最大特點是筆勢舒展,有波挑法。由篆書到隸書,是漢字演變史上重要的變革。隸書演變的特點有四:

> 一是將原來不規則的曲線或勻圓的線條改變成方折筆畫,字形扁平
> 方正。
> 二是部分偏旁異化成不同的形體。
> 三是省略或合併小篆的部份形體。
> 四是將不同的偏旁合在一起。〔註37〕

它突破六書的造字原則,奠定楷書基礎,標志著古文字時代結束,開創今文字的新階段。

　　從書藝發展的角度,它是篆書的變體,楷書的前身,上繼周秦,下開魏晉,是書法演變的重要標誌。筆法上出現了折筆和出鋒兩大新法,運筆強調輕重緩急,點畫亦有粗細變化。筆勢上,出現左掠右波的趨向。筆勢與結體相互影響,左右開張促成字形趨於扁平。隸書趨於扁平與當時主要書寫材料為狹長的竹簡有密切關係。隸書章法,因筆是向兩側伸展,故字距大於行距。從隸書自身發展而言,據目前出土的實物資料可溯及戰國後期。至秦代已擺脫篆書圓渾均勻的格局。兩漢是隸書的成熟期,展現不同風格,隸書分類依研究方便,分法因人而異,筆者根據《中國古代書法經典》一書,將其整理為四類。〔註38〕如(表1-2)。

表1-1　兩漢隸書風格表

	風格類型	兩漢隸書碑刻
1	方整勁健,渾穆厚重	張遷碑、鮮于璜碑、衡方碑、郙閣頌、景君碑、校官碑、樊敏碑、魯峻碑、夏承碑、西狹頌。
2	法度嚴謹,平整端莊	禮器碑、華山廟碑、乙瑛碑、史晨前後碑、韓仁銘碑、熹平石經、朝侯小子殘碑、張壽碑。

〔註35〕陶明君《中國書論辭典・書體論・隸書》,頁503。
〔註36〕黃簡《歷代書法論文選・江式論書表》,頁64。
〔註37〕陶明君《中國書論辭典・隸書》,頁503。
〔註38〕董文・李勤學《中國古代書法經典・隸書卷・王賀良・隸書概說》,(祥瑞文化87年1月初版),頁3〜5。

3	風姿秀媚，遒麗飛動	曹全碑、孔彪碑、禮器碑側。
4	峭拔舒展，奇縱恣肆	石門頌、楊淮表記、劉平國頌

清朝是隸書的復興期，原因是草行楷各體，經二王至明末書壇諸賢的發掘，已臻極致。而清代金石碑學興起，隸書絕處逢生，出現鄭簠、金農、桂馥、鄧石如、伊秉綬、何紹基等隸書大家。

（三）隸變

漢字由篆書演變為隸書的過程，稱之為「隸變」。主要通過線條變化、象形特徵消失、體勢由縱變橫等表現出來。隸變原因不外社會環境的需要、文字自身發展的因素、書刻工具的進步等三個因素。字型變圓形為方形，線條變弧線為直線，筆劃變繁雜為簡省。隸變是古今漢字的分水嶺，是漢字發展史上最重要的一次變革。隸變是書體的一次大解放。金學智說：

> 當書法美最後揚棄了模擬象形的範型，它就贏得了不受任何物象構架束縛的獨立自由的品格。……隸書對篆書來說，是一次徹底的變革，它是非篆書的今文系統的真正開端，也可以說，它才真正是楷、行、草的抽象形式之祖。〔註39〕

篆書是象形，隸書是真正抽象形式之祖。衛恒《四體書勢》說：「隸書者，篆之捷也。」〔註40〕說明隸書是篆書的快寫，隸書是篆書簡化演變而成的一種起筆、收筆清楚的字體，因為隸書來源於篆書的草率寫法，因而兩種書體，自戰國晚期到西漢中後期，有過很長的共存時期。

隸變，又稱為隸定。1980 年出土的四川青川木牘（秦隸）和 1986 年在甘肅天水放馬灘出土的竹簡，為我們提供了實物資料，證明秦統一之前，就存在大篆向隸書演變的過度性字體。大約發生在秦漢之間，是漢字發展的轉捩點。篆書隸變在戰國時代是書法演進的必然趨勢，經《青川木牘》演進到戰國末的秦的《睡虎地秦簡》，形成了由筆法到結體、章法皆趨於一致的古隸體貌。再則古隸中尚存的篆書偏旁結構型態進一步解體，隸書發展出「逆入平出」波磔、挑筆形態，更進一步由內斂變為外展型。其中 1973 年出土于湖南長沙《馬王堆帛書》字體有篆、隸之分。1972 年 4 月間在山東臨沂漢墓中出土《銀雀山漢簡》，其書法屬隸書，略帶篆意。1983 年 12 月，湖北省荊州博物館在江陵張家山，清理三座漢墓出土的《張家山漢簡》均表現這一演進

〔註39〕金學智《中國書法美學》上冊，頁 83。
〔註40〕黃簡《歷代書法論文選·衛恒·四體書勢》，頁 15。

過渡時期的體貌。

　　這種過渡體貌對舊體而言是「破」，對新體而言是「立」。這種過渡書體存有古意，又具備一定的新法。古意是迎合懷舊心理，是一種審美心態，其內涵是舊的知識學養的積澱。古意成為品評書畫不可忽視的標準。

（四）金石氣

　　何謂金石氣呢？金石氣就是南北朝及其以前的金石碑刻書法所表現出的審美特徵或審美趣味。金石氣指一種融會篆隸筆意而又凝勁沉澀、樸拙老辣的書法審美意境，具有質感、澀感、韻律感和力度感的金石氣韻。雄渾與古樸是它的特徵。白砥〈金石氣論〉云：「雄渾由剛健、敦厚、蒼茫遞變而成。古樸，古由柔和、虛靜的線條產生，樸則由結字的拙簡組成。」〔註41〕碑學書家在熱心於金石考據的同時，受到金石書跡質樸美的陶染，對質樸美的自覺追求，不迴避因殘破斑剝所造成的模糊意味以及刀痕、鑄跡，從而產生與二王筆法不同，對筆墨具表現潛能，成就碑學書風審美特徵的金石氣。王壯為說：

　　　　大抵書之有金石氣者，嚴峻圭整，或如折刀；樸茂鬱律，或如巖嶽。
　　　　楷字則大近北朝諸碑，篆隸則出之銅器石鼓及秦漢碑碣。〔註42〕

帖學發展到明清，技法精熟而氣格卑弱，不能滿足時人審美要求，以書寫金石銘刻文字，表現古樸渾厚的鑄刻效果，或以篆隸筆法融入行楷，稱之為有金石氣。我們說「書存金石氣」，亦即創作主體有意識地表現出古代金石文字，雄渾古樸的氣象。書法線條的質樸、結構的峻峭稚拙、神采的飛動、氣韻的高古等均是金石氣所表現的內容。

二、風格

　　風格即是藝術作品的風采、品格，是藝術審美的主要內容。〔註43〕指從藝術作品中呈現出來的具有代表性的藝術語言，它是由獨特的內容與形式相統一，藝術家的創意和題材的客觀性相融合所造就的一種難以說明，卻又不難感覺的獨特風貌。風格的形成標誌著一個書家藝術生命的成熟。何懷碩的〈風格的誕生〉（1979）指出風格構成的三要素：時代性、地方性和個人特

〔註41〕白砥《金石氣論》中國美術學院碩士論文，1990年7月。
〔註42〕王壯為《書法叢談・金石氣說》（台北：中華叢書編審委員會，1965年6月印行），頁71。
〔註43〕陳方既〈關於風格的思考〉書法研究，1998年第三期，頁1。

性。〔註44〕時代性就是時間（歷史），地方性就是空間（社會環境），個人特性就是個人性格（涵養學問）。藝術家對風格的追求，受這三種要素作用所影響。《藝術解讀》云：「風格是一個時期和一種民族精神的表達。風格可以擴大到藝術創作的手段和方法、形式，視覺可能性的範疇。」〔註45〕書法是個性的表現。茲將書法風格，分個人風格、地域風格與時代風格，加以說明。

（一）個人風格

法國作家 G.-L.L.de 布豐（Bufuffon）（1707～1788）在《風格論》中說：「風格（指文體）為人的思想的一種秩序的安排與運轉的方式。」又云：「風格即人（The Style is the man himself）」〔註46〕。黑格爾（Hegel）（1770～1831）加以發揮指個別藝術家在表現方式和筆調曲折等方面，完全見出他的人格的一些特點。德國哲學家 A.叔本華（Arthur Schopenhauer）（1788～1860）在其《美學隨筆》說：「風格是心靈的外觀。」〔註47〕意為寫作風格是精神思想的外相，它比肉體外相更不會欺騙人。風格（Style），國內學者姚一葦〈論風格〉（1965）一文為最早而完整的風格定義：所謂風格，乃一個時代的一般性或社會意識與一個藝術家的特殊個性或個人意識，透過藝術品的形式與品質而形成的藝術家的世界。〔註48〕王勝泉說：「書家個人風格，是其在特定的時期及環境中行成的，其審美意識通過個人獨特的技巧來完成，它受主客觀因素的影響。客觀因素包含社會環境與工具（筆、墨、紙）的選擇。主觀因素包含書家個人固有的性格與個人的知識結構（文學與藝術的修養）」〔註49〕

風格不同於一般的藝術特色或創作個性，它是通過藝術品表現出來的相對穩定、更為內在和深刻、從而更為本質地反映出時代、民族或藝術家個人的思想觀念、審美理想、精神氣質等內在特性的外部印記。風格的形成是時代、民族或藝術家在藝術上超越了幼稚階段，擺脫了各種模式化的束縛，從

〔註44〕何懷碩〈風格的誕生〉刊於 1979 年〈藝術家〉雜誌。

〔註45〕王玉齡譯《藝術解讀》作者 Jean-LucChalumea，（台北：遠流出版社，1996 年 6 月 1 版），頁 6。

〔註46〕布豐 1753 年在法蘭西學院入院一事講演《風格論》提出風格屬於作家自己，科學論點肯定被新研究超過，文章風格卻是後人無法替代的。

〔註47〕叔本華《美學隨筆》，（上海：人民出版社，2009 年 1 月 1 版），頁 72。

〔註48〕姚一葦（1922～1997）中國文化大學藝研所教授，堅持傳統人文和美學信仰，治學嚴謹，被譽為「暗夜中的掌燈者」、「一代淳師」。

〔註49〕王勝泉〈書法風格行成的主客觀因素〉收錄於《風格技法篇》（上海：書畫出版社，2000 年 12 月 1 版），頁 328。

而趨向或達到了成熟的標誌。傅申說：

> 書法是人品、修養、學問和天賦的一種外化形式。在心畫的含義中，
> 完整的個性因素至為重要。因此風格的獨特性，是風格賴以存在的
> 基礎，它產生了這樣的現象，大師的名字往往成了他書法風格的同
> 意詞。〔註50〕

書法大師的成就，讓人聞其名而與其書法風格聯想在一起，書為心畫，完整的個性因素，影響書法的精神境界至大。風格有其獨特性，是風格賴以存在的基礎。有無獨特的風格是判別書家與書奴的標準。因為重複別人的個性就沒有自己的個性。劉正成整合著名美學論斷，從而確定書法藝術學，關於風格的觀念：

> 風格首先是書法家作品在內容與形式上的總體特徵。風格不僅僅是
> 一種形式或一種樣式，風格是對自己的重複。風格即人。〔註51〕

風格是書家作品的總體特徵。風格是對自己的重複。風格即人。獨特的風格它必須是一人一派，一派一人而已。因為重複別人的風格就沒有自己。因此書法可說是「文化精英的藝術。」〔註52〕

（二）地域風格

在同一民族範圍內，由於幅員遼闊，分居的地區不同，各地區氣候、地貌、緯度、植物等自然條件不同，導致生產方式和生活方式各異。各地區歷史文化影響之下各地風尚不同，文化素質上的差異，以致不同地區的文學藝術，具有地方色彩，造成不同的藝術風格。以文學作品而言，《詩經》是北方文學的代表，風格質實。楚辭是南方文學的代表，風格浪漫。就書法而言，北碑南帖，因地域南北不同，書風各異。阮元《南北書派論》云：

> 南派乃江左風流，疏放妍妙，長於啟牘；……北派則是中原古法，
> 拘謹拙陋，長於碑版〔註53〕

阮元提出的《南北書派論》正是地域不同影響書法風格的明證。但此種現象不能一概而論，梁啟超說：大抵自唐以前，南北之界最甚，唐後則漸微，蓋

〔註50〕傅申著《書史與書蹟·傅申書法論文集（二）》（國立歷史博物館印行，2004年7月），頁16。

〔註51〕劉正成《書法藝術概論》（北京：北京大學出版社，2008年7月2刷），頁90。

〔註52〕白謙慎說書法從漢代開始就成了精英藝術。北大書法藝術網。http://shufa.pku.edu.cn

〔註53〕阮元〈南北書派〉收錄於黃簡《歷代書法論文選》（2000年12月4版），頁630。

文學地理常隨政治地理而轉移。沙孟海也認為不能用舊眼光，單純地鑑別時代性與地區性。因為隸書流派的形成和書法的發展，顯示了打破狹隘的區域地理界線。由政治、經濟、文化的交互影響，地域風格影響較小，南方人寫雄渾字體，北方人寫流麗字體，已是很平常的事。

（三）時代風格

　　書法的風格美，確實隨著時代的變化而面目各殊的。藝術家都在他生長的時代環境制約中。清梁巘〔註54〕《評書帖》：「晉尚韻、唐尚法、宋尚意、元明尚態。」〔註55〕梁巘看出不同時代書法風格的差異。梁巘說：

> 晉書神韻瀟灑，而流弊則輕散。唐賢矯之以法，整齊嚴謹，而流弊
> 則拘苦。宋人思脫唐習，造詣運筆，縱橫有餘而韻不及晉，法不逮
> 唐。元明厭宋之放逸，尚慕晉軌，然世代既降，風骨少弱。〔註56〕

梁巘把後一代書法的發展，完全放在矯前代之枉，未必正確，但能進一步分析不同時代的特點，是以書法發展的觀點看問題。〔註57〕金學智將中國書法史上各時代的群體主導風格特徵歸納為：「商周尚象、秦漢尚勢、晉代尚韻、南北朝尚神、唐代尚法、宋代尚意、元明尚態、清代尚質。」〔註58〕清代書風尚質是與妍麗相對應的。當時的學術思想文化在一定程度上也影響了書法，乾嘉學派是講究訓詁、考據的經典學派。因為「尚質」的提出正好和康有為、包世臣等碑派書家大力提倡碑學運動是同一時期，大部分人會理解為北碑中的「古意」。西方對時代風格的定義，阿諾德‧豪澤（1959）〔註59〕說：

> 「時代風格」的概念最好得自於那一時代的創作的平均或中檔水準，
> 而不是他的最高水準。〔註60〕

〔註54〕梁巘（1710～1788），字聞山、文山，號松齋，又號斷硯齋主人；他與乾隆年間五位（張照、王澍、劉墉、王文治、梁同書）重要書家齊名，為清代著名書法家之一。

〔註55〕黃簡編《歷代書法論文選‧梁巘評書帖》（上海：書畫出版社，2000年12月4刷），頁575。

〔註56〕黃簡編《歷代書法論文選‧梁巘評書帖》，頁581。

〔註57〕陳方既、雷志雄《書法美學思想史》（河南：美術出版社，1997年7月2刷），頁553。

〔註58〕金學智《中國書法美學下冊》（江蘇：文藝出版社，1997年10月），頁507。

〔註59〕阿諾德‧豪澤（ArnordHauser）匈牙利文化社會學家和藝術史學家。著有藝術社會學。

〔註60〕傅申《書史與書蹟──傅申書法論文集（二）》（國立歷史博物館2004年7月），頁24。

傅申說：這個觀點是正確的，不夠「時代風格」的概念形成於對頂峰之作的全面考察，也未嘗不可。描述時代風格的依據，假如是作品的形式和結構，而不是藝術的質量和表現，那麼考察頂峰之作或中檔作品，都不妨可作為有效的方法並存。傅申說：

> 考察唐代書法發展趨勢：從結體的緊窄和用筆的平穩克制，發展到結體開闊，用筆豐厚和一種曠達豪放的表現精神。這樣，在二流書家或不同字體的作品中，也存在著與大師楷書相一致的風格演變模式。〔註61〕

時代風格用平均水準來代表，用來研究中國藝術的發展顯然不適宜，因為它無視於大師對後世的影響。劉正成在《中國二十世紀書法大展》的學術報告會說：「一個時代的藝術成果，是以這個時代的代表性書家的成果為代表的。」〔註62〕傅申說：

> 大師風格在它成熟之前的形成階段，完全受到當時或前代的審美風尚的支配。因此每一位大師都是他所生存的那一個時代的產物。然而大師之所以能成其為大師，也正因為它有非凡的藝術個性和對後世藝術可能產生的重要作用。〔註63〕

因此研究時代風格，就是研究此一時代大師的風格。王冬齡在評論清代隸書家實力，定下三個標準：（1）功力深厚。（2）風格強烈。（3）意境高邈。〔註64〕而章祖安在評論陸維釗先生書法時確定了關於大師的四個標準：

（1）廣度——指技法的廣度、精度與熟練程度。

（2）深度——表現在作品技巧外的東西。

（3）新度——創新能力在作品之體現。

（4）高度——狹義指書之格調或氣息。廣義指前三者有機之綜合。
〔註65〕

大師亦可稱大家，《中國書法大辭典》云：「大家，著名之專家，巨匠大師。如文學史上稱唐朝韓愈、宋蘇軾等著名文學家為『唐宋八大家』。名家，指

〔註61〕傅申《書史與書蹟——傅申書法論文集（二）》，頁26。
〔註62〕劉正成〈審美、創作、展示〉載於《中國書法》1998年第2期。
〔註63〕傅申《書史與書蹟——傅申書法論文集（二）》，頁30。
〔註64〕王冬齡《清代隸書要論》（上海：書畫出版社，2003年12月1版），頁33。
〔註65〕章祖安〈陸維釗卷·序〉收錄於《二十世紀書法經典·陸維釗》（河北：教育出版社，1996年12月），頁12。

學有專長而名為一家。《漢書卷三十‧藝文志》：『傳《齊論》者，唯王陽名家』。亦指有名之專家、作家。」〔註66〕本文根據大家、名家的定義，挑選出清代篆隸風格獨特且較有影響力的書家做研究對象。斯卡皮羅（Schapiro，1953）說：「偉大的藝術家是時代風格的直接泉源。通過對一條藝術發展軌跡的研究，人們往往會看到時代形式的變化是由某些個體引起的。」〔註67〕每個書家之所以能從事創造性的藝術活動，是因對大師個人風格的精神實質的領悟。

根據傅申與斯卡皮羅（Schapiro）的說法，我們可說時代風格就是大師的風格，因此本論文名為「清代篆隸名家風格新變研究」，實際研究的是書法大師、名家的作品風格。

三、新變

在《梁書‧庾肩吾傳》云：「齊永明中，文士王融、謝朓、沈約，文章始用四聲，以為新變。」〔註68〕沈約諸人以聲律理論來指導文學創作以追求新變的風氣，這聲律論就是永明文學「新變」的特徵。梁蕭子顯《南齊書‧文學傳論》所說：「習玩為理，事入則瀆，在乎文章，彌患凡舊，若無新變，不能代雄。」〔註69〕袁枚說：

> 當變而變，其相傳者心也；當變而不變，其拘守者跡也。〔註70〕

文學藝術，為求新變或主張學古、或注重整合融會、或推陳出新、或拓展題材、或深化內容、或精練技法，務求自成一家。王國維說：

> 四言敝而有楚辭，楚辭敝而有五言，五言敝而有七言，古詩敝而有律絕，律絕敝而有詞。蓋文體通行既久，染指遂多，自成習套，豪傑之士，亦難於其中自出新意，固遁而作他體，以自解脫，一切文

〔註66〕梁批雲主編《中國書法大辭典》（香港：書譜出版社，1984年12月1版），頁199～200。

〔註67〕Schapiro 1923年出生在加拿大的多倫多，她的藝術以大師與現代主義紮根，具有深厚學院藝術基底。1950年代Schapiro的抽象表現主義繪畫中，不論是在畫作名稱或是畫面風格特質，也呈現了對於古代大師的指涉。

〔註68〕楊家駱主編《梁書‧庾肩吾卷四十九列傳第四十三》，（台北：鼎文書局，1993年1月），頁690。

〔註69〕梁蕭子顯撰《南齊書‧卷五十二‧列傳三十三》（藝文印書館乾隆武英殿刊本影印），頁420。

〔註70〕袁枚《小倉山房詩文集》下冊，（上海：上海古籍出版社，周本淳標校，1988年），頁1502。

　　　　體所以始盛終衰者，皆由於此。〔註71〕

王國維認為文體通行既久，染指遂多，自成習套，豪傑之士，亦難於其中自出新意，固遁而作他體，以自解脫。說明不得不變的原因。若以書法對照而言，書體的發展首先是為了實用方便，而後要求美觀，抒發性靈。周秦篆書，兩漢隸書，南北朝之北碑與尺牘，隋唐楷書、狂草，宋元明之行草，書法到了清朝，閣帖已衰落，到了不得不變的時候。

　　由於清代特殊的書學環境，書法繼晉尚韻、唐尚法、宋尚意、元明尚態，之後走向尚古的時代風氣，表現尚質的特色。在書體發展經過漫長演變歷程，到魏晉時代，基本上各書體均已完善齊備，往後書家追求的是個人風格的書法創作。雖然時代環境相同，而書家個人創作，其因素眾多，十分複雜，構成繽紛多彩的書法風格。

　　書法體勢至魏晉已完備，往後書家只能在個人風格有所創新。書法創新不外從形式與內容著手，書法形式即線條、結體與章法，漢字是書法表現的素材，是第一形式，以漢字來創造新的造形，是第二形式，亦即貝爾所說的有意味的形式。章法的形式有多樣變化，字形亦是多樣，蘭亭序二十個「之」字，字字不同，這是同字異形，尚可隨字之方圓長短而有不同的幾何造形，此正可說明漢字形體的豐富性與可變性。書法內容，如果指取材的詩詞文字所呈現的意義，那是文學的內容。書法的內容筆者認為透過技巧用筆，所展現具有質感的精神內涵。因此討論技巧用筆等於討論了大部份書法內容，因為高明的技巧可以表現技以載道的狀態。而風格則是形式與內容的統合，所表現的精神境界。

第四節　研究方法與範圍

　　本論文「清代篆隸名家風格新變研究」，首先確立研究題目，風格研究在書法研究領域上，是經常見到的，有關書家個人風格的研究尚為普及，而整體時代名家風格，其新變的原因、過程、結果與影響卻仍鮮有人研究。清代號稱書法中興的時代，主要的是碑學、金石學的興盛，首由隸書開其端，楊守敬說：「國朝行草不及明代，而篆分則超軼前代，直接漢人。」〔註72〕其中篆隸書家眾多，成就非凡，頗值得研究。

───────────────

〔註71〕王國維《人間詞話》（台灣開明書店，1989 年 1 月出版），頁 27。
〔註72〕楊守敬《書學邇言》（台北：華正書局，1984 年 2 月初版），頁 9。

一、研究方法

（一）文獻分析法

將收集的書籍、期刊、論文資料整理分析，力求以第一手資料作根據，來分析解讀。分析結果依相關主題匯集，以作進一步討論依據。如阮元的《北碑南帖論》、《南北書派論》，包世臣的《藝舟雙楫》，劉熙載的《藝概·書概》，康有為的《廣藝舟雙楫》等理論書籍。從學術、書史、美學觀點探討風格新變，相互印證。

（二）作品分析法

書法美要透過形式來呈現，貝爾所謂「有意味的形式。」〔註73〕氣韻生動的藝術品透過形式的物化得以被感知，審美即透過作品形式來掌握，形式與內容精神不可分，而精神內容透過技法運用呈現於形式，作品分析即透過形式與技法，掌握形式風格與創作實踐技巧。書法不外用筆與結字，書法的形式即結字、章法，用筆即表現技巧。美學思想是作品的靈魂，其內容精神透過技巧呈現於作品形式上。因此作品分析是研究風格新變必要的手段。

（三）歷史研究法

從歷史的發展中看人類社會發展變化的連續性。只有這種連續的人類活動才能構成歷史，才是研究物件。而孤立性、偶合性、斷滅性皆非史的範圍。本篇論文「清代篆隸風格新變研究」大部分採歷史研究法。舉凡生平、著作、書法作品、學術大要。參考書法史、學術史、哲學史、書法風格史，審美書籍，力圖兼顧橫向開展及縱向深度。

（四）比較研究法

比較是很好的研究方式，比較要有共同的基礎。因為一旦選錯了比較的對象，其後果是不可設想的。今道友信說：「產生比較的理由與一切哲學相同，可以說出自驚奇。」〔註74〕比較研究為科學方法論，美學融通整合的過程即在明異同，在異同之中求通的過程。清代篆隸以作品為經，書家生平學養為

〔註73〕 英國文藝批評家克萊夫·貝爾在《藝術》一書中提出的美學概念。所謂「有意味的形式」，被認為是任何真正的藝術品應具的基本性質。它由形式和意味這兩個緊相依連的部分組成。這形式，不是客觀的自然事物的形式，也不是摹擬再現的形式，而是經過藝術抽象的、符號化形式，是藝術形式表現出來的審美情緒。

〔註74〕 日金道友信：《東西哲學美學比較》（人民出版社，1987 年），頁 33。

緯，經過清初、中期、晚期，將收集的文獻資料，比較其同時代書家風格，書
家本身前後期風格，分出異同，則其風格形成發展就顯然易明。如邢光祖論
中西繪畫的比較云：「中國的書家不摹自然之象，而得自然之原。不踐造化之
跡，而得造化之本。不求混元之形，而得混元之神。不攝萬物之相，而得萬物
之勢。中國書家所探的是宇宙的氣息，所按的是宇宙的脈博。中國書法在藝
術上所臻的是超越時間及空間的永恆與無垠。所以是詩中之詩，藝術中的藝
術。將書法置於比畫高的地位，是長久以來中國讀書人對書法藝術所抱的見
解與肯定。」〔註75〕透過比較，觀念更清晰，瞭解中西藝術的差別，由此可
知比較是一種很實用的研究方法。

二、研究範圍與對象

（一）研究範圍

清代篆隸名家風格新變研究，以西元 1644 年至 1912 年為主要研究範
圍，分清初期、清中期、清晚期三期，但生於清代亡於民初，在篆隸方面有
成就者也包含在內。

（二）研究對象

根據震鈞《國朝書人輯略》所輯錄書家共 848 人，祝嘉所著《書學史》清
代書家共有 591 人，從中檢閱出與篆、隸、八分有關而見於著錄者共有 231
人。〔註76〕數量之多，可謂人才濟濟，為歷朝之冠。為研究清代篆隸名家風格
新變，筆者再根據劉正成編《中國書法鑑賞大辭典》與劉恒《中國書法史・清
代卷》再作精簡為 89 人，茲按出生年代先後，整理列表如下。

表 1-2　清代篆隸名家一覽表

序號	姓　名	年代西元	所擅字體	備　註
1	王時敏	1592～1680	隸書	書家亦是畫家，主要學《受禪碑》、《夏承碑》。
2	傅山	1607～1684	隸書 篆書	書家亦擅長經史、子學、詩、畫、醫，隸學淳于長、《夏承碑》。篆學三代鼎彝。著有《霜紅龕集》和《兩漢人名韻》。

〔註75〕邢光祖撰〈論中西繪畫的比較〉（菲律賓：大中華日報，六十三年四月十一日）。
〔註76〕祝嘉《書學史・十四章・清朝之書學》，（湖南嶽麓書社，2011 年 2 月 1 版），
　　　　頁 270～342。

3	鄭簠	1622～1693	隸書	書家亦擅長醫、收藏碑刻，學《曹全》、《夏承》、《史晨》、《鄭固》等碑。
4	朱耷	1626～1705	篆書	書家亦擅詩、畫，篆學《石鼓文》。
5	朱彝尊	1629～1709	隸書	書家亦擅詩、文、著名學者，主要學《曹全》。著有《曝書亭集》。
6	石濤（道濟）	1630～？	隸書	書家、畫家、擅長畫論，自用我法。著有《苦瓜和尚畫語錄》。
7	陳恭尹	1631～1700	隸書	書家擅詩、文、詞，書法蔡邕。廣東隸書第一書家。著有《獨漉堂全集》，詩文各15卷，詞1卷。
8	萬經	1659～1741	隸書	書家擅經史、性理、金石，取法漢碑，醉心《曹全》。著有《分隸偶存》。
9	林佶	1660～1720	隸書 篆書	書家亦是藏書家、工楷，著有《樸學齋集》。
10	王澍	1668～1743	篆書	書家工四體書，亦善刻印，篆學李斯、李陽冰。著有《虛舟題跋》、《竹雲題跋》、《論書賸語》。
11	高鳳翰	1683～1749	隸書	書家亦擅詩、畫、印、嗜硯，學鄭簠而用筆遲澀。著有《硯史》、《南阜集》。
12	汪士慎	1686～1759	隸書	書家亦擅畫、印，學《北海相景君銘》。著有《巢林集》。
13	金農	1687～1763	隸書	書家亦擅詩、畫、古文、鑑別，主要學《五鳳刻石》、《西嶽華山廟碑》、《國山》、《天發神讖》、《魏碑》。著述有《冬心詩鈔》、《冬心隨筆》、《冬心畫梅題記》、《冬心畫馬記》、《冬心雜著》等書。
14	鄭燮	1693～1766	隸書	書家亦擅詩、詞、畫，主要學《峋嶁碑》、學漢魏，崔、蔡、鍾。著作有《板橋詩抄》、《板橋詞抄》、《板橋家書》、《板橋題畫》、《板橋先生印冊》等自刻本行世。
15	丁敬	1695～1765	隸書	書家亦擅詩、印，篆刻為浙派開山祖。主要學《華山廟》、《孔宙》、《曹全》等碑。著有《武林金石記》、《硯林詩集》、《硯林印存》等。
16	董邦達	1699～1769	隸書 篆書	書家亦擅畫，書學斯、冰，妙得古法。
17	黃樹穀	1701～1751	篆書	書家亦擅詩、畫，書法學李斯、李陽冰。著《楷瘦齋稿》。
18	江聲	1721～1799	篆書	書家亦是小學家，精說文，與人寫信都用篆書。著有《尚書集注音疏》、《六書說》。
19	戴震	1723～1777	篆書	書家亦擅說文、經學，乾嘉學派的主要代表。著述甚豐。

20	錢大昕	1728～1804	隸書	書家亦擅經史、金石臨《袁安碑》、《乙瑛碑》、《曹全碑》。著有《二十二史考異》、《十駕齋養新錄》、《潛研堂文集》、《潛研堂金石跋尾》。
21	楊法	1696～？	隸書篆書	書家亦擅畫、印，篆書近繆篆，隸則融入篆。著有《隸書古詩十九首冊》。
22	段玉裁	1735～1815	篆書	書家亦是訓詁學家、經學家，擅《說文》。著有《說文解字注》。
23	桂馥	1736～1805	隸書	書家亦是經學、文字、訓詁、篆刻家，學《禮器》、《乙瑛》、《史晨》、《婁壽》等碑著有《說文解字義證》五十卷、《劄樸》、《晚學文集》、《說文諧聲譜考證》、《歷代石經考略》。
24	董洵	1739～1809	篆書	書家亦擅經、詩、醫，學《石鼓文》著有《古今名醫傳》、《古今醫籍備考》《小池詩鈔》、《多野齋印說》、《石壽軒印譜》。
25	鄧石如	1743～1805	隸書篆書	書家亦是篆刻家、畫家，篆宗二李，漢篆碑額、學李陽冰《三墳記》。隸得《曹全》、《衡方》、《夏承》、《石門》加篆法。直追秦漢參以石鼓、瓦當、印璽。著有《完白山人印譜》。
26	錢坫	1744～1806	篆書	書家亦擅訓詁、輿地、篆刻，主要學《琅邪台刻》、《武威張伯生柩銘》、《張掖都尉棨信》、以《嶧山碑》為歸，外加學金文。著有《十經文字通正書》、《漢書十表注》、《聖賢塚墓誌》、《十六長樂堂古器款識考》、《浣花拜石軒鏡銘集錄》、《篆人錄》等。
27	黃易	1744～1802	隸書	書家亦是篆刻家，愛好訪碑、收藏。主要學《華山廟》、《石門》、《石經》、《三公山》、《繁陽令》等碑。著有《小蓬萊閣金石文字》《秋影庵主印譜》。
28	奚岡	1746～1803	隸書	書家亦是篆刻家、畫家，其書法從漢碑來，著有《冬花庵燼餘稿》。
29	洪亮吉	1746～1809	篆書	書家、詩人、學者，學李陽冰。撰有《北江詩話》。《弟子職注》、《春秋左傳詁》、《三國疆域志》。
30	永瑆	1752～1823	篆書	書家、收藏家，書近王澍。著有《聽雨屋集》、《詒晉齋集》。
31	孫星衍	1753～1818	篆書	書家亦擅經史、考據、學者、金石，學李陽冰玉筋篆。著有《平津館讀碑記》、《平津館叢書》、《孫淵如全集》、《孔子集語》、《孫子集註》、《尚書今古文註疏》。
32	伊秉綬	1754～1815	隸書	書家亦擅詩、畫、印，學《衡方》、《張遷》，有漢隸碑額筆意。著有《留春草堂詩》。

33	胡唐	1759～1826	篆書	書家亦擅詩、印，著有《木雁齋詩》。
34	錢泳	1759～1844	隸書	書家亦擅詩、畫、印，學《華山廟》、《張遷》、《禮器》、《乙瑛》、《曹全》等碑。著有《履園叢話》、《履園譚詩》、《蘭林集》、《梅溪詩鈔》等。輯有《藝能考》。
35	張惠言	1761～1802	篆書	書家亦擅易、禮、散文、詞，學李陽冰玉筯篆。著有《茗柯文》、《茗柯詞》
36	陳豫鐘	1762～1806	篆書	書家亦擅小學、印學，學李陽冰玉筯篆。著《求是齋集》。
37	嚴可均	1762～1843	篆書	書家亦擅文字、音韻，說文著有《說文校議》、《說文聲類》、《鐵橋漫稿》等書。
38	阮元	1764～1849	隸書	書家亦擅經史、數學、天算、輿地、編纂、金石、校勘，主要學《乙瑛》、《石門》、《天發神讖》。著有《揅經室集》、編纂《經籍纂詁》。
39	陳鴻壽	1768～1822	隸書 篆書	書家亦擅詩、畫、印、刻製茶壺。隸學《開通褒斜道刻石》，篆學繆篆，擅隸書、篆書。著有《種榆仙館詩集》、《桑連理館集》。
40	張廷濟	1768～1817	隸書 篆書	書家亦擅詩詞、考證、金石、鑑賞。取法《天發神讖》與鐘鼎銘文、漢鏡銘。著作有《清儀閣全集》、《清儀閣古器物釋文》、《清儀閣印譜》、《眉壽堂集》、《桂馨堂集》、《瀛洲徐君墓誌銘》。
41	朱為弼	1771～1840	篆書	書家亦擅經學、山水、金石。篆書取法金文、西周銅器銘文。著作有《椒聲館詩文集》、《續纂積古齋彝器款識》、《吉金文釋》、《鉏經堂集》、《古印證》等。
42	姚元之	1773～1852	隸書	書家亦擅詩、文、畫，隸學《曹全》、《史晨》等碑。著有《竹葉亭雜記》、《薦青詩文集》等。
43	徐同柏	1775～1854	篆書	書家亦擅六書、篆刻，承張廷濟學西周金文。著有《從古堂款識學》、《從古堂吟稿》。
44	包世臣	1775～1855	篆書	書家、學者，擅書學理論，書法鄧石如。著有《安吳四種》36卷，又有《小倦遊閣文稿》2卷。
45	鄧廷楨	1776～1846	篆書	書家亦擅詩文、說文。著有《雙硯齋詩鈔》。
46	趙之琛	1781～1860	篆書	書家亦擅畫、印、金石，周代鐘鼎彝器文字為本。著有《補羅迦室集》。
47	郭尚先	1785～1833	篆書	書家亦擅詩、畫、鑑別。著有《增默庵文集》八卷、《增默庵詩集》二卷、《使蜀日記》二卷、《經筵講義》一卷。《芳堅館題跋》有《漢少室神道石闕》、《漢裴岑紀功碑》等論書137條。後人整理結集《郭大理遺稿》八卷（今藏北京國家圖書館）。

48	許槤	1787～1862	隸書 篆書	書家亦擅文字學、醫學、繆篆。著有《古韻閣文》一卷、《古韻閣詩》一卷、《讀說文記》一卷（收入《古韻閣遺著》）、《說文解字疏箋》（已佚）、《識字略》。
49	伊念曾	1790～1861	隸書 篆書	書家亦擅詩、畫、印。書學《郙閣頌》、《衡方》、《張遷》等碑。著《守研齋詩鈔》。
50	釋達受	1791～1858	篆書	書家亦擅金石、畫、印、刻竹、收藏。學漢篆、繆篆。著有《小綠天庵吟草》、《金石書畫編年錄》、《兩浙金石志補遺》、《白馬廟志》等。
51	黃子高	1794～1839	篆書	書家亦擅掌故、說文、金石、刻印、藏書。主要學《瑯琊台刻石》、金文。著有《石溪文集》二卷，《知稼軒詩鈔》九卷，《續三十五舉》一卷，《粵詩搜逸》四卷。
52	鄧傳密	1795～1870	隸書 篆書	書家亦擅詩、印，鄧石如之子，篆隸承石如家法。
53	沙神芝	1796～1851	隸書 篆書	書家亦擅畫、印與鐵線篆。
54	吳熙載	1799～1870	隸書 篆書	書家亦擅畫、印。學吳《天發神讖碑》、《成陽靈台碑》。著有《通鑒地理今釋稿》。
55	何紹基	1799～1873	隸書 篆書	書家亦是詩人、學者，亦擅印，書法主要學《道因碑》、《爭坐位稿》、《張玄墓誌銘》、漢隸《張遷》、《石門頌》、《裴將軍詩》。著有《東洲草堂詩集》、《東洲草堂文集》等。
56	陳潮	1801～1835	篆書	書家亦擅文字學、經學、音韻學、算學，學玉筯篆。著作有《陳東之經說》《華嚴經音義》2卷，《依唐石經校定十二經》、《詩聲衍》1卷。
57	鄭珍	1806～1864	篆書	書家亦擅經學、小學、宋詩、說文。著有《儀禮私箋》、《說文逸字》、《說文新附考》、《果經巢集》等。
58	錢松	1807～1860	隸書	書家亦擅畫、印、古琴。隸書學《張遷》、《張壽》等碑。後人輯為《鐵廬印譜》。
59	馮桂芬	1809～1874	隸書 篆書	書家亦擅古文、經說、天文、輿地、兵刑、鹽鐵、河漕。學李陽冰。著有《校邠廬抗議》、《兩淮鹽法志》、《說文解欄位注考證》十六卷、《弧矢算術乞田草圖解》、《西算新法直解》、《顯志堂詩文集》十二卷、《使粵行記》、《兩淮鹽法志》等書。
60	陳澧	1810～1882	篆書	書家、學者亦擅經、詩、天文、地理、樂律、算術。書學黃子高。著作有《東塾讀書記》、《東塾雜俎》、《切韻考》、《說文聲表》、《老子注》、《公孫龍子注》、《漢儒通義》、《漢書地理志水道圖說》、《水經注西南諸水考》、《聲律通考》等。

61	曾國藩	1811～1872	篆書	書家亦擅政治、軍事、儒學、古文學鄧石如篆。著作收於《曾文正公全集》中。
62	莫友芝	1811～1871	隸書 篆書	書家亦擅樸學、詩文，學《說文》、《少室碑》。著有《聲韻考略》4 卷、《過庭碎錄》12 卷、《宋元舊本書經眼錄》3 卷、《附錄》1 卷、《樗萌譜注》1 卷、《亭書畫經眼錄》4 卷、《古刻鈔》、《唐寫本說文木部箋異》、《亭詩鈔》、《亭遺詩》、《亭遺文》、《影山詞》、《資治通鑒索引》等。
63	左宗棠	1812～1885	篆書	書家亦擅軍事、政治，崇尚碑學書風。著有《左文襄公全集》。
64	楊沂孫	1812～1881	篆書	書家亦擅印，初學石鼓文。著有《管子今編》、《莊子近讀》、《觀濠居士集》、《文學說解問譌》、《在昔篇》等。
65	陳介祺	1813～1884	篆書	書家亦擅金石、鑑別、三代鼎彝、秦漢陶器、璽印、詔版，藏有《毛公鼎》。著有《簠齋金石文考釋》一卷、《簠齋尺牘》十二冊、《東武劉氏款識》一卷、《簠齋藏古目》三冊、《傳古別錄》一卷等。
66	吳咨	1813～1858	篆書	書家亦擅金石、畫印，喜臨金文。著有《續三十五舉》、《適園印存》等。
67	蘇六朋	1814～1861	篆書	書家亦擅畫，篆學金文。《梅窩詞鈔》、《桐陰清話》、《留庵隨筆》、《工餘談藝》。
68	胡震	1817～1862	隸書	書家亦擅金石、小學、篆刻，書學《史晨》、《華山》、《張遷》等碑。著有《廣印人傳》。
69	楊峴	1819～1896	隸書	書家亦擅經學、詩文、金石、小學、駢文，《褒斜道刻石》、《石門頌》、《禮器》、《衡方》著有《庸齋文集》及《遲鴻軒詩鈔》。
70	俞樾	1821～1907	隸書	書家亦擅樸學、文學，主要學《張遷碑》。有《春在堂前書》，二百五十卷。
71	胡澍	1825～1872	隸書 篆書	書家亦擅篆刻、山水、詩、醫，主要學《華山》、《孔廟碑》、學鄧石如、趙之謙。作《素問校義》。
72	徐三庚	1826～1890	隸書 篆書	書家亦擅篆刻、金石文字，學《吳天璽碑》，隸近鄧石如，吸取北碑筆法。著有《金罍山民印存》、《似魚室印譜》、《金罍山人印譜》等。
73	趙之謙	1829～1884	隸書 篆書	書家亦擅詩、畫、印，學北碑、《泰山刻石》、《劉熊碑》，篆隸師鄧石如加以融化。著《悲盦居士文》、《悲盦居士詩》、《勇盧閑詰》、《補寰宇訪碑錄》、《六朝別字記》，其印有《二金蝶堂印譜》。
74	張度	1830～1895	隸書 篆書	書家亦擅小學、畫、金石，書學《張公方碑》。

75	翁同龢	1830～1904	篆書	書家亦擅詩文、儒學、政治，篆學《散氏盤》著作有《瓶廬詩稿》、《翁文恭公日記》、《翁文恭公軍機處日記》等。
76	胡義贊	1831～1897	篆書	書家亦擅篆刻、山水、收藏、金石考證。
77	王闓運	1832～1916	篆書	書家、詩人亦擅經學、文學、史學書學歐陽通、《馬鳴寺》、《三公碑》。後人合刊《湘綺樓全書》。
78	吳大澂	1835～1902	篆書	書家亦是學者、金石、畫家，愛好秦篆、金文著有《愙齋詩文集》、《愙齋集古錄》、《說文古籀補》、《恒軒吉金錄》、《權衡度量考》等、《古字說》、《權衡度量考》、《恆軒所見所藏吉金錄》。
79	戴望	1837～1873	篆書	書家、今文經學家，學李陽冰。著有《論語注》、《管子校正》、《顏氏學記》、《謫麐堂遺集》。
80	曾紀澤	1839～1890	隸書 篆書	書家、外交家，宗李陽冰、吳讓之。著有《佩文韻來古編》、《說文重文本部考》、《群經說》。
81	楊守敬	1839～1915	隸書 篆書	書家亦擅金石、目錄、錢幣、藏書，書學歐陽詢、六朝碑版、《石鼓文》、《谷朗碑》。著有《歷代輿地圖》、《平碑記》、《平帖記》、《學書邇言》等。
82	汪鳴鑾	1839～1907	篆書	書家亦擅藏書、碑帖、說文，精于《說文》。
83	李嘉福	1839～1940	篆書	書家亦擅鑒賞、收藏、詩、畫，學何紹基、規仿秦漢。
84	吳昌碩	1844～1927	篆書	書家亦擅詩、畫、印，一代宗師，書學《散氏盤》、《石鼓文》、《秦權量》、《琅琊台刻石》、《泰山刻石》、秦璽、漢印、封泥、磚瓦，參草法，隸學《三公山》。著有《缶廬詩存》、《缶廬印存》、《吳昌碩畫集》等。
85	王懿榮	1845～1900	篆書	書家亦擅金石、古幣，學趙之謙，發現《甲骨文》。著有《漢石存目》二卷、《南北朝存石目》八卷、《天壤閣雜記》一卷、《翠墨園語》等書。
86	黃士陵	1849～1908	篆書	書家亦擅詩、畫、訓詁，主要學《嶧山碑》，受吳大澂影響。著有《歸田錄》、《竹瑞堂詩鈔》等多卷。
87	張祖翼	1849～1917	隸書 篆書	書家亦擅篆刻、金石，隸學《衡方》、《武榮》、《耿勳》，篆宗《石鼓》，隸法漢碑。著有《磊庵金石跋尾》、《倫敦風土記》。
88	曾熙	1861～1930	隸書 篆書	書家亦擅詩、文、畫，主要學《華山》、《夏承》、《張玄墓誌銘》。著有《左氏問難》、《春秋大事表》、《歷代帝王年表》、《和陶詩》、及書畫錄多卷。
89	李瑞清	1867～1920	隸書 篆書	書家亦擅詩、畫，篆學《毛公鼎》著有《清道人遺卷》、《圍城記》。

　　根據此表可知清代篆隸書家，89 人中其身分以篆刻家、畫家各 34 人為最多，詩人 32 人為其次，樸學家含文字、音韻、訓詁共 23 人，經學、金石家各 17 人，古文家 12 人，其餘如收藏家、學者、醫生、史學家、鑑賞家、詞人、輿地、子學、性理、畫論、書論、藏硯、刻壺、刻竹、古琴、錢幣、軍事、政治、外交、校勘、編纂、目錄、天文、數學、禮學、易經、樂律等雖較為少數，亦可見書法普受各行業喜愛。篆隸書家或為詩人、或為畫家、或為文字學家、金石家、篆刻家，甚至兼善詩書畫印者亦不乏其人。金石學家大都具書家身分，篆、隸書始終和金石考據、文字學聯繫在一起。其中有朝廷官員，有布衣平民。匏庵（吳寬）云：「書家例能文辭，不能則望而知其筆墨之俗，特一書工而已。且世之學書者，如未能詩，吾亦未見其能書也。」〔註77〕詩書藝術其理相通，蓋皆以表現人之性情也。吳寬此言正可為「退筆如山未足珍，讀破萬卷始通神」作印證，清代詩、書、畫、印結合使藝術發展達至前所未有的高峰。

　　清代篆書家，若以前後期區分，則前期以玉筯小篆為主，著名的篆書家有王澍、段玉裁、江聲、戴震、錢坫、洪亮吉、孫星衍、張惠言、陳豫鐘、嚴可均等。後期以繆篆、大篆、金文為主，著名的有鄧石如、陳鴻壽、趙之琛、錢松、張廷濟、釋達受、吳熙載、何紹基、楊沂孫、陳介祺、徐三庚、趙之謙、吳大澂、吳昌碩、黃士陵、李瑞清、章炳麟等。

　　若以形體、流派區分，可分（一）寫玉筯篆者：有王澍、錢坫、洪亮吉、孫星衍、戴震、段玉裁、江聲、張惠言等人。（二）寫鄧派小篆者：鄧石如、程荃、鄧傳密、吳熙載、胡澍、趙之謙等人。（三）寫古籀、大篆、金文、甲骨文者：鄧石如、趙之琛、何紹基、楊沂孫、吳大澂、陳介祺、吳昌碩、黃士陵、李瑞清、羅振玉等人。（四）寫繆篆、漢碑額、祀三公山碑、吳天發神讖碑者：有陳鴻壽、釋達受、吳讓之、徐三庚等人。

　　清代隸書若以（一）形體區分：1. 造形怪異奇特者如鄭簠、金農、伊秉綬、陳鴻壽、吳昌碩等人。2. 造形傳統端嚴者如桂馥、鄧石如、吳讓之、何紹基、趙之謙等人。（二）以創新與保守區分：1. 具創新意識者如鄭簠、金農、鄧石如、伊秉綬、陳鴻壽、何紹基、吳昌碩等人。2. 具保守意識者如阮元、桂馥、黃易、翟云升、吳讓之等人。（三）以引入書體區分：1. 加入行草筆意如鄭簠。2. 加入篆書筆意如鄧石如、伊秉綬、何紹基。3. 加入北碑筆意

〔註77〕梁章鉅《退庵隨筆卷二十二》收錄於《續修四庫全書 1197 冊》，頁 453。

如何紹基、趙之謙。4. 或用唐楷歐法寫隸如朱彝尊，顏法寫隸如伊秉綬。

清代篆隸書家人數眾多，要如何篩選研究對象呢？為兼顧各時期與流派風格，筆者根據劉恆《中國書法史・清代卷》、沙孟海《近三百年書學》、王冬齡《清代隸書簡論》、祝遂之〈清代篆書藝術試析〉等參考文獻篩選出篆隸風格新變，影響書壇較大的書家，作為筆者研究的主要對象。

分期之依據參考《中國書法史圖錄下冊》沙孟海之分類〔註78〕，茲將沙先生有關篆隸之分期製表如下。然如金農、楊沂孫等大家，沙先生並未列入，而錢坫、洪亮吉、孫星衍風格近王澍，不具新變意義。筆者認為金農漆書，楊沂孫篆書，極具新變特色，故增補之，列入研究對象。

表1-3　清代篆隸書家分期表

分 類	清初期書家	清中期書家	清晚期書家
篆書	王澍	錢坫、洪亮吉、孫星衍、鄧石如	吳熙載、趙之謙、（楊沂孫）、吳昌碩
隸書	王時敏、鄭簠、朱彝尊、（金農）	桂馥、鄧石如、伊秉綬、陳鴻壽	何紹基、趙之謙

此表中的篆隸書家，因清初期帖學盛行，篆隸大家偏少，中晚期篆隸書家人數眾多，如何選定研究對象呢？本論文題目為清代篆隸名家風格新變研究，故筆者選定較具新變特色者的理由如下：

（一）清初期：王時敏、鄭簠、朱彝尊稱清初三隸，三人中王時敏學翻刻本《夏承碑》，朱彝尊取法漢碑，以《曹全》為主，然以唐歐法入隸，形式表現不及鄭簠豐富多趣，鄭簠是其中最傑出者。鄭簠傾盡家資，熱衷訪碑，被錢泳稱為漢隸之學復興，其用筆間參草法，風格飄逸飛動。王澍有五經篆文館總裁官之稱，是清初小篆第一人，寫玉筋篆，風格端正圓潤，凝重醇古。金農是「揚州八怪」之首，早期以華山片石為師，風格較為雅正，中年參吳碑後字法奇古，獨創漆書、渴筆八分，風格蒼古奇逸，最具新變特色。金農與王澍為好友，同歷康、雍、乾三朝，故畫歸清初期。

（二）清中期：篆書方面：鄧石如以漢碑額作篆，以隸作篆，開千年以來學篆之風潮，極具特色。而錢坫、洪亮吉、孫星衍之小篆，三人中除錢坫因融入金文稍具特色外，風格與王澍相近，屬玉筋篆系統，不具新變意義，故不列

〔註78〕沙孟海《中國書法史圖錄下冊分期概說》收錄於《沙孟海論書文集》，頁569～570。

入研究對象。隸書方面：「乾嘉八隸」為翁方綱、黃易、伊秉綬、桂馥、錢大昕、鄧石如、陳鴻壽、張廷濟八人。其中堪稱大家的只有桂馥、鄧石如、伊秉綬三人。桂馥精通經學說文，直接漢隸真傳，風格方嚴厚重、醇古樸茂。鄧石如改變傳統玉筯篆寫法而以隸作篆，風格雄強遒麗，有篆隸神品、碑學第一人之稱。伊秉綬為「乾嘉八隸」之首，康有為稱為「集分書之大成」，風格勁秀古媚，氣格博大，使墨如漆，創造隸書審美新典型。陳鴻壽取法摩崖，造型奇崛，風格簡古宕逸。

（三）清晚期：吳熙載繼承鄧石如篆隸書風，風格發展為飄逸婀娜，篆刻有江南第一印人之稱。何紹基探源篆隸，具質樸、渾厚、雄強之美，曾國藩稱「字則必傳千古無疑矣」。趙之謙天才橫溢，以北碑入篆隸行草，改變書史全面由帖學轉換為碑學的第一人。楊沂孫融合大小篆，自稱歷劫不磨，風格勁健秀雅。吳大澂以小篆筆法寫金文，風格靜穆淡雅，丁佛言稱吳大澂為「寫金文為開山鼻祖」。吳昌碩寫石鼓文、散氏盤而自出新意，開創大寫意書風，氣魄雄渾，可謂前無古人。

筆者選出鄭簠、王澍、金農、桂馥、鄧石如、伊秉綬、陳鴻壽、吳熙載、何紹基、趙之謙、楊沂孫、吳大澂、吳昌碩等十三人，按清初中晚三期，以書家出生年代先後為順序，作為研究對象，蓋十三人皆具風格新變之意義。

第二章　清代書學環境

　　研究清代篆隸風格的發展，必先了解清代的書學環境，而影響清代書學環境的主要因素有：學術的變遷、政治因素的影響、考據學的發展、金石學的興起與碑學的興起等。清初對王學末流的反動，講求通經致用。政治上則帝王喜好提倡與文字獄的影響，文人為避禍，學術風氣轉向考據。考據學帶動文字學、訓詁學、金石學的發展。金石學由考據自然發展而來，學者以之為證經訂史之具，引發學古的金石碑刻研究。碑學的興起，以篆隸為先導，經阮元、包世臣與康有為的提倡，促成書法中興。

第一節　學術變遷

一、清代初期學術

　　王國維說：國初志在經世，一變也；乾嘉肆意稽古，一變也；道咸以降，逆睹事變，有國初諸老經世之志，又一變也。國初之學大，乾嘉之學精，道咸以降之學新。〔註1〕王國維這段話頗能概括清代學術發展大要。

　　清代學術變遷，初期提倡「通經致用」。徐少知在梁啟超《中國近三百年學術史》出版前言中指出：

　　　　所論晚明至清末民初中國學術的發展，由對王學的反動，經清初經
　　　　世致用之學，乾嘉考證之學，到鴉片戰爭後之今文經學的學術變遷，

〔註1〕王國維《觀堂集林》（河北教育出版社。），頁720。

　　　　大致能抓住時代脈動，符合歷史之真實。〔註2〕

學術變遷從清初的經世致用，乾嘉的考證學，晚清的公羊學（今文經），這些學術思想，在在影響清代書法的發展。清代學術的變遷，有一個顯著的特點，就是要脫離宋明理學的窠臼，重返漢唐以前的經學傳統。清代初期學術以實證考據的方法研治經書，主要是提倡「通經致用」，探討治國安民之道。清代初期學術，我們可從清初四大儒，顧炎武、黃宗羲、王夫之、顏元等人的思想，窺見其大要：

（一）顧炎武

　　顧炎武（1613～1682）學術的最大特色，是一反宋明理學、陽明末流空疏玄學，而強調客觀的實證研究，提出以「經學」代替「理學」的主張。顧炎武〈與友人論學書〉云：

> 竊嘆乎百餘年以來之為學者，往往言心言性，而茫乎不得其解也。命與仁，夫子之所罕言也；性與天道，子貢之所未得聞也。……夫子之所罕言，而今之君子之所恆言也。……愚所謂聖人之道者如何？曰「博學於文」，曰「行己有恥」。……士而不先言恥，則為無本之人，非好古多聞，則為空虛之學。以無本之人，而講空虛之學，吾見其日從事於聖人而去之彌遠也。〔註3〕

顧炎武〈與友人論學書〉一文，強調士人之所為只不過是「博學於文」、「行己有恥」。短短八個字，即將作者思想融鑄其中。「博學於文」，所謂的「博」，即是「好古敏求」、「多學而識」；其所謂的「文」，非指辭章，而是包括天下萬事萬物的道理。非好古多聞，則為空虛之學，可說對王學末流反動之明證。

　　顧炎武論學宗旨，大要兩語，一曰：「行己有恥」，一曰：「博學於文」。謂經學即理學，提出「捨經學無理學」的主張。因以明經即明道，故以治音韻為通經之鑰，而通經為明道之資，明道即所以救世。炎武嘗謂：

> 讀九經自考文始，考文自知音始。以至於諸子百家之書，亦莫不然。〔註4〕

〔註2〕梁啟超《中國近三百年學術史・出版前言》（台北：里仁書局，2000年5月初版2刷），頁5。

〔註3〕顧炎武撰《顧亭林詩文集・卷三與友人論學書》（台北：漢京文化事業有限公司，1984年3月），頁40～41。

〔註4〕《顧亭林文集・卷四・答李子德書二》（台北：三民書局，2000年5月初版），頁304。

讀九經必自考文始，考文必自知音始。炎武治音學之根本方法，亦即乾嘉考
證學一最重要之方法也。語必博證，證必多例，明先後流變，博求多方佐證。
清儒對古音研究的意義有很深刻之體認。戴震說：「音聲有不隨故訓變者，則
一音或數義。音聲有隨故訓而變者，則一字或數音。大致一字既定其本義，
則外此音義引申，咸六書之假借。……凡故訓之失傳者，於此亦可因聲而知
義矣。」〔註5〕王念孫說：「竊以訓詁之旨，本於聲音。」〔註6〕這些都是清
儒治學經驗之談。語必博證，證必多例，此二者為以後乾嘉考證學最要法門。
胡楚生認為顧炎武影響清代學術者有三，胡氏云：

> 其一在開創考證求真之徵實學風。其二在揭示新穎科學之歸納方法。
> 其三在拓廣學術研究之門庭路徑。〔註7〕

顧炎武撰《天下郡國利病書》、《日知錄》。主張「經世致用」、「斥理學末流」，
然乾嘉諸儒，得其一體，衍為樸學，遂蔚成清代學術主流，炎武因此被尊為
「開國儒宗」。

（二）黃宗羲

黃宗羲（1610～1695）多才博學，於經史百家，無不研究。服膺陽明學，
力主誠意、慎獨之說，認為王學中「致良知」的「致」，就是「行」。黃宗羲嘗
謂：

> 明人講學，襲語錄之糟粕，不以六經為根柢，束書而從事游談。故
> 問學者必先窮經，經術所以經世。不為迂儒，必兼讀史。讀史不多
> 無以證理之變化；多而不求於心，則為俗學。〔註8〕

宗羲反對不以六經為根柢，束書而從事游談，專用語錄之理學，主張學問必須
窮經、讀史、且求於心，方不為俗學。此皆可見對王學末流之反動。黃宗羲晚
年之《明儒學案序》云：

> 盈天地皆心也。變化不測，不能不萬殊。心無本體，功夫所至，即其
> 本體。故窮理者，窮此心之萬殊，非窮萬物之萬殊也。是以古之君子，
> 寧鑿五丁之間道，不假邯鄲之野馬。故其途亦不得不殊。〔註9〕

〔註5〕《戴震文集卷三·論韻書中字義答秦尚書蕙田》（台北：河洛圖書出版社，1975
　　　　年10月初版），頁48。
〔註6〕《廣雅疏證·王念孫自序》（北京：中華書局，2008年7月初版）一文。
〔註7〕胡楚生著《清代學術史研究》（台北：學生書局，1993年3月初版二刷），頁23。
〔註8〕《清史稿校註第十四冊》（台北：國史館印行，1990年2月出版），頁10971。
〔註9〕黃宗羲撰《明儒學案·自序》（台北：世界書局印行，1984年2月四版），頁1。

此《明儒學案序》，言盈天地皆心也，而非萬物，乃由於心學重主體性，因為儒家言道德，而道德首重自覺，故攝外歸內，攝萬物歸主體。錢穆說：

> 從來言心學者多講本體，而此則重工夫，一也。從來言心學者多著意向內，而此則變而向外，二也。從來言心學多重其相同，此則變言萬殊，三也。且不僅與從來言心學者異，即梨洲平日論學，亦與此序議論顯有不同。梨洲言離心無所謂性，既主蕺山之慎獨，則不得謂「心無本體」。梨洲雖極重工夫、重行，然既主慎獨工夫愈收斂則欲推致，欲在主宰上覺有主，即工夫須從本體生，不得謂「工夫所至即是本體」矣。〔註10〕

由錢穆的分析，可見黃宗羲晚年重工夫、重行，但批評宗羲所言「心無本體，工夫所至即其本體」之謬誤。此《明儒學案序》乃宗羲八十四歲作，誠可謂黃宗羲晚年定論也。其所著《明夷待訪錄》，被視為中國自由思想的啟蒙者。

（三）王夫之

王夫之（1619～1692）究心理學，持論甚卓，近三百年所未有。主張「氣一元論」，認為氣既是物質性也是第一性的東西。王夫之繼承並發展張載的氣一元論思想，認為氣是宇宙的唯一實體。他說：「陰陽二氣充滿太虛，此外更無他物，亦無間隙。天之象，地之形，皆其所範圍也。」〔註11〕由其氣一元論出發，王夫之具體闡釋了理與氣的關係。他認為，理氣相依，理在氣中，氣者理之依也，理者氣之理也，理是氣的內在規律，氣外更無虛托孤立之理，理與氣不可分離，亦就是說理即在於氣中，氣外無理。其論道曰：

> 天下惟器而已矣。道者器之道，器者不可謂之道之器也。無其道則無其器，人類能言之。雖然，苟有其器矣，豈患無道哉？……天下之用，皆其有者也。吾從其用而知其體之有，豈待疑哉？〔註12〕

夫之此言「天下惟器而已矣。」與程、朱、陸、王所主張的心、性、理是第一性剛好相反。道者器之道，苟有其器矣，豈患無道哉？形而上者謂之道，形而下者謂之器，而夫之不認道在器外。有關夫之體用、道器之辨，錢穆說：「顏習齋、戴東原不認理在氣先，猶之船山不認道在器外，體在用外也。」〔註13〕

〔註10〕錢穆著《中國近三百年來學術史》，頁29。

〔註11〕王船山《張子正蒙註・太和篇》。

〔註12〕錢穆《中國近三百年學術史・王船山周易外傳卷五・繫辭上傳》，頁106。

〔註13〕錢穆著《中國近三百年學術史・第三章王船山》頁107。

關於「致用」的思想，王夫之指出：

> 所貴夫史者，述往以為來者師也。為史者，記載徒繁，而經世之大略
> 不著，後人欲得其得失之樞機已效法之無由也，則惡用史為？〔註14〕

王夫之治史學，是以經世致用為目的，是清代最早提出「史學經世」觀念的人。

（四）顏元

顏元（1635～1704）激烈反對程朱理學和陸王心學所提倡的靜坐誦讀，空談性命，不務實際。強調「習」和「行」的重要性，講求實用，是顏元學術的最大特色。對清初樸實學風的形成產生過積極的影響。他的實學思想為其學生李塨繼承和推衍，形成顏李學派。顏元的思想，可用一個「用」字作代表。曾說：

> 陳同甫（亮）謂人才以用而見其能否，安坐而能者不足恃，兵食以
> 用而見其盈虛，安坐而盈者不足恃。吾謂德性以用而見其醇駁，口
> 筆之醇者不足恃，學問以用而見其得失，口筆之得者不足恃。〔註15〕

顏元以「用」字來評斷能力價值，強調重視實用。此種思想與宋明理學重形而上大有差別。

清初四大儒是黃宗羲、顧炎武、王夫之、顏元。他們的思想，或多或少與宋明理學有關，但又有區別。錢穆《中國近三百年學術史·自序》云：

> 明清之際，諸家治學，尚多東林遺緒。梨洲嗣軌陽明，船山接跡橫
> 渠，亭林於心性不喜深談，習齋則兼斥宋明，然皆有聞於宋明之緒
> 論者也。不忘種姓，有志經世，皆確乎成其為故國之遺老與乾嘉之
> 學，精氣夐絕焉。〔註16〕

顧炎武反對理學，曰古之所謂理學，經學也，今之所謂理學，禪學也。〔註17〕宗羲學宗陽明，蕭公權謂「宗羲出於蕺山，然其治兼通經史藝數，非陽明所能範圍。」〔註18〕王夫之學宗程朱，反王而不反朱，惟對朱學之理氣二元亦不贊

〔註14〕王夫之《讀通鑑論卷六》（台北：河洛圖書出版社，1976年3月初版），頁156
　　　～157。
〔註15〕《顏習齋年譜卷上》丁巳四十三歲條。
〔註16〕錢穆著《中國近三百年學術史·自序》（台北：台灣商務印書館，1996年7月
　　　2版），頁1。
〔註17〕顧炎武《顧亭林詩文集卷三·與施愚山書》（台北：漢京文化事業出版，1984
　　　年3月），頁58。
〔註18〕周世輔著《中國哲學史》（台北：三民書局，1990年8月6版），頁441。

同，而自倡理氣合一論與身心合一論。顏元痛詆理學之空疏，朱王並斥，態度至為激烈。提倡經世致用。〔註19〕清初學術為力矯宋明理學的流弊，主要是對王學末流的反動，陽明學派，確有其思想價值，但末流積弊，國人由厭倦變成憎惡，於是捨空談而趨實踐。

由以上四大儒所表現的思想，重經學、史學，重務實，明經致用開創一代新學風，可看出清初學術發展的趨勢。

二、清代中期學術

清代中期學術風尚轉為「考據訓詁」。考據學本為通經訓詁之法，在文字獄影響下，取代理學成為學術主流。清代乾嘉時期考證學興起的原因，一般學者都認為與當時法網嚴密，屢興文字之獄且株連甚廣有直接關係。此外對明代王學空疏學風的反彈、政治形勢的影響，以及經濟發展帶動文化興盛也是考據學興盛的原因〔註20〕。考證風氣的興起，開啟清代的學術風尚〔註21〕，自然也影響清代的金石書法藝術。清全盛時期治學精神以「實事求是」為主。治學方法以「無徵不信」為要。勞思光說：

> 漢儒以通經為目的，而以致用為其效果，顧氏以致用為目的，而是
> 通經為基礎條件，致用必恃通經為基礎，然則通經之工作要點何在？
> 經本身內容解釋上無定準，於是通經乃須轉往考古。〔註22〕

勞思光此言顧氏以致用為目的，致用則須通經，而經義內容無定準，於是通經乃轉而為考古。此乃清代中期學術何以轉向考據原因之一。代表學者有惠棟、王鳴盛、戴震、段玉裁、錢大昕、趙翼、崔述等人，提倡考證之學。戴震在考據經學方面貢獻甚大。錢大昕、趙翼、崔述等則在考史方面貢獻較大。

章學誠認為治經必兼治史，離開歷史就無法正確掌握經義，主張「盈天地間，一切著作，皆史也。」〔註23〕提出「六經皆史」的重要主張。是皆以

〔註19〕周世輔著《中國哲學史》（台北：三民書局，1990 年 8 月 6 版），頁 439。

〔註20〕楊東蓴著《中國學術史講話・第十講樸學一概論》（北京：東方出版社，1996 年 3 月 1 版），頁 287～289。

〔註21〕梁啟超認為清代思潮，是對宋明理學一大反動，以復古為職志，類似歐洲之文藝復興。參見梁啟超《清代學術概論》（台北：台灣商務印書館發行，1994 年 1 月台二版），頁 6。

〔註22〕勞思光著《新編中國哲學史三下》（台北：三民書局，2003 年 11 月 2 版），頁 750～751。

〔註23〕章學誠《文史通義・卷一・內篇・易教上》（廣文書局，1981 年 8 月再版）第一句。頁 1。

考證、訓詁治經學、小學者也。乾嘉考證學的基本精神是收集確鑿證據，尊重客觀事實，講究實事求是的態度。有關戴東原的哲學，周世輔認為：

> 戴東原的學問是多方面的，其論理氣，論人性，論理欲，都以反宋學為中心；其重視考證，則將經世之學引入了考據途徑，使大多數清儒以漢學反宋學，而忘記學以致用了。〔註24〕

考據本為通經之方法，如今成了學術主流，反而忘了通經是為了致用。這種現象當然也反映在書學上。當時士人強調識字才能通經，通經才能理解聖人所要傳達的意義。朱筠以文字訓詁教士，謂讀書必先識字，又重視金石文字。《清史稿》云：

> 筠博聞宏覽，以經學、六書訓士。謂經學本於文字訓詁，周公作《爾雅》，〈釋詁〉居首；保氏教六書，說文僅存。於是敕《說文解字》刊布之。……時有朱門弟子之目。好金石文字，謂可佐證經史。」〔註25〕

朱筠推崇東漢許慎《說文解字》，謂經學本於文字訓詁，而該書為第一部以分析字形及考究字源的書，書寫字體以小篆為主。此時期受《說文解字》影響的小篆書家有錢坫、孫星衍、洪亮吉等人。錢坫精地理、文字訓詁之學，工篆書，著有《說文解字斠詮》。孫星衍是經史學家，考據學者，擅金石學，後專事經史文字音韻訓詁之學，兼及諸子百家，工於篆隸。洪亮吉以詞章考據聞名，尤其擅長輿地。與學者孫星衍友善，曾先後充安徽學政朱筠、陝西巡撫畢沅等幕府。

三、清代晚期學術

　　晚清道、咸、同、光間為清學術銳變時期，此時期西方勢力來侵，整個中國文化思想進入一新挑戰階段。蓋自雍正禁教，一百年來，中國閉關自守，而西洋一直在進步中。清代咸豐、同治時學術上漢宋之爭，以為漢學專研訓詁，宋學專研義理。漢學有其根柢，講學者以淺陋輕之，不足以使漢儒信服；宋學有其精微，讀書者以空疏薄之，亦不足使宋儒信服。漢儒以訓詁專門，宋儒以義理相尚，實各有優劣。廣東陳澧（1810～1882）以會通漢宋為其治學目標，其《東塾讀書記》體例全仿《日知錄》為會通漢宋之代表作。另作《漢儒通義》。其曰：

〔註24〕周世輔著《中國哲學史》（台北：三民書局，1980 年 8 月出版），頁 439。
〔註25〕漢籍電子文獻資料庫——清史稿·列傳，485 卷，頁 13393～13394。

> 宋元明儒者，自出己意，以說經義，竟無人於漢儒傳注內，尋求義
> 理，孰知鄭君之注，義理深醇如此耶。〔註26〕

鄭君即鄭玄，漢儒義理在傳注內。會通漢宋的思想，是一進步觀念，講宋學而
不講漢學，則如前明之空陋；講漢學不講宋學，則如乾嘉以來之膚泛。

學術向以經學為主流，陳澧雖有會通漢宋思想，但對西方的學術仍普遍表
現漠視，直至嚴復、康有為等，才真正對西方重視。晚清代表學者有莊存與、
劉逢祿、龔自珍、魏源和康有為，提倡重視今文經學（公羊學），講求經書中
的微言大義，藉以批判現實社會和政治積弊，探求變革良方，他們的治學精神
是「托古改制」。劉恆說：

> 道光以後考據學派逐漸衰退，經太平天國的動亂，內憂外患的打擊，
> 清朝統治下的社會矛盾紛紛顯露，考據學的繁瑣支離，和對現實社
> 會的漠不關心，使得人們對它興趣愈來愈小。相反的今文經學，以
> 其經世致用的精神和通過聖賢微言大義的挖掘來闡發個人主張的特
> 點，受到普遍的重視。〔註27〕

這種觀念反映在清代後期的書壇上，就是書家在創作中對個人面目的渴望。
乾嘉漢學所尊崇的，實際上仍是古文經學。所承接的是東漢鄭玄、馬融、許
慎、賈逵的統緒。嘉、道以後一部分治經者，追溯到西漢的今文經學。今古
文經的差異在古文經側重名物訓詁，經典章句文字。今文經則側重微言大義，
每援經來議政。康有為著有《新學偽經考》、《廣藝舟雙楫》，影響書壇深遠。
劉恆說：

> 《廣藝舟雙楫》雖然談的是書法，但其書中反映出來的歷史觀及論
> 述風格，與他的政治學術著作《新學偽經考》、《孔子改制考》一脈
> 相承，充滿了今文經學的氣息。《廣藝舟雙楫》的流行和被廣為接受，
> 正反映出學術思想對藝術風氣的滲透和影響。〔註28〕

康有為《廣藝舟雙楫》的思想，談的是書法，重點表現在尊魏卑唐，力主新
變。而與政治學術著作一脈相承，充滿今文經學的革新思想。徐復觀說：「清
代乾嘉學派入主出奴的學風，愈演愈烈。經學今古文之爭，主張今文者，至
將古文之重要典籍，亦加以否定，有如康有為之《新學偽經考》。」〔註29〕。

〔註26〕陳澧《東塾集卷四·與趙子韶書》第四首，頁286。
〔註27〕劉恆《中國書法史·清代卷》（江蘇：教育出版社，1999年10月1版），頁285。
〔註28〕劉恆《中國書法史·清代卷》（江蘇：教育出版社，1999年10月1版），頁286。
〔註29〕徐復觀《中國藝術精神》（台北：學生書局，1998年5月12刷），頁535。

以上可知經太平天國動亂以後，政治積弊日深，考據學繁瑣支離，對現實社會漠不關心，勢必導致改革興起，今文學家，以經中微言大義，批判政治積弊，講求經世致用受到普遍重視。梁啟超總結有清二百多年間的學術動向說：

> 綜觀二百餘年之學史，其影響及於全思想界者，一言以蔽之，曰：
> 「以復古為解放。」第一步：復宋之古，對於王學而得解放。第二
> 步：復漢唐之古，對於程朱而得解放。第三步：復西漢之古，對於
> 許鄭而得解放。第四步：復先秦之古，對於一切傳注而得解放。夫
> 既已復先秦之古，則非至對於孔孟而得解放焉不止矣。〔註30〕

梁啟超總結清代的學術，概括為「以復古為解放。」首先復宋之古、復漢唐之古、復西漢之古、最後是復先秦之古，甚至連孔孟思想也解放。了解了清代學術的動向，先是對王學的反動，經學即理學，明經從文字訓詁始。考據學興起，帶動文字學、金石學的發展，乃至碑學的興起。訪碑研古成為風氣，而書法本是文化精英們最為珍視和喜愛的藝術，它因此與學術思想有十分密切的關係。

　　總之清代學術的發展，清初是對宋明理學，王學末流的反動，講求「明經致用」。中期轉入考據，以乾嘉時期最為發達。考據學發達的原因，有清廷政治壓迫與思想控制的外緣因素，與經學即理學，迴向原典的學術需求的內在因素。晚期學術因政治積弊，今文經學家以公羊學微言大義，批判政治，銳意革新。創新期為西學輸入即發生重大影響時期，代表學者為梁啟超、嚴復、章太炎，已進入民國時代，迄今仍影響近代學術。

第二節　政治因素的影響

　　政治因素則有皇帝本身的愛好、提倡與大興文字獄的影響。清朝以異族入主中國，其統治一方面拉攏知識分子，設博學鴻詞科，以爭取廣大漢族民眾對新政權的支持。康熙時清王朝統治基本上已穩定下來，社會經濟得到恢復和發展，文化藝術也逐漸恢復繁榮的局面。清初每位皇帝都受嚴格的漢文化教育，帝王本身對書法之愛好與提倡，影響書壇學習風氣。另一方面，異族統治，為鞏固政權，採高壓政策，整肅異己，大興文字獄。清初文字獄牽連甚廣，為控制反清思想，文人片紙隻字，動輒得咎，致使知識份子人人自危，噤若寒蟬。此時經世致用之學充滿危險，祇好將精力投注在古籍的研究，又因要通經須明

〔註30〕梁啟超《清代學術概論》（台北：台灣商務印書館，1994 年 1 月台 2 版），頁 13。

訓詁，學術風氣因而轉向考據學，考據學成為清代學術主流。

一、帝王本身對書法之愛好與提倡

（一）康熙皇帝

康熙皇帝在文化方面，他苦研儒學，倡導程朱理學，開博學鴻詞科，設館纂修《明史》，編纂《古今圖書集成》、《全唐詩》、《佩文韻府》、《康熙字典》等。康熙尤其喜愛董其昌的書法，遍求海內所有董書真跡，研習並收藏。由翰林沈荃教其習董其昌書法，沈荃從中指陳缺失。康熙〈跋董其昌書〉中指出，「朕觀昔人墨蹟，華亭董其昌書〈畫錦堂記〉，字體通媚，於晉唐人之中，獨出新意，製以為屏，列諸座右，晨夕流覽，寧不遠勝鏤金錯彩者歟！」〔註31〕康熙好董書，致使董書得以風靡一時，出現了滿朝皆學董書的熱潮。馬宗霍《書林藻鑑》說：

> 聖祖則酷愛董其昌書，海內真蹟，搜訪殆盡，玉牒金題，彙登祕閣，
> 董書在明末已靡於江南，自經新朝睿賞，聲價益重，朝殿考試，齋亭
> 供奉，干祿求仕，視為捷塗，風會所趨，香光幾定於一尊矣。〔註32〕

由於康熙酷愛董書，臣下無不奉迎，加以在位六十一年，于是董書左右了書壇數十年。康熙曾向大臣云：

> 沈荃昔云：伊曾親受董其昌指訓，朕幼年學書，有一筆不似處，沈
> 荃必直言之。〔註33〕

沈荃曾受董其昌指導，康熙酷愛書法，也希望兒子勤練書法，甚至以臣工寫字好壞決定他們的前途，還大規模贈送御書。康熙自述天性喜愛書法與苦練，五十初度曾向大臣說：

> 朕自幼好臨池，每日寫千餘字，從無間斷，凡古名人之墨蹟、石刻，
> 無不細心臨摹，積今三十餘年，實亦性之所好。〔註34〕

由於康熙本人喜愛書法，上有好者，下必有甚焉者。一時追逐功名的士子幾乎都以董書為求仕捷徑。張光賓說：

> 聖祖玄曄，初愛王羲之書，開科取士，亦以能王書者為首選。當時

〔註31〕《康熙起居注冊》三十八年三月十五日條台北故宮藏本，頁6996。

〔註32〕馬宗霍《書林藻鑑·卷第十二》（台北：台灣商務印書館，1982年5月出版），頁340。

〔註33〕《康熙起居注冊》四十一年十月五日條台北故宮藏本，頁9619。

〔註34〕陳捷先撰〈康熙皇帝與書法〉《故宮學術季刊·第十七卷·第一期》，頁2。

華亭一派頗為盛行，若干侍臣率多習董書，如沈荃、王鴻緒、查昇、
張照輩均係董華亭餘潤，彼等所書，每為聖祖稱賞，或謂聖祖好董
書，廣為蒐訪，今故宮庋藏董其昌手跡之眾，多在此期尋求而得者。
又敕編《佩文齋書畫譜》，裒集歷代書法理論，及書法史，彙粹成編，
做有系統的整理，鏤版行世，自有助於書學研究。〔註35〕

在康熙、雍正之際，董書影響之深，是其他書法家無法比擬的。康熙四十四年
（1708）命孫岳頒、王原祁編纂《佩文齋書畫譜》，是重視文化藝術的見證。

（二）雍正皇帝

愛新覺羅·胤禛（1678～1735）即清世宗雍正皇帝，康熙第四子，在位十
三年。雍正皇帝個人更十分重視儒家正統思想，提倡教化宣導，賡續文化，這
反映在他的出版事業上，為了保存歷代典籍，傳承文化，他完成《古今圖書集
成》的編纂。清史專家莊吉發說：

雍正在文化事業講究皇家氣勢，完成的《古今圖書集成》，至今仍是
存世內容最豐富的一部類書；從書畫器物來看清朝文化史，更可以
說，沒有雍正朝，就沒有精美的作品。〔註36〕

從《古今圖書集成》與書畫器物看清朝文化史，專家對雍正的文化貢獻作了肯
定。為了彰顯正統，他繼父祖之業，於晚年完成易代修史的任務；至於雍正在
書法方面的成就，楊丹霞評說：

早期楷書學唐，其餘絕大多數臨寫宋元明諸家風格作品。學米芾、
董其昌作品居多，風格在米、董之間。取法與其父康熙同。〔註37〕

雍正皇帝學米、董書法，點畫瀟灑自在，結體錯落有致，行與行之間，安排的
疏疏朗朗，顯系受聖祖喜愛董書分行布白疏秀的影響。雍正文采風流，留下了
豐富的繪畫與書法作品。其書點畫清圓、結體凝鍊，更是開乾隆仿效趙孟頫圓
潤秀美風格的先聲。從雍正的書跡流傳看，大致以行書為主。雍正遠師二王及
晉唐諸家，近法董其昌及館閣體，真行二體頗入規矩，在清代皇帝之中書法造
詣較高。雍正翰墨之精妙，在其父其子之上。楊丹霞說：

雍正與康熙晚年一味臨董，時現軟弱單調不同，雍正書法呈現出筆

〔註35〕張光賓《中華書法史》，（台北：台灣商務印書館，1981年12月初版），頁273。
〔註36〕〈雍正朝文化藝術〉一文。台北故宮雍正大展，翁翠萍專題報導。
〔註37〕楊丹霞（北京故宮博物院古書畫部研究員）〈雍正皇帝書法管窺〉兩岸故宮第
一屆學術研討會論文。

> 墨樸厚飽滿，風格酣暢淋漓的特點。……而數十年的皇子生涯，出
> 於對康熙喜好的迎合以及自身修養的需要，他還是在書法創作方面
> 下了很大的功夫，並取得了較高的造詣。他傳世不多的作品，不僅
> 使我們領略到了其文治的一個側面，也理解了後人將其書法與康、
> 乾二帝並稱且頗多嘉評的因由。〔註38〕

雍正皇帝的書法，頗受康熙嘉賞，並為其父代筆。吳振棫《養吉齋餘錄》就曾
記載：「聖祖最喜世宗宸翰，每命書扇，歲書進百餘柄。有旨不令書名，並用
閑字圖章」〔註39〕雍正不但可以摹仿康熙的書法，而且其水平並不下於乃父，
故經常為之代筆。

總之世宗的書法，雖在筆鋒筆意上與乃父相似，但是其作品的藝術水準卻
遠遠勝於乃父，更在「十全老人」之上了。〔註40〕

（三）乾隆皇帝

愛新覺羅・弘曆（1711～1799）即清高宗乾隆皇帝，二十五歲即位，在位
六十年。酷愛書畫，常以鑒賞家自居，喜歡在書畫上品評、題詩，加蓋鑒藏印
章。他把清廷內府所收藏，編成一部專門書籍《石渠寶笈》。此書的編纂說明
乾隆對文化藝術的重視。

《石渠寶笈》初編，成書于乾隆十年（1745年），共編四十四卷。著錄了
清廷內府所藏歷代書畫藏品，再據其庋藏之處，如乾清宮、養心殿、三希堂、
重華宮、御書房等，各自成編，此編法頗不易于檢覽，惟記錄詳盡，收錄豐富，
不失為價值較高的著錄巨帙。

《石渠寶笈》續編，成書于乾隆五十六年（1791年）。初編、續編藏品，
計有數萬件之多。

《石渠寶笈》三編，成書于嘉慶二十一年（1816年），收錄書畫藏品2000
餘件。1969年臺北故宮博物院出版三編著錄影印本，並附索引。1991年上海
古籍出版社出版初編著錄影印本。

乾隆帝視為稀世墨寶的三件東晉書跡，即王羲之的《快雪時晴帖》、王獻
之的《中秋帖》和王珣的《伯遠帖》，而收藏這三件墨寶的地方又被乾隆稱為

〔註38〕楊丹霞〈雍正皇帝書法管窺〉一文。頁18。
〔註39〕清吳振棫，《養吉齋餘錄》（北京：古籍出版社，1983年12月），頁300。
〔註40〕日本學者稻葉君山的《清朝全史》中評論康雍乾三帝書法時說：乾隆書法雖
　　　妙，但少氣魄；而康熙帝則骨力有餘，豐潤不足；而雍正之書法，有才有氣，
　　　不類王者筆跡。

三希堂，故法帖取名《三希堂法帖》。乾隆御刻的《三希堂法帖》也是譬美《淳化閣帖》的偉績。

乾隆時期，大力崇尚趙孟頫的書法，於是民間轉為學習圓腴豐潤的趙字書體，取代纖細的董字。然士大夫對趙降元，存有二臣思想，基於儒家傳統觀念，基本上仍以學董為多。這階段可說由明代風格，回歸元朝風格的復古主義〔註41〕。乾隆皇帝的字，一般評論為圓熟秀勁，規正端麗，然千字一律，略無變化，反映了館閣體定型，失去書法藝術應有的生氣和活力。沙孟海說：

> 館閣體不但沒有古意，且也沒有個性，各人寫出來千篇一律，差不
> 多和簽字一樣。〔註42〕

八股文和館閣體是窒息文人活力的繩索，儒林外史就是諷刺這種科舉制度小說的代表。這種欽定的文體與字體，其結果必然導致刻版僵化，死氣沉沉。

總之，乾隆皇帝大力推崇趙孟頫，一時書風由習董轉而學趙。加以在位久，帝王提倡，臣下投其所好，對館閣體的形成，有一定的影響。

清初帝王本身對文化藝術的重視，尤其對書法的愛好與提倡，影響清初書壇甚大。康熙推崇董其昌，雍正沿襲父風，乾隆推崇趙孟頫，使得清初書壇為董、趙風格所籠罩，而帶有自由與叛逆色彩的明末變革書風，因清初政權極求穩固，在思想文化控制之下，康熙以後便很快消失了。加以為符合科舉考試的要求，所漸形成的「烏、光、方」館閣體。書壇所呈現的是統治者為主流品味的審美書風。

二、清朝的文字獄

滿清入主中原後，為了鞏固民族統治地位和皇權，實行了以文字獄為主要特徵的文化專制政策。清朝大興文字獄，無疑束縛和制約了當時思想和文化的發展。

（一）康熙時期文字獄

康熙時的文字獄，梁啟超說：

> 康熙帝是比較有自由思想的人，他早年雖間興文字獄，大都是他未
> 親政以前的事，而且大半由奸民告訴官吏邀功，未必出自朝廷授

〔註41〕指宋、元以來形成的崇尚王羲之、王獻之及屬於二王系統的唐、宋大家書風的書法史觀、審美理論和以晉、唐以來，名家墨跡、法帖為取法對象的創作風氣。
〔註42〕沙孟海《近三百年書學》（上海：書畫出版社，1987年3月1版），頁25。

意。他本身卻是闊達大度的人，不獨政治上常採寬仁之義，對於學問亦有宏納眾流氣象，試讀他所著的《庭訓格言》，便可以窺見一斑了。〔註43〕

按梁啟超的說法，康熙時的文字獄，應該不是很嚴重，但由莊廷鑨《明史》案與戴名世《南山集》案，受誅連所造成恐怖陰影，也足夠對士人產生威嚇作用。以下就此兩案略作說明。

1. 莊氏《明史》案

莊廷鑨明史案是清初開國以來的第一宗文字獄。為康熙朝第一件禁書大案，牽連 700 家，斬首 1000 餘人，發配充軍邊疆的不計其數，誅連甚廣。康熙二年（1663）此案判決確定。當時莊廷鑨已死，仍被刨棺焚屍，莊氏全族和為此書寫序、校對刻字、印刷，甚至賣書、買書的人等被害。

2. 戴名世《南山集》案

戴名世有志為明朝保存信史，訪問前朝遺老，如實記載編入《南山集》中，直書南明三帝紀年，認為歷史是客觀存在。康熙五十年十月，左都御史趙申喬告發指控戴名世「妄竊文名，恃才放蕩，前為諸生時私刻文集，肆口遊談，倒置是非，語多狂悖，逞一時之私見，為不經之亂道。」〔註44〕《南山集》文字獄的核心問題在於遵奉或否認清朝正統地位，戴名世以及有關人被指控的主要罪狀亦在此。康熙的處理甚為高明，採鎮壓與懷柔兩手策略。大造聲勢以興起文字獄，製造恐怖氣氛，但最後又網開一面，表示出很大的寬容，旨在拉攏漢族士子收為己用，以博取社會輿論認可，取得擁戴的做法。

（二）雍正時期文字獄

他是一個殘暴成性、猜忌心又很重的人，借助文字獄來打擊異己勢力。如《西征隨筆》案〔註45〕，真正原因是政治鬥爭，文字獄是藉口而已。其中最出名的是呂留良事件。梁啟超說：

雍正帝是個極猜忌刻薄的人，而又十分雄鷙，他的帝位本從陰謀攘奪而來，不得不立威以自固，屠殺兄弟、誅戮大臣，四處密派偵探，鬧

〔註43〕梁啟超《中國近三百年學術史》（台北：里仁書局，2000 年 5 月 2 刷），頁 27。
〔註44〕韋慶遠著《禍由筆墨生‧明清文字獄》（台北：萬卷樓圖書有限公司，2000 年 8 月），頁 123。
〔註45〕汪景祺是年羹堯的門人，作《讀書堂西征隨筆》乙書。裏面竟有一篇《功臣不可為》文章，語涉譏訕皇帝。

的人人戰慄。不但待官吏如此，其對於士大夫社會，也極威嚇操縱之
能事。汪景祺、查嗣庭、呂留良之獄，都是雍正帝匠心獨運羅織出
來。……專與呂晚村（留良）的門生曾靜辯論，著成《大義覺迷錄》
以後，跟著把呂留良發棺戮屍、全家殺盡，著作也都燬板。〔註46〕

由梁啟超之言，不難理解雍正是個殘暴成性、猜忌心重的人。呂留良（1629～
1683），號晚村，著有《呂晚村先生文集》八卷。留良借評選時文以宣揚華夷之
分大於君臣之倫，其民族氣節對士人學子影響極大。卒後受湖南曾靜案牽連，
滿清雍正十年（1732）被定為大逆，毀墓開棺戮屍。其實曾靜與呂留良素未謀
面，因崇仰呂氏，即以呂氏私淑弟子自稱。曾靜謀劃反清，事敗，累及呂留良。

1. 查嗣庭、曾靜（呂留良）案

朝臣查嗣庭任江西主考，出題「維民所止」，被告發「維止」二字，影射
去雍正二字之首。雍正大怒，將查嗣庭入獄。結果是查嗣庭連驚帶嚇死於獄
中，其屍被戮。湖南曾靜對呂留良學識非常欽佩，呂強調「夷夏之大防」，曾
靜派弟子張熙妄想鼓動岳鍾期反清，結果反被扣留，採「婉詢」與「刑拷」
套取有關人員密謀經過。胤禛將曾靜、張熙押解至京，親自審問，與之反覆
辯論並編成《大義覺迷錄》，又別出心裁，將曾靜、張熙給予特赦。雍正故示
寬大，實攏絡人心之奸術耳。

2. 年羹堯與隆科多案件

年羹堯饒有才略，立有軍功，然雍正對其擁權過重具有戒心，在年羹堯奏
摺中將易經的「朝乾夕惕」寫成「夕惕朝乾」，認為是大不敬，引發「反逆不
道」、等罪名。先將他調離西北，再撤職、罷官、革職，繼之下獄死。

隆科多是玄燁的妻弟又是胤禛奪位成功的關鍵，胤禛初政稱之為「舅
舅」，權傾一時，因知要害性機密太多，羅織文字方面的罪如「私抄玉牒收藏
在家，大不敬之罪」，然沾了皇親長輩的光倖免一死，被判永遠監禁。胤禛是
以文字獄充實政治獄，作為上層政治傾軋的副產物。

（三）乾隆時期文字獄

乾隆時期的文字獄最為頻繁，如《謝濟世》案〔註47〕，借編《四庫全書》

〔註46〕梁啟超《中國近三百年學術史》，（台北：里仁書局，2000年5月出版2刷），
　　　　頁27～28。
〔註47〕謝濟世私注《大學》案，乾隆只說謝氏私注的經書及書版一
　　　　併燒毀而已，謝濟世本人仍在原來位置任原職。

之名，利用各地廣泛獻書之機，大肆搜查違禁之書，寓禁於征，使無數珍貴的歷史文化典籍被焚毀。梁啟超說：

> 他學問又在乃祖、乃父之下，卻偏要「附庸風雅」，恃強爭勝。他發布禁書令，自乾隆三十九年至四十七年，繼續燒書二十四回，燒去的書一萬三千八百六十二部；直至乾隆五十三年，還有嚴諭。他一面說提倡文化，一面又抄襲秦始皇的藍本，「所謂黃金時代」的六十年，思想界如何的不自由，也可想而知了。〔註48〕

乾隆皇帝借編《四庫全書》之名，一面搜查違禁之書、燒書，在他統治下，說明當時士大夫在思想上極為不自由。以下舉幾個案例說明：

1. 指摘章句，頻興文字獄

乾隆即位後，文字獄更加頻繁。翰林學士胡中藻有句詩曰：「一把心腸論濁清」，乾隆大怒：加「濁」字於國號「清」字之上，是何肺腑？胡中藻遂因一「濁」字被殺，並罪及師友。有個叫徐述夔的人，著有《一柱樓》詩集，其中「明朝期振翮，一舉去清都」二句，被乾隆帝定為大逆，理由是借朝夕之朝讀作朝代之朝，要興明朝而去我本朝。結果不但把已死的徐述夔及其子戮屍，徐的孫子和為詩集校對的人也全都處死。

2. 為避諱及藏書而興文字獄

江西舉人王錫侯，撰《字貫》一書，但書中對「聖祖」、「世宗」等廟號及弘曆的名字，未按規定避寫或抬寫，被人告發，將王押解來京，經刑部嚴審，最後將王斬決。湖北省黃梅縣人吳碧峰，家藏明末瞿罕所著《孝經對問》、《體孝錄》二書，他照舊本翻刻，由於對廟諱御名未避諱，又請同鄉王模、瞿國賓作序。經查出議定，吳碧峰斬立決。作序二人，杖一百，流三千里。

3. 特殊文字獄——《偽孫嘉淦奏稿案》

文字獄高壓使人民巧妙使用另一種形式，偽造皇帝和大臣的文件廣為散佈，以有力地對皇帝和大臣的失政和腐敗進行揭發。孫嘉淦以直諫有聲，保持不怕死的特點。乾隆十六年一份長達萬言所謂孫嘉淦奏疏，其中指斥乾隆（弘曆）失德有「五不可解、十大過」之說，並一一彈劾朝中權貴重臣。先是敕令密查，而後大肆收捕，因案生案，案中有案。全國因此案被捕的千人以上。

〔註48〕梁啟超《中國近三百年學術史》，頁28。

（四）清朝文字獄的影響

清代考據學之興盛，多數學者認為是為了逃避文字獄的迫害而躲入故紙堆中。持這種觀點的有章太炎、梁啟超、魯迅、范文瀾、翦伯贊、郭沫若有類似的看法，幾成定論。例如孟森說：「乾隆以來多樸學，知人論世之文，易觸時忌，一概不敢從事，移其心力，畢注於經學，畢注於名物訓詁之考訂，所成就亦超出前儒之上。」〔註49〕清朝前中期屢興文字獄，有案可查的總計有數百多次，而且處刑極為嚴酷，告密誣陷成風，冤案纍纍，人人自危。在這種文化思想高壓主義的統治下，許多知識份子不敢涉及政治，只好把精力用在考訂古書。震鈞《國朝書人輯略》序云：

> 雍乾以降文字之獄甚嚴，一時學術變而考古，學士通人究心篆隸，
>
> 一代之文藝固由一代之功令推激而成，書道所系亦重矣哉。〔註50〕

由於清初文字獄不斷，文人士子往往因詩文中的片言隻字，便被視為叛逆謀反，動輒滿門抄斬，株連九族。迫使知識分子的學術風尚，由經世致用之學，轉為考據之學，投身於文字學、金石學方面以避禍。

第三節　考據學的發展與影響

考據學的興起，除政治環境的因素與大興文字獄外，儒學內部的發展也是重要原因。清儒對理學的批判大都集中在理學玄虛、難以驗證，因此清儒普遍具徵實的學術態度，講求經世致用。康、雍、乾三朝大興文字獄，知識分子為了避開文禍，不得不放棄崇實、重體證的經世致用宗旨，走向單純的考據。因此清代前、中期學術，考據學取代了理學學術主流的地位。

一、考據學發展的契機

清代考據學為什麼興起？梁啟超說：「清學的出發點，在對於宋明理學一大反動。」〔註51〕章太炎從政治觀點、反滿情緒而提出「學隱說」，亦即主張清學興起，是由於清廷高壓箝制思想、文網太密，學者只好逃於訓詁考

〔註49〕孟森《明清史講義・下冊》（台北：古籍出版有限公司，2006年3月初版），頁845。

〔註50〕〔清〕震鈞編，《國朝書人輯略・序》，（台北：文史哲出版社，1983年6月再版），頁2。

〔註51〕梁啟超《清代學術概論・三》（台北：里仁書局，2000年5月初版），頁12。

證中所致。錢穆則支持姚鼐等人之看法,認為「清漢學之興,是對八股時文的反動。」〔註52〕

宋明理學朱陸的論爭,到明代羅欽順與王守仁的對峙。羅欽順從儒家經典中找證據,提出一個解決理學內部爭論的方法,認為一切學理都應取證於經典,希望藉此解決朱陸之爭,這論斷被視為是理學轉向乾嘉考據學發展的契機。

考據學的興起,以經學取代理學,並以之做為解決朱、陸義理之爭的憑據。有幾種不同說法:

(一)余英時從儒學內在思想理路來看待清學興起,認為這就是導致考據學興起的主要線索。他說:

> 根據智識主義的觀點發展下去,則必然會導致義理的是非取決於經
> 典的決論,看看誰的話真正合乎聖賢的本意,這就要走上清儒訓詁
> 考證的路上去了。〔註53〕

余英時認為清代考據學興起是由儒學轉向智識主義,亦即由「尊德性」轉入「道問學」,所開出來的學術型態。亦即儒學中智識主義一脈,獲得重視與發展的結果。

(二)張麗珠則認為理學重形上,導致缺乏經驗,轉而重客觀實證。她說:

> 清代考據學的興起,是儒學在充分開發了形上思辨領域後的轉向開
> 發形下氣化經驗領域。……明清之際的思想變革,為清初重視客觀
> 實證的經學復興,提供了重要的思想原則。所以清代考據學,它是
> 立足在重氣化的思想變革基礎上,是一種與當時思想相應的重視客
> 觀知識學術型態。〔註54〕

張麗珠認為清代考據學興起,是學術發展,在理學重形上導致缺乏經驗,轉而重視客觀實證的自然趨勢。理學是主觀思辨,考據是客觀實證,匯集這兩種學術,才是儒學的全幅開發。

(三)陳祖武談到考據學的興起,陳氏云:

〔註52〕錢穆《中國近三百年學術史》,姚鼐、李兆洛、王昶是皆以清代漢學為激起於八股也。頁154~155。

〔註53〕余英時《歷史與思想》(台北:聯經出版社,1975年),頁101。

〔註54〕張麗珠〈清代考據學為什麼興起〉(故宮學術季刊第十五卷第一期),頁138~139。

毫無疑問，從學術流變的內部規律來剖析考據學的成因是頗有創意
也頗具魅力的。然而，片面堅持儒學自身發展的矛盾運動或內在理
路，而對其他因素漠然視之就一定能把握問題的本質嗎？〔註55〕

陳祖武認為不能片面堅持儒學自身的發展，要兼顧其他因素。理學之反動起於
南宋，何以到五百年後的清初，才完成由理學到樸學的轉變並使考據學在稍後
一統天下、風行朝野呢？陳祖武又說：

清初反理學思潮的經世致用宗旨，是決定這一思潮的性質及其歷史
價值的基本方面，也是使它有別於之前的宋明理學，又不同於其後
的乾嘉考據學的根本原因所在。……以致到乾隆初葉，經世致用的
宗旨喪失殆盡，反理學思潮遂脫變為一個自考據始迄考據終的復古
學派，即乾嘉學派。〔註56〕

陳祖武認為，歸根到底要取決於社會存在和社會實踐。清初務實的學風，加上
文字獄的影響，片紙隻字動則得咎，迫使文人、學者走向考據經典，文字訓詁
的學術風氣。

綜合以上三家說法，余英時認為儒學內在理路發展的結果，義理的是非取
決於經典，必然走上訓詁考證。張麗珠認為儒學充分開發了形上思辨之後，缺
乏經驗，轉而開發形下氣化經驗，重視客觀實證的經學。考據學，它是立足在
重氣化的思想。理學重主觀，考據學重客觀實證。這兩家都與儒學內在理路有
關。陳祖武認為取決於社會存在與社會實踐。而清代社會環境特殊，清初務實
的學風，與文字獄的影響，迫使文人走上考據訓詁的道路。

總結考據學興盛的原因有儒學內在理路的發展，社會環境的因素，而江
南經濟發達、印刷出版興盛、人口成長，提供為學問而學問的考據學風行成。
乾嘉考據學的特色，在於相信用考據、訓詁的方法，可以將儒家經典中的聖
人義理詮釋清楚，即「詁訓明則古經明，古經明則賢人、聖人之理義明，而
我心之所同然者乃因之明」〔註57〕的信念。

乾嘉考據學，以清理傳統文獻典籍為主要核心工作。說明這一時期社會
文化具有回顧文化、總結歷史經驗的特徵。

〔註55〕陳祖武：《從清初的反理學思潮看乾嘉學派的形成》，《清史論叢》第6輯，頁
238。
〔註56〕陳祖武：《從清初的反理學思潮看乾嘉學派的形成》，《清史論叢》第6輯，頁
248～249。
〔註57〕錢穆《中國近三百年學術史上冊‧第八章‧戴震題惠定宇先生受經圖》頁356。

二、考據學的成就

　　清代乾嘉考據學派，主要分為「吳」、「皖」兩派，「吳派」以惠棟為首，「皖派」以戴震為宗。梁啟超在《清代學術概論》對吳派「凡古必真，凡漢皆好」，有「功罪參半」的評論〔註58〕。皖派學風，著重證據，廣徵博引來評斷是非，不拘泥於「古」、「今」，戴震學識廣博，精通天文、曆算、地理、音韻、文字、史學、金石、校勘等學，後世史學尊為考據學派的主流。梁啟超在《中國近三百年學術史》中歸納清代學者整理舊學的總成績，主要的有（一）經學、小學及音韻學。（二）校注古籍、辨偽書、輯佚書。（三）史學、方志學、傳記及譜牒學。（四）曆算學及其他科學、樂曲學。〔註59〕

　　乾嘉考據學，從另一個角度來看，尚實證、重論據、善歸納、辟偽妄，展現了西洋科學研究方法的精神。考據學派的成就，林啟彥歸納為四項：

　　　　1. 整理和考訂古代經書。如《易經》、《古文尚書疏證》。

　　　　2. 文字學和聲韻學上有重大成就。如《說文解字注》、《說文通訓定聲》。

　　　　3. 對古籍的校勘與辨偽也有很大的成績。如《墨子》、《逸周書》、《水經注》、《古今偽書考》、《二十二史考異》。

　　　　4. 對散佚的古籍文獻的輯佚工作，成績斐然。如從《永樂大典》中輯出已佚的古籍三百多種。〔註60〕

研究者歸納後認為清代乾嘉考據學的貢獻主要有三：一是產生了大批訓詁名著。二是對中國傳統文化典籍加以整理訓釋。三是發展客觀、精密的研究方法，即考據法。對古代文獻的整理、治經、治史方面有很大的貢獻，且發展出聲韻學、訓詁學、輯佚學、校勘學等學科。文字學與聲韻學方面，尤為超越前人。其中文字學的研究與書法關係密切，尤其對寫小篆者影響最大。此外考據學復古學風，對篆刻藝術的發展影響甚大，篆刻的載體是篆書，而考據復古學風，造成篆書的復興，也促成篆刻的繁榮。

三、考據學的缺失

　　乾嘉考據學固有其貢獻，但其缺失也該留意。張君勱歸納清代考據學的

〔註58〕梁啟超《清代學術概論》，頁31。

〔註59〕梁啟超《中國近三百年學術史‧十三‧十四‧十五‧十六章副標題》，頁249，315，381，471。

〔註60〕林啟彥編著《中國學術思想史‧清代學術思想》，頁267～269。

三項弊端，他說：

1. 訓詁考據家往往只是六經的注釋者，他們不能發明新義，不能產生一套思想體系作為人生的指導原則。正如批評考證派的人所說，他們只是常拾取學術的「殘渣」。
2. 考據家甚至忽視《六經》之後出現的朝代史，而這些朝代史對學術研究也是同樣重要的。
3. 他們致力於名相，如「道」，或玉器的研究，他們整個心思都放在這些名言器物上面，因此不可能產生對宇宙天地之原創性看法，他們充其量只能算是匠人，而不能成一家之言。〔註61〕

由張君勱的歸納，我們可看出考據學的侷限與缺失。此外考據學背離清初的「經世致用」，使學問脫離了實際生活。林啟彥說：

乾嘉考據學家，由於受到清廷文化政策的約制和束縛，遺棄了明末清初學者「經世致用」、「六經之旨，當世之務」的為學宗旨，使其學問脫離了實際，喪失了生氣，陷入鑽牛角尖式的考據學泥沼中，難以自拔，與顧、黃、王諸先生的學問精神及氣魄之高偉，實無法比擬。〔註62〕

清考據學在清廷文化政策約制束縛下，陷入鑽牛角尖式的泥沼中，脫離了「經世致用」、「六經之旨，當世之務」的宗旨。然而考據學流風所及，掀起了歷史上少有的古文字熱。掀起文字學、金石學的研究，啟發了書法家的思路。

第四節　金石學興起

金石學興起，是在考據學影響下，自然發展而來。由於文字獄法網甚嚴，學者究心考古，以金石為證經訂史之具。加以出土的碑誌、金石日多，於是開啟了寫碑的風氣。使清代書法在篆隸方面有了新的發展。

何謂金石學？朱劍心說：「研究中國歷代金石之名義、形式、制度、沿革；及其所刻文字圖像之體例、作風；上自經史考訂、文章義例，下至藝術鑑賞之學也。」〔註63〕金石學作為專門之學，始于宋代歐陽修著《集古錄》。

〔註61〕張君勱《新儒家思想史》（台北：弘文館出版社，1986年），頁545～546。
〔註62〕林啟彥編著《中國學術思想史》（台北：書林出版公司，2003年9月8刷），頁255。
〔註63〕朱劍心《金石學》（台北：台灣商務印書館，1995年7月2版），頁4。

所謂「金」是指古代金屬器物上的銘刻，而「石」是指碑碣、墓誌、造像、摩崖以及其他石刻。金石學中衰於元明，至清代又高潮復起，遂成顯學。在顧炎武倡導之下，考證經史的古文經學，崇尚求實，秦、漢、魏碑碣被經學家當做解經證史的活化石。元明兩代，金石之學衰頹，原因與學術風尚不重實學有關。金石研究的內容與方法，大約不出於著錄、摹寫、考釋、評述四端。

一、金石學興盛的原因

入清以後，金石學興盛，朱劍心說：

> 入清以後，百年之內，海內承平，文化溥洽，而斯學乃復興焉。三古遺物，應世而出，金石之出於丘壟窟穴者，計十數倍於往昔；而自光緒季年甲骨之發現以訖今日，若陶器，若簡牘，若封泥，皆出於近數十年之間。其數量之多，年代之古，與金石同；其足以考經證史，亦與金石同，皆古人所不及見也。〔註64〕

清代出土文物日多，皆是古人所不及見也。清代金石學興盛的原因，康有為在《廣藝舟雙楫》云：「碑學之興，乘帖學之壞，亦因金石之大盛也。乾嘉之後，小學最盛，談者莫不藉金石以為考經證史之資，專門搜集，著述之人既多，出土之碑亦盛。」〔註65〕研究金石文字的學者，大都有好古尚奇的習慣，而在書法的實踐，引起對金石碑版的重視與篆隸的復興。

清代乾、嘉時期，金石學步入發展階段。對於文字獄造成乾嘉考證之學興盛，雖有不同意見，但持肯定者眾。自雍正十三年乾隆登基，到乾隆四十六年，經歷了十二次文字獄。儒家本以經世致用為尚，如今為了避禍，學者只好把心力轉為金石碑版研究，以免遭劫遇難，金石考據著述之風因而大盛。

清初學術反對空疏學風，以復古為追求標誌。梁啟超在《清代學術概論》云：「金石學之在清代又彪然成一科學也。自顧炎武著《金石文字記》，實為斯學濫觴。繼此有錢大昕《潛研堂金石文字跋尾》……陳介祺之《金石文字釋》皆考證精徹，而王昶之《金石萃編》，薈錄眾說，頗似類書。」〔註66〕學者究心考古，小學既昌，藉金石以為證經、訂史之具。考據之學規模宏大，在聲勢

〔註64〕 朱劍心《金石學》，頁24。

〔註65〕 康有為《廣藝舟雙楫·尊碑第二》（台北：金楓出版社，1999年4月1版），頁69。

〔註66〕 梁啟超《清代學術概論》（台北：台灣商務印書館，1994年二月1版），頁94。

上超過了經世致用之學。

　　乾隆年間曾據清宮所藏古物，纂《西清古鑒》等書，推動了金石研究的復興。劉恆將乾、嘉時期研究金石碑版的學者，從其興趣關注和治學方法而言大約分為三派，劉氏說：

> 一派專重考據，以碑文內容來補正經史缺誤及金石制度本身的發展規律，以錢大昕為代表；一派長於搜羅著錄，匯集前人考證題跋，為研究者提供檢索之便，以王昶為代表；另一派則專門比較拓本的新舊，存字的多少，關鍵點畫的完缺及書法特點的賞鑒，以翁方綱為代表。〔註67〕

三派中翁派最重舊拓、精拓與賞鑑，與書法臨習影響最深。在搜訪金石碑版的書法家中，黃易是最為活躍的人物之一。劉恒《中國書法史·清代卷》載：

> 乾隆五十一年秋，黃易在嘉祥縣訪得漢《武班碑》、《武氏石闕銘》及《武梁祠畫像石》，並在其地建室保護，立碑紀念，翁方綱為此撰寫了《重立武氏祠石記》。嘉慶元年，黃易又在河南開封、鄭州、嵩山、洛陽、衛輝等地作一次長途訪碑旅行，歷時四十多天，得碑四百多種，尋幽探勝、滿載而歸。〔註68〕

黃易的訪碑活動與成就，在金石界引起轟動。收藏石刻拓片3000多種，在當時佔有重要地位。乾、嘉之際，山東是訪碑活動最活躍的地區。畢沅任陝西巡撫期間，曾對關中一帶碑版石刻調查紀錄，著成《關中金石記》，對西安府學內所保存歷代碑刻，進行全面修繕，奠定了「西安碑林」的規模。凡此皆可見清代金石學的興盛。

　　總之，歸納清代金石學興盛的原因有三：一是碑學乘帖學之壞，因之以大盛。二是文人學者為避文字獄之禍，轉向金石研究。三是訪碑、考古活躍，出土文物日多。

二、金石學研究的特色

　　清乾、嘉為金石學全盛期，其研究特色，郭名詢歸納如下：

　　1. 金石研究方法多樣，開始向專門化領域延伸，且較為完善，形成
　　　　輯佚、考據、錄目、鑒賞相結合與相互滲透的局面。

〔註67〕劉恒《中國書法史·清代卷》，頁160。
〔註68〕劉恒《中國書法史·清代卷》，頁161。

2. 內容上的突破：文字方面，音韻、訓詁研究繼續發揮其影響，而對形體的研究全面展開，特別是關於漢字形體的溯源、流變的研究如異峰突起，呈現出百家爭鳴的景象。碑刻研究方面，不但研究隊伍空前擴大，而且研究趨向系統化。

3. 碑刻研究對書法藝術產生了重大影響。碑刻文字自其產生起，就與書學有著天然的聯繫，隨著金石學者對金石研究逐步深入，眾多碑刻文字所含的藝術特質日益凸現出來。〔註69〕

郭名詢歸納出乾、嘉金石學研究方法多樣，領域專門化，內容突破，對漢字溯源並研究其流變。篆隸書的創作始終和金石考據和文字學聯繫在一起，這也是篆隸書能夠復興、發展、延續的重要原因。

三、金石學研究的成果

　　繼宋代金石學後，清中葉金石學興起，加上一八九八年發現甲骨文，以及近百年來眾多的文物出土，如東周楚墓竹帛書、睡虎地秦簡及兩漢竹木簡帛書，不少近代學者大量研究古文字，漸漸重建古代書體的發展流程，重現書史的真相。

　　清代是金石學發展的鼎盛時期，清初顧炎武著有《求古錄》、《金石文字記》。萬經撰《分隸偶存》。由於乾嘉學派考據學的影響，金石學大為發展。翁方綱擔任《四庫全書》金石方面的總纂官，著有《兩漢金石記》、錢大昕著有《潛研堂金石文字目錄》、王昶著有《金石萃編》、阮元撰成《山左金石志》、孫星衍著《寰宇訪碑錄》。這些學者，成為金石研究的中堅。

　　這一時期研究範圍擴大，對銅鏡、兵符、磚瓦、封泥等開始有專門研究，鑒別和考釋水準也顯著提高。

　　金文方面，吳式芬的《捃古錄金文》3卷共9冊（1895年）、吳大澂的《愙齋集古錄》26卷（1917年）等，都是收錄較豐的金文文獻集，收器均在千件以上，內容豐富，摹寫精善。

　　金石學進入鼎盛時期，其重要成就有二：一是研究進入了總結階段，體現這一特徵的是葉昌熾所著《語石》的問世。該書由於葉氏訪求逾二十年，藏碑至八千餘通，對歷代石刻進行分門別類的研究，是難得的通論性著作，

〔註69〕郭名詢〈清代金石學發展概況與特點〉收於《學術論壇》2005年第7期（總第174期）。

可謂集石刻學之大成。〔註70〕二是鼎盛的金石學與書法藝術高度融合，在二者的影響下，三尺之童，十室之社，莫不口言北碑、手寫魏體。〔註71〕

四、金石學對書法的影響

利用金石碑刻作為取法對象，從而脫出法帖籠罩，另闢蹊徑，就是金石學對書法的影響。楊守敬《書學邇言》云：「乾嘉間之書家，莫不胎息于金石，博考名迹。」〔註72〕嘉慶中，阮元作《南北書派論》、《北碑南帖論》大力提倡碑版，特別是六朝碑版，並提出了一個新的書法史發展模式。沙孟海在《清代書法概論》中說：

> 清代學者研究小學、金石最專門，成績超越前代。小學主要研討古
> 代語言、文字、聲韻、訓詁，屬於經學範疇，但同時帶動了篆學。
> 金石學主要征集研討古代銅器碑版有銘刻的遺物，屬歷史學的範疇。
> 但同時亦帶動各體書法。〔註73〕

從金石學興起後，研究和寫篆、隸書的人開始劇增。如：何紹基、楊沂孫、張裕釗、楊峴、趙之謙、吳大澂、徐三庚、楊守敬、吳昌碩、沈曾植、康有為等以金石學為基礎的書派，成功地完成了書法的變革。馬宗霍《書林藻鑑》云：

> 小學既昌，談者群藉金石以為證經、訂史之具。金石之出土日多，
> 摹搨之流傳亦日廣。初所以資考古者，後遂資以學書。故碑學之興，
> 又金石有以成之也。〔註74〕

金石學家大都具書家身分，篆、隸書始終和金石考據、文字學聯繫在一起。金石中鼎彝、石刻，圖繪花紋之美，可考審美觀念之演進，璽印、封泥，古雅絕倫，為千百年來篆刻家所師法，足見我國藝術活動與金石學可謂形影不離。考據學帶動文字學、金石學的研究，古文篆隸因之得勢，書風古茂峻奇，開起清代書法中興的契機。高明一說：

> 乾隆、嘉慶之際興起金石學氛圍下，翁方綱與阮元引用考古出土物
> 與歷史文獻的交互比對，釐清了中國書體演變的歷程。翁方綱為當
> 時學術泰斗，亦是《四庫全書》金石方面的總纂官，他的貢獻是整

〔註70〕劉恒《清代書法史·第四章》，頁247。
〔註71〕黃簡編《歷代書法論文選·康有為·廣藝舟雙楫》頁756。
〔註72〕楊守敬《書學邇言》，（台北：華正書局，1984年2月初版），頁101。
〔註73〕沙孟海著《沙孟海論書文集·清代書法概說》上海書畫出版社，1997。
〔註74〕馬宗霍《書林藻鑑》上冊，（台北：世界書局，1982年5月2版），頁340。

理劃清了秦、漢至隋唐間書體的演變，並給予「古隸」、「分隸」、「楷
隸」適當的書體名稱沿用至今。〔註75〕

翁方綱釐清了秦、漢、隋唐間書體的演變。在考證經史的同時，辨析點畫毫釐
之異，體勢流變之原委，以考據方法研究法帖拓本，排列比較，考其先後，從
而確定優劣高下。翁方綱認為：「藝術根植於學術，書體、風格的演變與學術
士風緊密相關。」〔註76〕此學術與書法密切相關之一明證。

阮元參與《石渠寶笈》續編的編纂，大力推動金石學研究，並提出〈南北
書派論〉、〈北碑南帖論〉，提出「北碑」才是書體正宗，影響後世深遠。此一
時期身為平民的鄧石如，以寫隸書的方法寫篆書，提出「逆入平出」符合篆隸
的筆法，使得視為高不可攀的篆隸書體，變的容易書寫，奠定篆隸在清代風行
的基礎。使日後書法學習方向，從傳統上的墨跡轉向石刻。

金石研究影響書法藝術，碑刻的藝術特質，日益凸顯。繼阮元之後包世
臣總結了書壇創作的經驗和理論，撰有《藝舟雙楫》，專崇北碑。至道、咸時
期，碑派書家的創作實踐已從篆、隸書體擴大到楷書領域。書家多取法於魏
晉六朝墓誌、造像之屬，並將篆、隸筆法中遲澀凝重、渾厚樸茂的審美特點
引入創作。使碑學觀點在理論原則、技巧要求等方面，進一步具體和系統化，
對清代碑學運動起了巨大的鼓吹作用。

道、咸以後，研究範圍擴大，除鐘鼎彝器、碑版、摩崖外，舉凡錢幣、
鏡銘、璽印、兵器、墓誌、造像、陶文、瓦當、磚文等，無不成為碑派書家
獲取創作營養之來源。至清末，康有為著《廣藝舟雙楫》，在此書中對清代書
法的發展、演變作了總結。他繼承包世臣的理論，倡尊碑、本漢、備魏、卑
唐之說，使碑學理論和碑派書法體系更加系統完善。清末民初金石學的研究
範圍更為擴大，地下文物不斷被發現，包括新發現的甲骨、簡牘，各種器物，
不再限於文字，認識超越前期。篆刻藝術在金石學影響下，蓬勃發展，引發
書法對碑學的重視。王國維在《毛公鼎考釋序》云：

周初迄今，垂三千年，文字之變化脈絡，不盡可尋，故古器物，有
不可盡識者，勢也。古代文字假借字多，音亦屢變，假借字不能一
一求其本字，故古器文義，有不可強通者，亦勢也。……苟考之史
事與制度文物，以知其時代情狀；本之詩書，以求其文之義例；考

〔註75〕高明一著《中國書法簡明史》（台北：雄獅美術，2009 年 5 月出版），頁 147。
〔註76〕劉恒《中國書法史‧清代卷》，頁 162。

之古音，以通其義之假借；參之彝器，以驗其文字之變化。由此而

之彼，即甲以推乙，則於字之不可釋，義之不可通者，必間有獲焉。

然後缺其不可知者，以俟後之君子，則庶乎其近之矣。〔註77〕

考之史事、本之詩書、考之古音、參之彝器，王國維此語把金石家考據、考古之作法，說得詳盡明白。金石學在清代則引發書法實踐者對篆、隸兩種書體的興趣。

金石學研究的是金石文字，金石文字主要的是篆書、隸書與楷書，金石學影響到書法，也是透過這三種字體來顯現。由出土文物日漸增加，使書法學習重心轉向，原本重視帖學遂轉為重視碑學。姜一涵說：

金石派書畫最可貴的特點在於通過研究金石（地下出土文物）以與古

代文化人的精神生命相融互通，和祖先的靈魂冥契為一體。然後再把

這些「文化內涵」有效地表現在自己的書畫上，能夠有效地表達這種

文化內涵的書畫家，最成功的是吳昌碩、齊白石和黃賓虹。……若能

透過地下出土的金石，進入古代的歷史（時空）文化中，其作品自然

能表達三度、四度空間……我叫它「歷史的存在」。〔註78〕

姜一涵認為書法要能透過地下出土的「金石」研究，進入古代的歷史時空文化中，能在作品中表現出三、四度空間來，才能稱之為「歷史的存在」。

總之，清代金石學的發展，由顧炎武之《金石文字記》，首開清代鐘鼎碑石文字之研治，而錢大昕、王昶、畢沅、翁方綱等為代表的著名學者對金石文字的重視和研究，直接推動了碑派書法的逐漸繁盛。翁方綱精於金石學，開書學家研究金石之風，是道光以後碑學勃興的重要誘因。

金石學家對清代書法影響，清初首先是隸書，被朱彝尊稱為八分古今第一的鄭簠，他主要師法《曹全》、《史晨》等碑。清中期取法漢碑者眾多，如：錢大昕、翁方綱、黃易、錢泳、阮元。師法篆書則分兩類：一則師法斯、冰之小篆，有王澍、錢坫、孫星衍、洪亮吉等。一則師石鼓或鐘鼎金文，如：張惠言、楊沂孫、吳大澂、吳昌碩等，由漢碑再拓展到學北碑。由於清代金石學發展的優越條件，清代篆刻藝術發展更為蓬勃。

楊守敬對於碑學的研究和推動發展，其貢獻在將清代碑學及金石學的成

〔註77〕王國維《觀堂集林·毛公鼎考釋序》（河北：教育出版社，2001 年 11 月 1 版），頁 179。

〔註78〕姜一涵《書道美學隨緣談（二）》（台北：蕙風堂筆墨有限公司，2001 年 4 月初版），頁 17。

就傳播到日本，影響日本書壇甚大。康有為所著《廣藝舟雙楫》可謂以金石學為基礎而完成的書學著作。民初羅振玉和王國維是當時集大成的學者，馬衡所著《中國金石學概要》，則對金石學作了比較全面的總結。

第五節 碑學興起

碑學興起，以篆隸為先導，復古學碑的書風，促成清代書法中興。何謂「碑」？許慎在《說文解字》中說：「碣，特立之石東海有碣石山；碑，豎石也。」〔註79〕《辭海》：「方者謂之碑，圓者謂之碣。碣，為碑之圓者。」〔註80〕著名考古學家原故宮博物院院長馬衡說：「碑為廟門墓所所用，然則用以刻辭，果始自何時？曰，始於東漢之初，而盛於桓、靈之際，觀宋以來之所著錄者可知矣。」〔註81〕漢代以前的石刻文字不稱為碑，而是稱為刻石。清代金石學家葉昌熾在《語石》中說：「凡刻石之文皆謂之碑，當是漢以後始。」〔註82〕碑泛指刻在石頭上的文字。如刻石、墓志、造像都是。中國古代最初立碑並不是為了刻字，而是立於宗廟、學校，用以觀日影、曉時刻、測方向的。另有一種用途即下棺時作為轆轤。早期的碑中都有小孔，稱之為「碑穿」。在宗廟為繫牲口之用，在墓穴用以下棺。

一、碑學興起的原因

一般認為碑學的產生始於阮元。在此之前王鐸有「學書不參透古碑書法，終不古，為俗筆多也。」〔註83〕傅山也有「楷書不自篆隸八分來，即奴態不足觀矣。」〔註84〕的看法，其「四寧四勿」的思想，可視為清代中晚期書法審美觀念，轉變為碑學發展的先聲。王虛舟也說：「江南足拓，不如河北斷碑。」〔註85〕以往對碑學的認識，認為從清中期才開始，事實上在清初期

〔註79〕許慎《說文解字·卷九下》（台北：世界書局印行，1979 年 10 月 3 版），頁 312。
〔註80〕《辭海》下冊，（台北：中華書局印行），頁 2092。
〔註81〕馬衡《凡將齋金石叢稿·中國金石學概要》（台北：明文書局，1981 年 9 月初版），頁 69。
〔註82〕葉昌熾《語石》，（台北：台灣商務印書館，特四三），頁 73。
〔註83〕陳振濂《書法學·第三章》王鐸語，頁 558。
〔註84〕傅山《霜紅龕集·卷廿五》（台北：漢華文化事業有限公司，1971 年 8 月出版），頁 710。
〔註85〕《歷代書法論文選·包世臣·歷下筆談》（上海：書畫出版社，2000 年 12 月 4 刷），頁 654。

早有鄭簠、金農為書法從事訪碑、研究金石碑版的活動，王澍的題跋亦流露
應重視篆隸的體悟，只是沒有像阮元發表《南北書派論》、《北碑南帖論》的
完整理論而已。清代碑學興起的原因，赫海波說：

> 碑學的興起，無疑是篆書發生深刻變革的催化劑，清代碑學是帖學
> 的壽終正寢、金石學的鼎盛興旺、民族懷舊心理、陰陽互補的審美
> 意識、亡國的悲愴、世紀末的變異、及外來思想的侵襲等諸多因素
> 猛烈相撞的產物。〔註86〕

清代碑派書法的興起，是多種複雜的因素相撞擊的產物。赫海波從較大的視
野來看清代碑學興起，說的較為籠統。這一興起拓展了書法學習的方向，使
得篆書創作發生了歷史性的變革。使長期以來不受重視的篆書，全面融入中
國書法藝術創作中來。清代碑學是從乾嘉時代開始崛起的，祝敏申從較為具
體的因素來看碑學興起的原因，祝敏申說：

> 清初書風衰落，當時學書，大抵兩個源頭。一是帖。但真迹難見，
> 《淳化閣帖》一翻再翻，名雖羲獻，面目全非，精神尤不待論。二
> 是唐碑。主要是初唐諸大家。唐碑精緻工整，但過於工整，就會走
> 上侷促刻版的道路。當時館閣體提倡「烏、光、方」，字如算子，了
> 無生氣。要突破萎靡書風，必須從學習的源頭找出路。乾嘉以來，
> 金石考據之學大盛。訪求著錄古代碑刻成為時尚。如孫星衍著《寰
> 宇訪碑錄》、王昶著《金石萃編》激起人們從中汲取古代書法營養的
> 興趣。為萎靡的書壇，吹起革新的書風。碑學就在這樣的條件下應
> 用而生。〔註87〕

祝敏申歸納清代碑學興起的原因，一是《淳化閣帖》一翻再翻，名雖羲獻，
面目全非。二是唐碑過於工整，侷促刻版，易流於館閣體所謂的「烏、光、
方」，字如算子。三是金石考據興盛，激起從碑刻中汲取書法營養的興趣。而
這時漢、魏、南北朝碑刻不斷出土，人們除了證經考史之助外，碑刻上的文
字也為書法提供嶄新的資料，使書法家的眼界頓為開闊；另一方面書寫篆、
隸需要字字有來歷，清代文字學的成就為書法藝術提供了基礎，所以清代許
多書法家同時又是金石學家。

　　碑學興起是以篆隸書體的復興為先導的。任何時代總免不了超越時代潮

〔註86〕赫海波撰碩論《清代篆書：繼承與流變》，頁14。
〔註87〕祝敏申《大學書法》（台北：丹青圖書有限公司，1986年1版），頁153～154。

流、反潮流的書家。如康熙時代的鄭簠，於帖學時期專學漢碑，書風飄逸，聞名一時。後來的金農，注意古碑，創造出一種帶有古氣，風格獨特的書法。到了乾嘉時期以鄧石如的碑學成就為最高。向燊即推崇鄧石如說：

> 篆書能備古隸之拙，隸中不失史籀之樸，隸楷則專法六朝之碑，古茂渾樸，遂被後世論者推為開有清一代碑學之宗。〔註88〕

鄧石如（1743～1805）以漢碑法寫篆隸，使書壇形成一股法古學碑書風。鄧石如代表創新型書家進入一個全面復興和創新的時代。

二、清代碑學興起的意義

　　清代碑學興起在書法史上的意義重大，影響深遠。清代書法的一大轉變，主要是扭轉了從宋以來的陰柔書風，變為陽剛之美。黃源說：

> 清人著重壯美思想與崇碑思潮密不可分。他們在崇碑的風氣中，追求那種雄強與茂密的境界，極力推崇古代碑刻的陽剛之美。著重骨與力的壯美。審美理想在陽剛基礎上夾有陰柔之美。晉人是在帖學基礎上，使剛柔相濟，清代則是在壯美的碑學基礎上將陽剛與陰柔融合。元人的古側重於晉書，以帖為主。崇尚俊雅精熟之形式美，書體以楷行草為主。清人的古，則包容先秦、兩漢及南北朝，以碑為主，書體側重篆、隸與真之雄強俊爽之陽剛的氣勢美。碑學大興，學人發現金文石刻的古趣與生氣。從樸學發現書法藝術的源頭篆隸，樹立樸質的書風。〔註89〕

碑學興起的意義，主要是書風的改變，由陰柔變為陽剛，陽剛的基礎上講中和，書風壯美、尚古、樸質。清代碑學興起的意義，陳振濂說：

> 碑學興起在清代至少有四個層次的意義。一是文字載體成為書家的主動選擇。清代第一代碑學書家對篆隸的選擇已說明這個問題。二是技巧視野的拓展。清代書壇立足於碑學的根基，尋找的實際上是帖學之外的形式技巧。三是庶民之風在清代崛起，促成了審美理想的轉換。第二代碑學書家，本應以篆隸楷見長，但卻以行草見長，反映出和帖學風格的瀟灑、妍媚、飄逸相對的凝重、粗獷、樸實的碑味，碑味的初創正是庶民書風對書法本體的投入，促成審美

〔註88〕馬宗霍著《書林藻鑑》下冊，頁401。
〔註89〕黃源《書法講座・第十三講》（廣西：師範大學出版，2007年9月1版），頁159～163。

　　理想轉變。四是書家地位的確立，將依賴於書家對書法本體的把握

　　能力。鄧石如的學問未必比同時代的劉墉、翁方綱、王文治好，但

　　成就遠在這些人之上，蓋因唐以後書家的地位要取決於其風格特

　　徵之故。〔註90〕

碑學在書法史的意義具四項：書家主動選擇文字載體，技巧視野開拓，庶民書
風崛起，審美理想轉變，書家的地位取決於風格特徵。

　　綜合兩家說法，碑學興起的意義，由於金石學、樸學的發展，表現在視野
的開拓，長期以來受帖學影響的審美觀念改變，促使書法風格由陰柔轉向陽剛
的壯美、樸拙、尚古的書風。

三、碑學提倡對書法的影響

　　清中晚期，有關碑學書法理論主要有四：

　　　　（一）阮元的〈南北書派論〉、〈北碑南帖論〉。貶抑宋元以來書家所

　　　　　　　奉為圭臬的南朝遺帖，推尊北朝碑版。

　　　　（二）包世臣的《藝舟雙楫》。於筆法、理論、品評方面暢言北碑之

　　　　　　　優點。

　　　　（三）劉熙載的《書概》批評的辯証。

　　　　（四）康有為的《廣藝舟雙楫》。倡言尊碑輕帖，尊魏卑唐。〔註91〕

阮元（1764～1849）於嘉慶、道光年間，因考究金石而對北碑有所新解，乃發
表《南北書派論》、《北碑南帖論》，書分南北，提倡碑學為日後「尊碑抑帖」
的肇始。阮元的《南北書派論》云：

　　　南派江左風流、疏放妍妙，長于啟牘，減筆至不可識。而篆隸遺法，

　　　東晉已多改變，無論宋齊矣。北派則中原古法，拘謹拙陋，長于碑

　　　榜。〔註92〕

阮元的南北書派論，道出江左風流妍妙，北派中原古法長於碑榜。是倡導北碑
的先聲。在《北碑南帖論》云：

〔註90〕陳振濂著《書法學・第二章書法創作風格史》（台北：建宏出版社，1994 年 4
　　　　月初版），頁 302～304。

〔註91〕姜壽田《中國書法批評史》（中國美術學院出版社，2000 年 4 月 3 刷），頁 281
　　　　～321。

〔註92〕《歷代書法論文選・南北書派論》，（上海：書畫出版社，2000 年 12 月第 4 次
　　　　印刷。），頁 630。

> 短箋長卷，意態揮灑，則帖擅其長。界格方嚴，法書深刻，則碑據
> 其勝〔註93〕。

阮元分析了北碑南帖的書法，短箋長卷，則帖擅其長。界格方嚴，則碑據其
勝。各有擅長。在《北碑南帖論》又說：

> 唐之殷仲容、顏真卿，並以碑版隸楷世傳家學。王行滿、韓擇木、
> 徐浩、柳公權等，亦各名家。皆由沿習北法始能自立。宋蔡襄能得
> 北法，元趙孟頫楷書摹擬李邕，明董其昌楷書托跡歐陽，蓋端書正
> 畫之時，非此則筆力無立卓之地，自然入于北派也。〔註94〕

阮元的《南北書派論》、《北碑南帖論》為尊碑風氣進行了有力的鼓吹，動搖
了宋代以來帖學的正統地位。阮元將歐、褚、顏、柳都歸入北派，他讚美北
派主要在他的氣勢、力量、陽剛之美。今人丁文雋在《書法精論》中闡釋碑
學發展的脈絡時說：

> 鄭燮、金農發其機，阮元導其源，鄧石如揚其波，包世臣、康有為
> 助其瀾，始成巨流耳。〔註95〕

丁文雋充分肯定阮元在碑學興起時，以他特殊身分對碑學發展的導向作用。自
仁宗嘉慶、宣宗道光之後，帖學由盛而衰，碑學入繼大統，成了書壇嬗變中之
轉捩點。張光賓在《中華書法史》說：

> 今人論清代書法，每以「帖學」和「碑學」畫分為前後兩期，大致
> 嘉慶道光之際，為分野點。宋元之後，以二王書學為歸趨的所謂帖
> 學時代，至此已轉至最低潮，而學習漢魏以前篆隸書法的作者，則
> 逐漸增長，當是無可否認的事實。〔註96〕

張光賓以嘉慶、道光為碑帖之分野。以前為帖學盛行時代。此後則碑學入繼大
統。

　　包世臣（1775～1855）為繼阮元之後對碑學第二個有力提倡者。是「尊
碑」的創說者，其《藝舟雙楫·歷下筆談》提倡北碑，開闢書法新途徑。對
道、咸以後，北碑盛行，實開風氣。茲舉其中二則，可見其重碑之意。

　　（一）北朝人書，落筆峻而結體莊和，行墨澀而取勢排宕。萬毫齊

〔註93〕 《歷代書法論文選·北碑南帖論》，頁637。
〔註94〕 黃簡《歷代書法論文選》，頁637。
〔註95〕 丁文雋《書法精論》上編（北京：中國書店，1983年版），頁69。
〔註96〕 張光賓《中華書法史》（台北：台灣商務印書館，1981年12月初版。），頁
　　　　 272。

力，故能峻，五指齊力，故能澀。分隸相通之故，原不關乎
跡象，長史之觀于擔夫爭道，東坡之喻以上水撐船，皆悟到
此間。

（二）北碑字有定法，而出之自在，故多變態，唐人書無定勢，而
出之矜持，故形板刻。〔註97〕

包世臣指出唐人書有矜持、板刻的缺點而北碑則出之自在、多變態。與阮元之論前後呼應，包世臣強調力的美，主要是批判自明以來柔靡纖弱的書風。使書壇漸轉為「尊碑抑帖」的書風。包世臣云：

北碑體多旁出，《鄭文公碑》字獨真正，而篆勢、分韻、草情畢具。其
中布白本《乙瑛》、措畫本《石鼓》，與草同源，故自署曰草篆，不言
分者，體近易見也。以《中明壇》題名、《雲峰山五言》驗之，為中岳
先生書無疑，碑稱其「才冠秘穎，研圖注篆」。不虛耳。〔註98〕

包氏極力推崇《鄭文公碑》，說篆勢、分韻、草情畢具。包氏著有《答熙載九問》。吳熙載為其弟子，其中第一問為有關篆隸者。熙載問：自來論真書以不失篆分遺意為上，前人實之以筆劃近似者，而先生駁之，信矣。究竟篆分遺意寓於真書從何處見？包世臣答：

篆書之圓勁滿足，以鋒直行於畫中也；分書之駿發滿足，以毫平鋪
於紙上也。真書能斂墨入毫，使鋒不側者，篆意也；能以鋒攝墨，
使毫不裹者，分意也。有漲墨而篆意湮，有側筆而分意漓。誠懸、
景度以後遂滔滔不可止矣。〔註99〕

篆書之圓勁滿足，以鋒直行於畫中也。斂墨入毫，使鋒不側者，篆意也；分書之駿發滿足，以毫平鋪於紙上也。以鋒攝墨，使毫不裹者，分意也。由此可知包世臣於篆隸用筆體會之深刻。

藝評家劉熙載對漢魏碑石有深入的研究，如在《藝概‧書概》中說：

漢篆《祀三公山碑》「屢」字，下半帶行草之勢。隸書《楊孟文頌》
「命」字，《李孟初碑》「年」字，垂筆俱長兩字許，亦與草類。然草
已起於建初時，不當強以莊周注郭象也。〔註100〕

由上可知劉氏對漢魏碑刻，有深入的研究。指出北書以骨勝，南書以韻勝。

〔註97〕黃簡《歷代書法論文選‧藝舟雙楫‧歷下筆談》，頁653～654。
〔註98〕黃簡《歷代書法論文選‧藝舟雙楫‧歷下筆談》，頁651。
〔註99〕黃簡《歷代書法論文選‧藝舟雙楫‧答熙載九問》，頁660。
〔註100〕黃簡《歷代書法論文選‧劉熙載‧書概》，頁689。

各有所長。劉熙載從《周易》中陰陽互補的觀念，而主張碑與帖的「中和」。〔註101〕阮元、包世臣的論述，側重流派淵源及風格特徵。而劉熙載則側重在美學與創作理論方面。〔註102〕康有為是碑學理論發展的重要人物。主張「尊碑」但不包含唐碑。至於為什麼要尊碑？康有為提出尊碑的五項理由，他說：

> 今日欲尊帖學，則翻之已壞，不得不尊碑。欲尚唐碑，則磨之已壞，不得不尊南北朝碑。尊之者非以其古也，筆畫完好精神流露，易於臨摹一也。可以考隸楷之變二也。可以考後世之源流三也。唐言結構，宋尚意態，六朝碑各體畢備四也。筆法舒長刻入，雄奇角出，迎接不暇，實為唐宋之所無有五也。有是五者，不宜於尊碑乎？〔註103〕

康有為提出南北朝碑五項可尊的理由：筆畫完好精神流露，易於臨摹、可以考隸楷之變、可以考後世之源流、各體畢備、筆法舒長刻入，雄奇角出。所以尊碑可說是《廣藝舟雙楫》全書的主要主旨。在阮元、包世臣與康有為的書論推動下，碑學運動，成為清代書學最具書史意義之事。

　　總之，清代所以號稱書法中興，乃因阮元、包世臣、劉熙載、康有為等書論家的鼓吹，造成一種時代風潮，功不可沒。碑學之興，乘帖學之壞，碑帖實各有所長。碑長於篆隸楷，帖長於行草。碑帖結合，兩全其美，實不可偏廢，成為書壇創作主流。

〔註101〕陳振濂《書法學上冊》，頁 597。
〔註102〕姜澄清《中國書法思想史》（河南：美術出版社，1997 年 7 月 2 刷），頁 203。
〔註103〕康有為著《廣藝舟雙楫・尊碑第二》（台北：金楓出版社，1999 年 4 月革新一版），頁 70。

第三章　清初篆隸名家風格新變

　　清初書風仍是明代書風的延續。明末書風有二種，一是以董其昌為代表的文人書風，一是張瑞圖、黃道周、倪元璐、王鐸為代表的變革書風。變革書風帶有自由叛逆色彩，因滿清政權逐漸穩定，對思想文化控制日漸嚴厲，這種變革書風很快就消失了。

　　由於異族統治，為鞏固政權，強化中央集權。一則採高壓政策，大興文字獄。一則採攏絡政策，設博學宏詞科。清人吸收大量原有的明朝官員，恢復科舉考試，安撫知識分子，在王朝更替時，基本上傳統文化沒有遭到太大的破壞。

　　科舉考試是知識份子惟一出路，為參加科舉考試，讀書人勤練小楷，大都受館閣體書法影響。

　　由於帝王本身的愛好與提倡，書壇崇尚董、趙書風，帖學盛行為此一時期的特色。這時期在學術上興起了對王學反動的潮流，外加士子對文字獄的懼怕，促使考據、金石學的興盛，並進而推動藝術潮流上的復古風，而這一復古風的表現之一則是篆隸的復興。

　　清初雖有復古風，但篆書方面未成為風氣，習篆仍承元明遺緒，以秦篆和李陽冰小篆為範本，主要以寫玉筯篆為主。隸書則因金石學興起，訪碑活動盛行，學者研究金石是為考經證史，鄭簠訪碑純為學習書法，在與學者朱彝尊討論研究之下，漢隸之學復興。

　　在書法美學上，清初宋曹《書法約言》提出「熟則巧生，又須拙多於巧，而後真巧生焉。……書必先生而後熟，既熟而後生。」〔註1〕生（正）—熟

〔註1〕　宋曹《書法約言》收錄於黃簡編《歷代書法論文選》，頁 565～567。

（反）—生（合），這是藝術創造的辯證法。傅山提出「四寧四勿」的美學主張，是最早提出學書溯源篆隸的第一人。對清代中晚期崇尚樸拙書風有重大影響。鄭板橋以醜怪為美，強調各適其天。笪重光《書筏》提出「精美出於揮毫，巧妙在於布白，體度之變化由此而分。」〔註2〕以上這些書論為此一時期重要的書論美學觀念。

在書法形式方面，對聯的書寫創作是此一時代的特色。對聯作為一種文學形式，在清代得到充分發展，對聯與書法相結合，賴書法之美，對聯得以流傳久遠，在社會文化生活中發揮重要的作用，使對聯藝術發展達到了最高峰。

總而言之，清初期是帖學盛行，帝王崇尚董、趙，館閣體束縛個性，學術上反王學末流、政治上畏懼文字獄，讀書人把精神投入經典、訓詁的研究。元明書風妍美，物極必反，導致金石學興起，訪碑活動盛行，使書壇漸走向尚質的復古風。

第一節　清初隸書先行者——鄭簠

康、雍間隸書已盛，鄭簠是清初隸書三大家中最具特色的代表人物。〔註3〕梅花溪居士錢泳就曾在《履園叢話》推崇鄭簠在隸書上的地位：

> 谷口始學漢碑，再從朱竹垞輩討論之，而漢隸之學復興。〔註4〕

鄭簠在與學者朱彝尊（朱竹垞）討論後，漢隸復興。蓋在此之前傅山兼工隸書，但結構多以篆為隸，形體怪異，用筆亦多彆扭，大抵上承南北朝而偏求古意。鄭簠與在南京、揚州活動的程邃、石濤都有交往。鄭板橋評價前輩隸書，認為當以程邃為最。〔註5〕但沒有見到學習程邃的流派。石濤對隸書情有獨鍾，石濤源於六朝，亦常用隸書題畫。八大山人取法曹魏碑刻，大體上均未入漢。鄭簠較早鑽研漢隸，並為自己奠定清初漢隸大家的地位。錢泳《書學》云：「唐人用楷法作隸書，非如漢人用篆法作隸書也。」〔註6〕與稍早的王時敏相比，鄭簠的隸書稍接近漢人和富有古意。朱彝尊取法漢碑，以《曹

〔註2〕　笪重光《書筏》收錄於黃簡編《歷代書法論文選》，頁561。
〔註3〕　另兩位大家是以唐人法學漢隸的朱彝尊，以及學翻刻本《夏承碑》的王時敏，三人的隸書代表了清初隸書的風貌。三人中以鄭簠最好，朱彝尊其次，王時敏又其次。
〔註4〕　馬宗霍《書林藻鑑下冊·鄭簠》，頁353。
〔註5〕　鄭燮《題程邃印拓冊》稱其隸書「古外之古，鼎彝剝削千年也。」
〔註6〕　黃簡《歷代書法論文選·錢泳·書學》，頁617。

全》為主，兼有《封龍山頌》的逸勢，以唐歐法入隸，寫漢隸而形式表現不及鄭簠豐富多趣，兩人友善相互切磋，實開隸書風氣之先。〔註7〕朱彝尊當時學術地位崇高，鄭簠能受他推重，可見鄭簠在隸書上的影響力。當時知名文士，投贈給鄭簠的八分書歌，多達十七首；朱彝尊對鄭簠隸書相當欣賞，認為「古今第一」，稱其為「最為典正並且奇肆」。〔註8〕再者，孔尚任《鄭谷口隸書歌》曾讚美鄭簠：「漢碑結癖谷口翁，渡江搜訪辨真實。碑亭凍雨取枕眠，抉神剔髓探唧唧。」〔註9〕可見鄭簠訪碑熱衷學書的精神。

　　下文擬先介紹鄭簠的生平與學書歷程，再分析其作品特色，並進而說明其具有之新變精神：〔註10〕

一、鄭簠生平

　　鄭簠（1622～1693），字汝器，號谷口，江蘇上元人。原籍福建莆田，祖父輩在洪武時，自閩遷至金陵，遂為上元人。生於明天啟二年，為名醫鄭之彥次子，學得家傳醫學，以行醫為業，終生未仕。學漢碑數十年，竭力搜集尋訪。劉恒云：「康熙初年，鄭簠曾盡傾家資，裹糧走千里，北上山東、河北一帶，尋訪古刻，在曲阜停留兩月，遍摹漢、唐碑碣，遂開闢習隸書者直接取法漢碑的新風氣」〔註11〕卒於清康熙三十二年，年七十二。李漁《贈鄭汝器》云：

> 指下留人歲幾千，盡知董奉是神仙。才能醫國非關術，忙不停車豈
> 為錢。酒債詩逋償後日，臨池染翰憶當年。抉危且作匡時計，疾痛
> 何嘗異倒懸。〔註12〕

此詩讚美鄭簠的醫德醫術，且言其好酒、能詩、工書。鄭谷口訪碑於河北、山東，幾乎傾盡家資。學者們訪碑的直接目的大都是考證史實，而不是討論書法，但鄭簠北遊訪碑，廣收拓本，則完全出於書法學習的目的。錢泳：「國初有鄭谷口，始學漢碑，再從朱竹垞（彝尊）輩討論之，而漢隸之學復興。」〔註13〕漢隸之復興乃清代碑學的起點，則鄭氏於碑學居功至偉。工詩詞、擅

〔註7〕徐利明《中國書法風格史》，頁468。
〔註8〕朱彝尊《曝書亭集‧卷十‧贈鄭簠》，（清康熙五十年刻本），頁2～3。
〔註9〕翁志飛《篆隸技法教程》（上海：人民美術出版社，2010年8月1版），頁108。
〔註10〕本研究其餘書家的介紹亦循此模式。
〔註11〕劉恒《中國書法史‧清代卷》，頁67。
〔註12〕李漁《笠翁詩集卷六》清世德堂刻本，頁19。
〔註13〕馬宗霍《書林藻鑑下冊》（台北：台灣商務印書館印行，1982年5月2版），
　　　　頁352。

書法、精篆刻。谷口與張風、朱彝尊、王弘撰、程邃、孔尚任等均有交往。馬宗霍《書林紀事》:「鄭谷口專力分隸,購求天下漢碑,不遺餘力,家藏古碑,積有四廚,模擬殆遍。……執筆在手,不敢輕下,下必遲遲敬慎為之。」〔註14〕馬宗霍強調鄭簠專力分隸,搜求古碑豐富,執筆寫字,態度敬慎。

二、學書歷程

鄭簠的學書歷程,其弟子張在辛將其隸書分為三期,最早是師從宋珏(字比玉)學二十年,其次沉酣漢碑三十餘年,晚年醇而後肆。

> 先生自言:學者不可尚奇,其初學隸,是學閩中宋比玉,見其奇而悅之。學二十年,日就支離,去古漸遠,深悔從前不求原本。乃學漢碑,始知樸而自古,拙而自奇,沉酣其中者三十餘年。溯流窮源,久而久之,自得真古拙、真奇怪之妙。及至晚年,醇而後肆,其肆處是從困苦中來,非易得也。〔註15〕

鄭簠的學隸書,是學閩中宋比玉,見奇而悅之,學二十年,日就支離,深悔不求原本,乃直接學漢碑,始知樸而自古,拙而自奇。根據〈鄭簠活動年表〉〔註16〕:宋比玉卒於崇禎五年 1632 年(壬申)年五十七。當時鄭簠年僅十一歲。鄭簠始學隸書以宋比玉為法,後厭其支離而棄去。據此年表,則鄭簠未必親炙於宋珏,而鄭簠學之二十年,是因宋比玉三十歲就負笈太學,游金陵,後客死吳門,在南京一帶生活將近三十年,留下不少作品,因而得以臨習。

鄭簠晚年醇而後肆,其縱肆從困苦中來。汪琬跋鄭簠《漢隸九種冊子》有云:「八分則直宗東漢,用筆既圓且勁,深得古意,盡破自唐以來方整之習,真希世之墨寶也。」〔註17〕由汪琬跋鄭簠《漢隸九種冊子》可知鄭簠隸書學習之廣,至於鄭簠是如何學隸書的,陳振濂云:

> 鄭簠一生以漢碑為宗,師承《曹全》、《夏承》、《鄭固》等碑,他用心研究隸書,以篆書之結構,楷書之筆法融入隸書,並參以草情,得沉著飛動之妙。其作書正襟危坐,肅然以恭,執筆在手不敢輕下,

---

〔註14〕馬宗霍《書林紀事》(北京:文物出版社,2003 年 12 月 2 刷),頁 77。
〔註15〕馬宗霍《書林藻鑑下冊》(台北:台灣商務印書館印行,1982 年 5 月 2 版),頁 352。
〔註16〕薛龍春《鄭簠研究》(北京:榮寶齋出版社,2007 年 12 月 1 版),頁 196。
〔註17〕汪琬清初散文家,李放《皇清書史》卷 29,頁 274。

下必遲，敬慎為之，每成一字，必喘數刻。〔註18〕

從鄭簠的師承及其隸書創作的用心態度，並非單純學漢隸一家。此外清初興起訪碑活動，鄭簠訪碑，完全是出於書法學習的動機。根據〈活動年表〉康熙丙辰（1676 年），鄭簠 55 歲，北游山東、北京等地，手拓並購求漢碑。這年秋天，他在去北京的途中，道經山東曲阜遊覽孔廟，親至《禮器》、《張壽》諸碑之下，摩挲漢碣，手拓數種。〔註19〕鄭簠還到過陝西，尋訪秦地碑版。

鄭簠成為清初隸書的重要標誌，與他訪碑與臨摹這些漢碑拓本有關。鄭簠在與王弘撰討論《乙瑛碑》時，鄭簠說：「隸法有欹側俯仰反正之勢，此刻姿態足備，古色照人，是為東漢名家第一。」〔註20〕在鄭氏看來，欲謀求隸書的「古意」，用筆的飛動之「勢」與結構的險峻之「態」，亦不可或缺。漢碑是古雅之中饒有生動之趣，正中寓奇，平中寓險，靜中寓動。如果一味方整，則少風致。因此在漢碑臨習與隸書創作中，保持結字方正樸質的同時，要通過書寫用筆、速度、節奏的變化獲得奇怪之姿與飛動之勢，否則作品很難有神氣可言。〔註21〕可見鄭簠用心研究融合多樣在其中。他倡學漢碑，對後來漢碑之學的復興起了重要作用。

三、作品分析

鄭簠學漢碑數十年，並竭力搜集尋訪漢碑古刻，所以鄭簠以擅長隸書著稱于清初，其傳世書跡有繫年作品 64 件，未繫年的有 41 件。最早作品為《唐人常建詩軸》作於 1649 年（28 歲），最晚為《八分書軸》1692 年（71 歲）。〔註22〕鄭簠作品分期，筆者根據張在辛《隸法瑣言》，學宋玨二十年為早期，沉酣漢碑三十餘年為中期，晚年醇而後肆為晚期。

（一）早期　學宋玨二十年（40 歲以前）

早期學宋玨，宋玨隸書學《夏承碑》，在結字上顯得比較怪異，時雜篆書字形，這是晚明隸書的特點。鄭簠小時後見其奇而悅之。根據其弟子張在

〔註18〕陳振濂編《中國書法發展史》（天津：古籍出版社），頁 382～383。
〔註19〕薛龍春《鄭簠研究·活動年表》，頁 215～219。
〔註20〕王弘撰，《寄鄭谷口》，《砥齋集》（《續修四庫全書》第 1404 冊），卷 8 下，頁 490。
〔註21〕薛龍春〈激賞與嘲弄：清初鄭簠的遭遇〉一文 www.yingbishufa.com/YANJIU/shulun026.htm
〔註22〕薛龍春《鄭簠研究》，頁 243～252。

辛《隸法瑣言》記載:「學之二十年,日就支離,去古漸遠,深悔從前。」
〔註 23〕張在辛拜鄭簠為師,時鄭簠已七十歲。鄭簠為之示範隸書,並歷敘
漢碑。鄭簠學宋珏二十年,深悔從前,蓋自訪碑後,大量的漢碑刻,使其眼
界提高。茲以宋珏《七言律詩軸》與鄭簠《隸書扇面》作分析。

圖 3-1-1　宋珏《七言律詩軸》

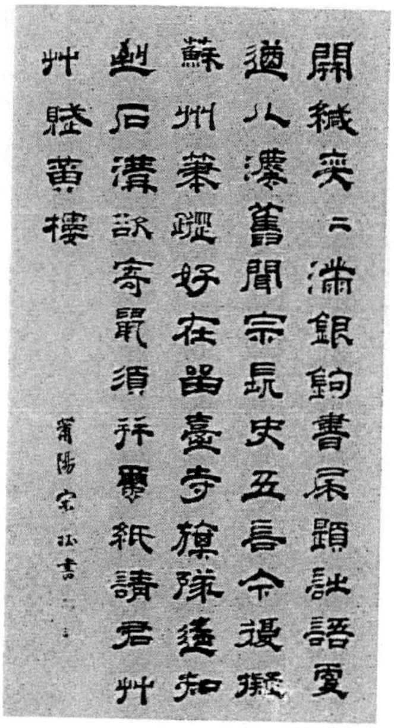

取自《隸書練習》,上海:書畫出版社。未註明尺寸。

圖 3-1-2　鄭簠《隸書扇面》

取自薛龍春《鄭簠研究》一書,(安徽省博物館藏),未註明尺寸。

〔註23〕馬宗霍《書林藻鑑下冊》(台北:台灣商務印書館印行,1982 年 5 月 2 版),
頁 352。

1.《宋玨七言律詩軸》分析

宋玨《七言律詩軸》，顯係受《夏承碑》影響，在繼承傳統上創新，此作蒼老雄健，骨法斬然，正可說明在兼收並蓄之後獨闢蹊徑，融入個人獨自的風貌。用筆提按藏露有度，講究中鋒，圓潤有力。結字端嚴，字形方整，緊湊內斂。學夏承碑，深得漢隸之法。此作筆者認為並無給人支離之感，結字仍存楷書方整特點，故去古漸遠在所難免。章法為傳統的有行有列，作品時雜篆字，是晚明隸書的特點。

2. 鄭簠《隸書扇面》分析

鄭簠《隸書扇面》，39 歲作，作品中有些篆體隸寫，出現古字，此正是受宋玨影響，是崇古觀念的一種反映。宋玨隸書，用筆出鋒果敢飛動，此特點亦為鄭簠終身所吸取，表現在作品中。鄭簠學宋玨，以楷書的方折筆畫，代替漢隸中含寓圓轉的篆書遺意，造成筆畫因折鋒而支離的感覺，結果離漢隸的拙樸風味愈來愈遠。鄭簠以日漸支離為病，也說明傅山提出「寧支離勿輕滑」的審美觀，在清初尚無影響力。

（二）中期　沉酣漢碑三十年（41～67 歲）

鄭簠訪碑、蒐集拓本、研究漢碑、臨摹漢代碑刻時期。根據年譜康熙十五年，55 歲，北游燕都，道經山東曲阜，游孔廟碑林，手拓數種。此時期主要作品是臨摹漢碑，模仿漢碑創作，講求精準，重點學《曹全》、《禮器》、《乙瑛》。鄭簠臨摹漢隸，入古人堂奧，呈現隸書古法的真淳之氣。中期的前段，受曹全碑的影響最大。中期的後段學《史晨》、《婁壽》、《魯峻》、《郭有道》等從中塑造自己的風格。又以此風格臨摹漢碑，此時期臨摹與創作，有時很難區分。主要作品有《楊巨源酬於駙馬詩軸》（1682 年）、《浣溪紗詞軸》（1688 年）。

1.《楊巨源酬於駙馬詩軸》分析

1682 年 61 歲作。方朔以沉著而兼飛舞，概括鄭簠的隸書特徵。此軸筆墨圓潤，運筆起伏，波撇誇張，筆法結字亦變化多端。通篇筆勢行氣連貫，縱橫俯仰，極具氣韻飛揚之勢。用筆逆入鋪豪，沉著而兼飛舞，線條雄壯有力，結構左右橫撐，開合自如，左邊點畫舒展，局部對比有趣，用字多取漢碑，有時雜入篆書的字形。有如園亭造景，移步換形，古趣可挹。

2.《浣溪紗詞軸》分析

此軸款題戊辰八月望後漫書，根據年表，戊辰應是西元 1688 年（康熙二

十七年），是年鄭簠六十七歲。橫畫中截幾乎提空，縱橫馳騁，鋒芒四射，大有筆墨未到氣已吞的氣勢，用筆迅疾，法本《曹全碑》、《史晨碑》而機杼自出，能表現出創新意識，作品中「紅、柳、帶、歸」四字，明顯運用篆法，雁尾寫得飄逸，將沉酣雄勁發揮到了極點。還有粗細、疏密也富有變化，所以顯得靈活自然，變化多姿。分析如下：

（1）用筆：用筆較為瀟灑自然，筆勢飛揚，意酣筆暢，橫畫受《曹全》影響而起伏更為誇張。

（2）結字：結字造型誇張，撇捺瀟灑，寶蓋頭似《夏承碑》，點畫線質受《史晨碑》《曹全》影響居多，然又有變化。

（3）體勢：穩健灑脫自然，帶有行草筆意。

（4）章法：整幅作品章法茂密（滿），行距字距緊密。

《曹全碑》飄逸秀麗的筆姿與《史晨碑》醇酣純樸的結體，在此件作品有充分的展露。

圖 3-1-3 《楊巨源酬於駙馬詩軸》

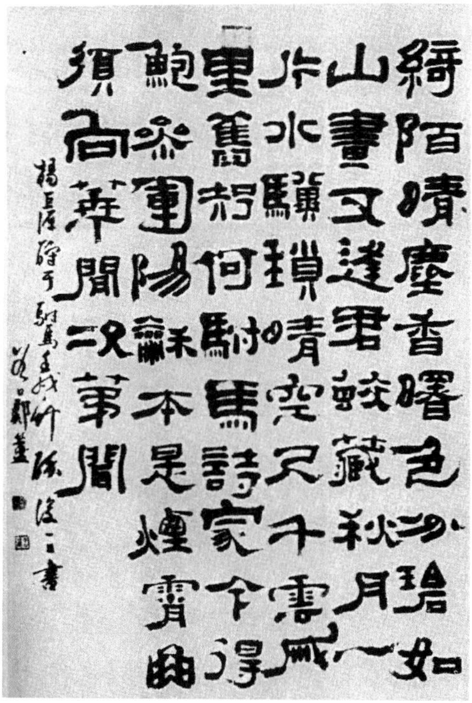

台北故宮博物院藏。尺幅：181.5cm×120.3cm。

圖 3-1-4 《浣溪紗詞軸》

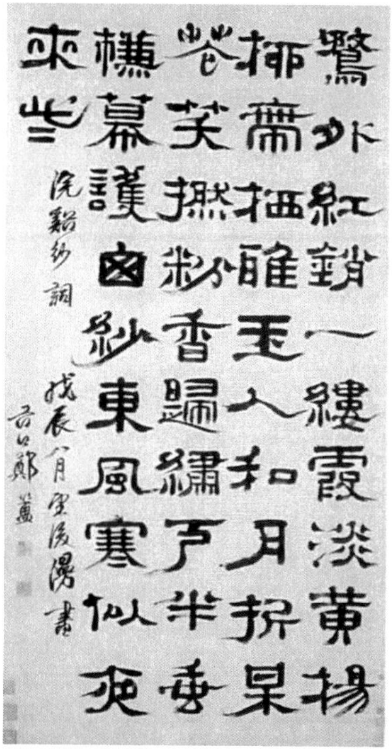

取自《書法叢刊》（十三）上海博物館藏。尺幅：173.6cm×89.6cm。

（三）晚期 醇而後肆（68～72歲）

最後五年訂為晚期。張在辛認為晚期風格醇而後肆，當指此期而言。依此則中期後段風格已成熟。今將鄭簠《謝靈運石室山詩》（1689年）、《劍南詩》（1690年）及《靈寶謠》（1691年）等三件晚年作品，作分析。

圖3-1-5 《謝靈運石室山詩》

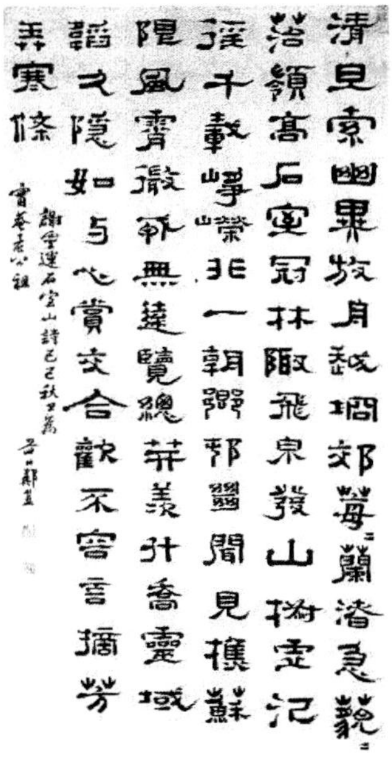

取自《清代書法》故宮博物院藏文物
珍品。尺幅：200.2cm×98.8cm。

1.《謝靈運石室山詩》分析

作於清康熙二十八年己巳（1689），時鄭簠六十八歲，是其晚年精心佳作，基本顯示了他在隸書藝術上的成就。茲將作品分析如下：

（1）用筆：則以《夏承碑》為主，兼《曹全碑》的靈潤。用筆圓厚、流放，起筆處多重頓，往往成一大圓點，橫畫上尤其如此。用筆上是以草法入隸。收筆處用筆放縱出鋒，具有漢簡書法的率性。

（2）結體：以漢《史晨碑》、《曹全碑》為本，兼有〈夏承碑〉的寬博。

（3）體勢：嚴謹端莊方正，偏旁結構全來自漢碑，無時人隸書故作怪異以為古的習氣。

（4）章法：字距和行距相差無幾，章法上似按楷書來安排，字距行距皆疏闊，給人空靈古雅的美感。

2.《劍南詩軸》分析

1690 年 69 歲作。用筆厚重，結字稍扁。用筆由輕靈飄逸變為沉實厚重。挑的用筆變化較大，結字也更加緊湊，在漢隸的基礎上求新求變，顯示鄭簠老而彌堅的藝術追求。此件作品曾經伊秉綬收藏。

圖 3-1-6 《劍南詩》

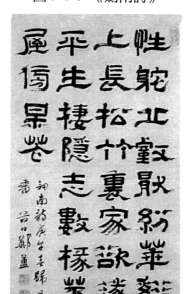

北京故宮博物院藏。尺幅：104cm×56.7cm。

3.《靈寶謠》分析

1691 年 70 歲作。此書結體規模於《史晨碑》，橫畫蠶頭雁尾，勁健飄逸；戈撇參用《曹全碑》，參用草法入隸，用筆更加縱肆率性，故能沉著而飛舞。佈局有漢碑行列整齊之勢。風格秀雅而不失古拙。

鄭簠廣習漢碑，《曹全碑》為其基本體勢與風貌，在此基礎之上又融入《夏承碑》與行草及其他漢碑的某些特徵，鄭氏早期所臨摹的《曹全碑》、《禮器碑》、《乙瑛碑》都相當光潔，並沒有對剝蝕字口的描畫。而他成熟期的大幅隸書書寫頗有節奏，整體速度較快，也絕無描摹的可能。晚年形成了奔逸放縱、神采飄揚的隸書藝術風貌。

鄭簠認為在漢碑臨習與隸書創作中，保持結字方正樸質的同時，要通過書寫用筆、速度、節奏的變化，獲得奇怪之姿與飛動之勢，否則作品很難有神氣可言。這一關於漢碑的認識，直接影響了鄭簠的創作狀態與作品風格。

每一筆都蘊含動勢，撇、捺的書寫，似行雲流水，既渾厚又放逸，起收筆、轉折處雖無牽絲映帶，卻成流動飛舞之勢。強調書寫性與寫意性是鄭簠隸書最為重要的特徵。方朔嘗以「沉著而兼飛舞」，來形容鄭簠隸書風格。

圖 3-1-7 《靈寶謠》

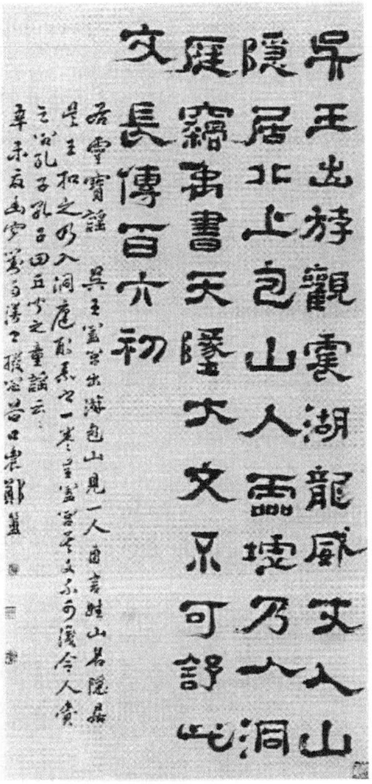

取自《中國美術全集·書法篆刻 6》，上
海博物館藏。尺幅：132.7cm×62.4cm。

四、風格評價

（一）風格的形成

清方朔《枕經臺題跋·曹全碑跋》云：

> 國初鄭谷口山人專精此體，足以名家。當其移步換形，覺古趣可挹。
> 至於聯扁大書，則又筆墨俱化為煙雲矣。《史晨碑跋》云：本朝習《史
> 晨碑》者甚眾，而天分與學力俱至，則推上元鄭汝器，同邑鄧頑伯。
> 汝器戈撇參以《曹全碑》故沈著而兼飛舞。〔註24〕

此言可見鄭谷口是偏愛漢碑《曹全》及《史晨》兩種，沈著而兼飛舞，卻很適切地概括了鄭簠隸書遒媚飄逸虛靈，活脫灑麗的形貌，是師古人而能消化成自

〔註24〕方朔《枕經堂金石題跋》，（台北：學海出版社，1977 年 4 月初版），《曹全碑
跋》，頁 201。《史晨碑跋》，頁 171。

已血肉的佳例。徐利明說：

> 鄭簠的隸書，結體以漢《史晨碑》、《曹全碑》為本，兼有《夏承碑》
> 的寬博；用筆則以《夏承碑》為主，兼含《曹全碑》的靈潤，故其體
> 勢端莊方正，偏旁結構全來自漢碑，無時人隸書故作怪異以為古的
> 習氣。而其筆法尤具特色，……用筆灑脫，結體端莊，點畫厚重。
> 章法或滿（字行距皆緊）或疏（字行距皆疏闊）。給人空靈古雅的美
> 感。〔註25〕

由以上可知，鄭簠隸書是融合多種漢碑，加上草書的飛動。草書屬帖學
範疇，鄭簠所處時代，正是帖學盛行的時代，亦可見書家受時代風氣的影響。
風格秀雅而不失古拙，沉穩又極具飛動之勢。鄭簠書法用筆厚重，結字緊湊、
誇張，體勢疏蕩，在漢隸的基礎上求新求變，顯示出飄逸虛靈，活脫灑麗的
特色。

（二）風格評價

鄭簠隸書在清初康熙時獲得極高的評價，朱彝尊云：「谷口八分，古今第
一」〔註26〕，古今第一是何等崇高的評價。閻若璩也推崇擅長隸書的鄭簠是書
壇聖人，與顧炎武、黃宗羲等大儒並列，〔註27〕在在說明了鄭簠隸書在當時的
地位。

鄭簠隸書在乾嘉以來則被評為「不古」，主要批評表現在「力弱」與「挑
趯」兩方面。這都與其跳盪、飛動的用筆有關。錢泳對鄭簠的批評云：「然谷
口學漢碑之剝蝕，而妄自挑趯」〔註28〕批評鄭簠學漢碑之剝蝕，並不符合實際
情況。鄭簠在談論碑刻拓片時，特別強調字畫的清晰，更何況《曹全碑》於明
神宗時才於渭河沙磧中出土，字畫真切，古人用筆，歷歷可見。梁巘《評書帖》
云：

〔註25〕徐利明說：「鄭簠發揮了《夏承碑》用筆圓厚、回互流放的法、趣，故其起筆
　　　　處多重頓，往往成一大圓點，橫畫上尤其如此。短橫平鋪運行，長橫則往往重
　　　　頓後旋即高提其筆，運行至磔筆處再下按漸提出鋒，由此造成強烈的用筆節
　　　　奏。另撇捺與戈、挑筆畫的轉折重按也類似這樣的節奏變化意趣。頓按處圓
　　　　厚，提行處敏捷和出鋒處多銳利，筆畫的呼應承啟，往往在起落筆時產生相應
　　　　勢態，成為鄭簠隸書的筆法特徵。」《中國書法風格史》（河南：美術出版社，
　　　　1997 年 11 月 2 刷），頁 466～467。
〔註26〕馬宗霍《書林藻鑑下冊》，頁 352。
〔註27〕閻若璩〈潛邱雜記·與戴唐器〉的信中所言。〈清刻本〉，卷五，頁 936。
〔註28〕黃簡《歷代書法論文選·錢泳書學》，頁 618。

學隸宜從《乙瑛碑》入手，近人多宗《張遷》，亦適中。學隸初臨《曹全碑》易飄。〔註29〕

梁巘暗示鄭簠隸書的飄與學《曹全碑》不無關係。且認為鄭簠用筆騰跳太多，提按幅度太大，因而無法筆筆堅實。筆者認為這評論有欠公允，因其否定鄭氏的書寫感、節奏感與飛動之勢，而這正是鄭簠隸書的特色。晚近的碑學家們才真正熱衷於斑駁的金石氣。乾嘉碑學興起，審美觀講求「筆畫不中怯」，崇尚簡靜、樸拙的隸書風格，鄭氏曾飽受讚揚的飛動，反被說成機巧與不古。這反映出碑學前後期審美觀念之變動。筆筆堅實是碑學重要技法與形式特徵。

乾嘉金石學興盛，碑學興起後，審美觀念改變，從接受美學的觀點來看是合理的。根據讀者反應論的觀點，讀者可主動的建構意義，而非被動的接受作品訊息，又因讀者生活經驗、背景不同，作品詮釋沒有標準答案，作品的意義來自於讀者與作品的互動。以下是專家學者對鄭簠風格的評價：

包世臣《藝舟雙輯》將其隸書列為逸品上。所謂逸品，是楚調自歌，不謬風雅。〔註30〕包世臣將國（清）朝書品分為神、妙、能、逸、佳五品，妙品以降，各分上下，共為九等。依包世臣書品分等，鄭簠居逸品上屬於九品中的第六品，評價並不高，相當於中下等而已。

陳振濂也推崇鄭簠在隸書上的地位：

他是在清初篆隸書壇萬馬齊暗的情況下，獨立倡導隸書的功臣。〔註31〕

陳振濂說鄭簠是萬馬齊暗的情況下，獨立倡導隸書的功臣。鄭簠隸書，黃惇從書史觀點評價，歸納為三點：

一是清代第一位以隸書成名的書家。二是一改明人以師蔡、鍾、梁等碑為目標，而轉向其他漢碑。三是用筆在質感上更接近篆法，學漢碑之剝蝕，已初具金石氣。〔註32〕

鄭簠隸書，評價不一，從包世臣、方朔、陳振濂與黃惇都肯定鄭簠的成就。而錢泳批評「學漢碑之剝蝕，妄自挑剔。」梁巘評初學《曹全》易飄。從讀者反應理論與接受美學理論，亦皆合理。蓋讀者反應理論植根於文本，而接受美學來自於讀者判斷。

總之，鄭簠初學隸書，亦從時人開始，歷經二十年始知溯流窮源，其成功

〔註29〕 黃簡《歷代書法論文選‧梁巘評書帖》，頁 579。
〔註30〕 包世臣《藝舟雙楫‧國朝書品》收錄於黃簡《歷代書法論文選》，頁 657～658。
〔註31〕 陳振濂《歷代書法欣賞》（台北：蕙風堂印行，1991 年 7 月 1 版），頁 175。
〔註32〕 黃惇《風來堂集》（北京：榮寶齋出版社，2010 年 6 月 1 版），頁 115～116。

從艱苦中得來。鄭簠學漢碑，因知求原，故比王時敏更富漢人古意，而間參草法，博採漢碑各體之長，致使筆法活潑縱肆，形成一種沉著而飛翥，圓潤而靈活的新風格。輕重宕逸而饒有渾穆高古之氣韻，打破唐代以來隸書用筆平直、結體勻整之舊習，他在隸法中所做的實踐，足當清代碑學中興之先聲。

五、新變成就

　　鄭簠的隸書是有何新變？如何新變？其新變有何特色？筆者從研究中發現鄭簠所處的時代，是帖學盛行的時代，他的優勢在於他一生不仕，未受館閣體的毒害。一般書家受館閣體影響，很難寫出有個性的作品。雖學宋玨二十餘年，但還是能自己擺脫出來，漸離時風的影響。說明他學書是先學時人，經訪碑後眼界大開，溯源學漢碑。在清初雖然顧炎武著有《金石文字記》，開啟金石學的研究，主要用在證經考史，於學書尚未成為風氣。而鄭簠極力搜求漢碑，家藏古碑，積有四廚。他苦學與嚴謹的態度，使其能成為「清初開啟漢隸的第一人」，並且「糾正了明代之後以晉唐楷法作隸的風習」。茲分述於下：

（一）清初開啟漢隸的第一人

　　鄭簠誠為清初開啟漢隸的第一人。鄭簠所處時代，漢簡尚未出土，他所寫帶有行草筆意的隸書，在當時來說已有很大的創新了。沙孟海說：

> 他的隸字，帶用草法，寫的最灑脫。不守紀律，逍遙自在，像煞是個遊仙。他之所以有這個大膽，有了這個大膽而不至於泛駕，全靠他的襟抱和學問作背景。〔註33〕

沙孟海對鄭簠的成就，持肯定的態度。論隸書的成就，鄭簠遠不如後來的伊秉綬、鄧石如，而論歷史作用，他卻遠超諸公之上。清中期的錢泳說：

> 至元之郝經、吾衍、趙子昂、虞伯生輩，亦未嘗不講隸書，然郝經有云：「漢之隸法，蔡中郎已不可得而見矣，存者惟鍾太傅。」又吾衍云：「挑拔平硬如折刀頭」又云：「方勁古拙，斬釘截鐵，方稱能事。」則所論者，皆鍾法耳，非漢隸也。〔註34〕

錢泳指出漢隸蔡中郎已不可得見，惟存鍾太傅，而鍾法非漢隸。所以元明以來雖有學隸必師漢碑之說，實際學的是魏、晉之碑。而鄭簠一出，回歸直接取法

〔註33〕沙孟海《近三百年書學》，頁 46。
〔註34〕錢泳《履園叢話》（北京：中華書局，1979 年 1 版），頁 285。

漢碑的觀念，一洗宋元以來拘謹、刻版的習氣。所以王澍推崇他：「自鄭谷口出，舉唐宋以來方整氣息，盡行打碎，專以漢法號召天下，天下靡然從之。」〔註35〕此言是說唐宋以來之人學隸，均用楷法，寫的方整，自然不如漢人用篆法寫的古樸。

（二）糾正了明代之後以晉唐楷法作隸的風習

清初大都以楷書筆法寫隸書，顯得僵俗支離，取法狹窄，鄭簠開啟了清人學漢隸的新境界。大底清以前人學隸書，誠如錢泳所說：

> 漢人各種碑碣，一碑有一碑之面貌，無有同者，即瓦當印章，以至銅器款識皆然，所謂俯拾即是，都歸自然。又云：唐人以楷法作隸書，故不如漢人以篆法作隸書也。〔註36〕

漢碑一碑有一碑之面貌。唐人以楷法作隸書，故不如漢人以篆法作隸書也。錢泳所言正是清以前人與清人不同癥結所在。清以前人們認為吾衍所謂的方勁古拙、斬釘截鐵，如折刀頭是漢隸的特徵。清以後經過師碑、訪碑、考證以後，觀念上有了變化。直接學漢碑，溯源師古，不再以楷法作隸。在元明隸書，過渡到清人學隸書的歷史過程中，鄭簠扮演著力矯時弊，推波助瀾的積極作用。關於鄭簠隸書的成就，馬國權說：

> 眾多漢碑的出土與研究，使式微了近千年的隸書得以復興，由於鄭簠等的上追漢人，糾正了明代以晉唐楷法作隸的風習，隸法因之蔚興。金農、桂馥、鄧石如、伊秉綬、陳鴻壽、何紹基等諸家更相繼而起，出現了隸書百卉爭妍的局面。〔註37〕

鄭簠隸書上追漢人，糾正了明代之後以晉唐楷法作隸的風習，具強烈的書寫性與寫意性為特徵，對同時與後來的書家有著相當的影響。

（三）以草法入隸，具書寫性、寫意性

鄭簠的隸書，因加入草書，而呈現飛舞的動感，富有書寫性。中國書法所以能成為一種獨立的藝術，其主要特質就是文字的書寫，藉著書寫抒發一己的思想情感。清初是帖學盛行的時代，書家受帖學影響是天經地義的事。鄭簠以草入隸，這是受整個時代環境的影響，鄭簠的隸書因強調書寫的氣勢

〔註35〕徐利明編《王澍書論・竹雲題跋》，頁424。
〔註36〕黃簡《歷代書法論文選・錢泳書學》，頁619。
〔註37〕馬國權〈清代篆書概論〉《書譜・合訂本第十四卷（80～85期）》，頁62。

而具有雄壯恣肆、矯健鬱勃的審美感受；在結構特徵上又保持著與漢碑經典的若合符節，漢人是以篆作隸，與明代以來，以文徵明為代表的刻板風氣劃出了一道鴻溝。他因此成為清初隸書的一個標竿，這些都與以三國隸書為模範的明代隸書大異其趣。〔註38〕

總之，鄭簠具前瞻觀念，首先倡學漢碑，實際臨學漢碑，其用筆輕重主次有變化，結字採聚散高低錯落的方式，強調書寫性與寫意性。打破唐代以來隸書用筆平直古板、結體整齊均勻的寫法，導正了千年來，名為學漢，實際是學蔡邕、鍾繇、梁鵠的觀念，並糾正了明代之後以晉唐楷法作隸的風習，而在學習多種隸書之後又以草入隸，此即是鄭簠與眾不同之新變。

第二節　清初小篆第一的王澍

王澍是清初第一個以篆書知名的書家。《清史列傳》云：「康熙時王澍以善書法，特命充五經篆文館總裁官。」〔註39〕王澍於臨帖傾注極大功夫，摹古名搨殆遍，將心得寫入題跋，又精於帖學考證。其研究以帖學為中心而清初金石學興盛，時代風氣使然，自然涉及許多碑派作品，在帖學向碑學轉變的過程中，堪稱承上啟下的人物。王澍四體並工，論書尤詳，一時所宗，書名播海內。梁章鉅云：「我朝以小篆名者自推虛舟為巨擘。」〔註40〕是清初小篆第一人。

玉筯篆亦稱玉箸篆，〔註41〕它指的是篆書的一種書寫方法，以筆畫勻圓如玉箸（玉的筷子）而得名。自宋代到清初，學篆書的多以李陽冰為榜樣，筆畫肥瘦均勻，末端不出鋒。

清代篆書可概分為兩類。一是沿秦篆進一步發展，線條有如玉筯，以王澍為代表。一是反其道而行，強調線條的書寫意味，以鄧石如為代表。王澍是清初第一個寫小篆出名的書家，本節將從其生平、學書歷程、作品分析，探討王澍篆書風格與書學成就及其在清初期書壇地位的重要性。

〔註38〕百度百科——鄭簠 baike.baidu.com/view/135862.htm。2012/3/19。

〔註39〕馬宗霍輯《書林藻鑑・王澍》，頁373。

〔註40〕梁章鉅《中國書畫全書・退庵所藏金石書畫跋尾》（上海：書畫出版社，1999年），頁1060。

〔註41〕陶明君《中國書論辭典・書體論》（湖南：美術出版社，2001年10月1版），頁501。

一、王澍生平

　　王澍（1668～1743）字若霖，一字若林，號虛舟，別號竹雲。生於康熙七年，卒於乾隆八年，江南金壇人。自號二泉，又號恭壽老人、良常山人。其生平，《清史稿校註列傳二百九十》云：

> 績學工文，尤以書名。康熙五十一年（1712 年）進士，入翰林，累遷戶科給事中。雍正初，詔以六科隸督察院。澍謂科臣掌封駁，品卑任重，儻隸臺臣，將廢科參，偕同官崔致遠、康五端抗疏力爭。世宗怒，立召詰之；從容奏對，上意稍解，遂改吏部員外郎。越二年，告歸，益耽書，名播海內。摹古名拓殆遍，四體並工。於唐賢歐、褚兩家，致力尤深，輒跋尾自道所得。後內閣學士翁方綱持論與異，謂其篆書得古法，行書次之，正書又次之。所著題跋及《淳化閣帖考正》並行於世。〔註42〕

從列傳可知王澍生平梗概，於傳文「科臣掌封駁，品卑任重，抗疏力爭。」與「世宗怒，立召詰之；從容奏對。」其個性耿直與膽識學養可知。幼年家貧，靠手抄書本，刻苦自學成才。告歸後，摹古名拓殆遍，著述豐富，〔註43〕集書家之大成。王澍也善刻印，其融合吉金文字於胸中，故下筆奏刀不求古而合于古，意在筆先，刀無狂發。查岐昌論印絕句有云：「鄭徐絕技擅名同，程許他時號國工。最愛金壇王吏部，雕蟲遊戲亦神通。」〔註 44〕乾隆八年（1743 年）病卒，年七十六。

二、學書歷程

　　檢閱《清史稿》與書法史文獻，均未道及王澍書法受何人啟蒙。《清史稿》本傳云：

> 自明清之際工書者大抵淵源於明文徵明、董其昌兩家。王鴻緒、張照為董氏嫡派，何焯及澍則於文氏為近。〔註45〕

《清史稿》稱明清之際工書者大抵源於文徵明、董其昌。而王澍近文徵明。其

〔註42〕《清史稿校註列傳二百九十‧藝術二》，頁 11544。

〔註43〕有《竹雲題跋》、《虛舟題跋》、《論書賸語》、《淳化閣帖考正》、《二十種蘭亭》、《十二種千文》、《積書岩帖》等。

〔註44〕韓天衡《歷代印學論文選》下冊，（杭州：西泠印社，1999 年 8 月第 2 版 1 刷）。頁 846。

〔註45〕崔爾平崔爾平《歷代書法論文選續編‧王澍》，頁 597。

學書歷程，劉恆說：

> 王澍的書法從歐陽詢入手，又於米芾得力甚多，而最為世人稱道的是
> 他的篆書。王澍的篆書取法唐代的李陽冰，用筆圓轉瘦硬，結字端正
> 均勻，風格清秀，法度森嚴，體現出作為學者的理性與嚴謹。〔註46〕

劉恆指出王澍楷書學歐、行書學米，篆書學李陽冰，用筆、結字、風格、法度
體現出學者的理性與嚴謹。王澍篆書除學李陽冰外，他對徐鉉所摹的《嶧山碑》
亦下過很大功夫。王澍四體兼善，最為世人稱道的是篆書。清乾、嘉後，篆書
名家輩出，可比之文藝復興，而首倡者是王澍。其自述學《石鼓》云：

> 《石鼓》操縱在手，從心不踰，篆書之聖，不敢仰攀；斯、喜遺跡，亦
> 復淪絕；惟李少溫，上追史籀，下挹斯、喜，足為篆法中權。余學之三
> 十年，略得端緒。每作一字，不敢以輕心掉之，必正襟危坐，用志不
> 分，乃敢落筆。竟此一本，凡經半月，心力殫瘁，乃僅成之。〔註47〕

王澍以《石鼓》為篆書之聖，學之三十年，略得端緒。從其用志不分，半月始
成一本，可見其學書態度。筆者所見王澍所臨《石鼓文》，刊於台北故宮文物
月刊（2012 年 5 月），用筆嚴謹，全是小篆筆法。在隸書方面，王澍臨摹過許
多漢碑。其《竹雲題跋‧曹全碑》云：

> 漢隸有三種：一種古雅，《西嶽》是也；一種方整，《婁壽》是也；
> 一種清瘦，《曹全》是也。《西嶽》、《婁壽》石刻已亡，獨《曹全》
> 完好無缺。三碑足概漢隸，又皆漢碑所絕少，故余所臨止此三碑
> 也。〔註48〕

王澍認《西嶽》、《婁壽》、《曹全》三碑足概漢隸。又對《禮器碑》用力最勤，
自云臨摹五年。於書〈袁生上簡臨禮器碑後〉云：

> 隸法以漢為極，漢隸以孔廟為極，孔廟以《韓敕》為極。此碑極變
> 化，極超妙，又極自然，此隸中之聖也。余臨此碑凡經五年，七易
> 稿，乃始及其萬一。〔註49〕

王澍學書歷程，於臨古傾注極大的心力，取法廣泛，造詣精深。篆書直接李陽
冰，古雅圓勁。隸書臨習多種漢碑，體現學者的理性與嚴謹。

〔註46〕劉恒《清代書法史》，頁 81。
〔註47〕崔爾平《歷代書法論文選續編‧竹雲題跋‧篆書第一》，頁 632。
〔註48〕崔爾平《歷代書法論文選續編‧曹全碑》，頁 598。
〔註49〕崔爾平《歷代書法論文選續編‧禮器碑跋》，頁 668。

三、書學主張

王澍不僅在書法實踐上勤于學古，同時於理論上亦持厚古的觀念。其書學主張，散見於《竹雲題跋》、《虛舟題跋》與《論書賸語》，論書為一時所宗。茲論述於下：

（一）論書標舉高格：「以晉為宗，以唐溯晉」

王澍身為帖學末世大家，處於金石、考據盛行時代，於碑帖考訂之外，縱意摹古，累積了寶貴的學書心得。提出「以晉為宗，以唐溯晉」〔註50〕的帖學思想。

王澍論書標舉高格，於宋以後書家論者極少。評《宋四家書·蔡君謨》云：

> 唐以前書風骨內斂，宋以後書精神外拓，……唯蔡忠惠公斂才於法，猶不失先民矩矱，當為有宋第一，……下此諸公各帶習氣，去晉唐風格日以遠矣。〔註51〕

王澍認蔡襄為有宋第一，然去晉唐風格日遠。宋四家中蘇軾與黃庭堅屬創新派，米芾與蔡襄屬傳統派。此評可知王澍書學思想，較偏向傳統、保守，重視內斂法度，標舉晉唐風格。

（二）推崇漢隸

王澍隸書傳世作品，極為少見，對隸書，推崇漢人，曾說：「隸法以漢為極，每碑各出一奇，莫有同者。」〔註52〕從其題跋論述中，可看出其對隸書審美的追求。王澍說：

> 漢唐隸法，體貌雖殊，淵源自一，要當以古勁沉痛為本，筆力沉痛之極，始可透入骨髓。〔註53〕

隸書以古勁沉痛為本。在《論書賸語》中說：「惟沉勁，斯健古，為不失漢人遺意，不能沉勁，為漢、為唐都是外道。」〔註54〕王澍根據此觀點，批評鄭

〔註50〕陰勝國〈王澍前碑學審美思想探析〉一文。書畫藝術學刊第八期。

〔註51〕徐利明編《王澍書論》，頁481。

〔註52〕王澍〈虛舟題跋補原·漢魯相韓敕孔廟碑〉收錄於崔爾平《歷代書法論文選續編》，頁673。

〔註53〕崔爾平《歷代書法論文選續編·曹全碑》，頁599。

〔註54〕徐利明主編《王澍書論·論書賸語·隸書》，（江蘇：美術出版社，2008年1月），頁535。

簾作書多以弱毫描其形貌，其於《曹全》亦但得其皮毛耳。〔註55〕對《禮器碑》尤為偏愛。王澍從瘦勁與變化的觀點認為《禮器碑》高於《乙瑛》、《史晨》兩碑，為隸書中神品。極力推崇漢隸，認為漢人隸書上承斯、喜，下開鍾、王。〔註56〕以方勁、古拙、渾樸為漢隸書法的總體特徵。

（三）重視品德修養

中國傳統書法美學，講求人品與書品一致的觀念。王澍生當董書極盛之時，然王論董書云：「書道關於世運，自思白興而風會之下於斯已極。」〔註57〕可謂卓識。重視品德，乃儒家傳統。王澍在跋〈篆書謙卦、家人卦〉云：

> 伊川云：「作字須用敬」，篆律尤嚴，毛髮有忽，全體具廢，知此義者可以語學矣。……圓潤和明，仁也；中規合矩，禮也；布分整飭，義也；變動不居，智也；准律有恆，信也。五德具備舉而措之，無施不當矣，不止一身一家之治矣。至由此而悟書法，行、楷、草、章，直如馳驟康莊耳。〔註58〕

王澍把書法與仁、義、禮、智、信五德聯想在一起，與作字須用敬，自是儒家思想，儒家思想是重視生命的學問，其中心思想就在一個「仁」字。孔子從心之安不安來指點仁。牟宗三說：「開闢價值之源，挺立道德主體，莫過於儒。」〔註59〕重視仁、重視道德，才能開闢人生的意義與價值，這是儒家重視品德的美學觀。

（四）以篆隸為學書根柢

王澍學書主張厚古薄今，極力提倡學書應從篆、隸入手。以通篆、隸之道為入門第一正步。講求作字有本源，一筆杜撰便不成字，說今人作書別字滿紙，只緣未理其本。他推崇《石鼓》為篆書之聖，學之三十年。提出學篆三要。王澍說：

> 篆書有三要，一曰圓，二曰瘦，三曰參差。圓乃勁。瘦乃腴，參差乃整齊。三者失其一，奴書耳。〔註60〕

〔註55〕崔爾平《歷代書法論文選續編·曹全碑》，頁599。

〔註56〕徐利明主編《王澍書論·虛舟題跋·原卷三·夏承碑》，頁54。

〔註57〕黃簡編《歷代書法論文選·王澍》，頁597。

〔註58〕黃簡編《歷代書法論文選·王澍》，頁630～631。

〔註59〕牟宗三《中國哲學十九講》（台灣學生書局，2002年8月9刷），頁62。

〔註60〕崔爾平編《歷代書法論文選續編·竹雲題跋·李陽冰謙卦》，頁619。

王澍指出學篆三要，圓、瘦、參差，乃學小篆之要求。梁章鉅評曰：「篆法要圓自是不易之論，其要瘦、要參差皆非是。瘦與腴，參差與整齊皆正相反。當改作一曰圓，二曰腴，三曰整齊。虛舟作篆之弊，正在不能腴，不整齊。蓋以剪筆枯毫為之，求瘦非難而去腴則遠。」〔註61〕筆者認為篆書用中鋒直筆，直筆圓，故能瘦乃腴，篆書要整齊，而一味整齊則呆版，參差乃破一味整齊之法。王澍論《隸書》云：

> 隸書出於篆，然漢人隸法變化不同，有合篆者，有離篆者，有增篆者，有減篆者，為體各殊，偽舛錯出，須要合篆乃為正。林罕言：「非究於篆，無由曉隸」〔註62〕，此不刊之論也。〔註63〕

王澍主張溯源，而篆書經隸變以後，為體各殊，偽舛錯出，須要合篆乃為正，並引唐人林罕之言，非究於篆，無由曉隸。其《論書賸語》云：

> 作一字筆筆有原本乃佳，一筆杜撰便不成字，作書不可不通篆、隸。今人作書別字滿紙，只緣未理其本，隨俗亂寫耳。通篆法則字體無差，通隸法則用筆有則，此入門第一步。〔註64〕

一筆杜撰便不成字，作書滿紙別字，只緣未理其本，通篆法則字體無差。通隸法則用筆有則。可見其主張學古，對篆、隸的重視。他提出學習書法要「窮其原流，究其變化，然後作字有本，不理其本，但取半路捗扯不濟事。」〔註65〕正因學書要窮本探源的觀念，使其上追秦漢，以篆隸碑版的筆意，融入帖學之中，進而為帖學注入新活力。

（五）江南足拓不如河北斷碑

　　王澍何以能重續篆法，成為篆書興滅繼絕的重要人物？成為帖學向碑學轉換承上啟下的關鍵人物？這與他勤於臨古，從而提出「江南足拓不如河北斷碑」有關。王澍對書壇的貢獻，在於書學觀念的啟發與轉變。王澍勤於臨古，標舉「以晉為宗，以唐溯晉」，為帖學大家，然在廣泛臨摹學習過程中，

〔註61〕梁章鉅《退庵隨筆卷二十二‧寫字》收於續修《四庫全書1197》（上海：上海古籍出版社），頁457。

〔註62〕林罕〈林氏字源編小說序〉云：篆雖一體，而隸變數般。篆隸即興，訛舛相錯。非究於篆，無由曉隸。全唐文卷0889。

〔註63〕徐利明編《王澍書論‧論書賸語》，《論書賸語》取自《四庫全書‧文淵閣本》，頁535。

〔註64〕徐利明編《王澍書論‧論書賸語》，頁534。

〔註65〕徐利明編《王澍書論‧論書賸語》，頁533。

漸發現篆隸的重要。王澍云：

> 僕常說歐、褚自隸來，顏柳從篆出，蓋古人作書必有原本，《曹全碑》
> 者褚公原本也。今觀《聖教序》有一筆不似《曹全碑》否？〔註66〕

王澍於唐楷用筆中發現篆隸用筆的遺意。有關篆隸的用筆，元鄭杓《衍極》云：

> 古文籀隸同源而殊流，篆直分側，用二而理一。……自其一者而觀
> 之，則直筆圓，側筆方，用法有異，而執筆初無異也。……古人學
> 書皆用直筆，王次仲等造八分始有側法，然隸書兼用直筆者有之矣。
> 未有古文篆籀而用側筆者也。隸出於篆，而分又隸之變也。故間出
> 顏柳隸之篆，歐褚隸之分。〔註67〕

楷書由隸書而來，鄭杓的「顏柳隸之篆，歐褚隸之分」。當是王澍「歐、褚自隸來，顏、柳從篆出。」之所本。而王澍謂《曹全碑》者褚公原本也。此語梁章鉅《吉安室書錄·卷七》云：「謂褚遂良書由於曹全碑，則殊臆度。此碑近代始出，明以前未有言之者。」〔註68〕《曹全碑》明萬曆年間始出土，此則說明褚遂良應未見過《曹全碑》。且王澍《虛舟題跋·稻孫臨褚河南雁塔聖教序》云：

> 余嘗學《韓敕孔子廟碑》，知河南書實原於此。蓋漢隸之妙，無過
> 《韓敕》，……河南推本《韓》法，而為此碑，雖變隸為楷，而一
> 點一拂，無不稟程。〔註69〕

此跋云褚河南雁塔聖教序源於《韓敕孔子廟碑》即《禮器碑》，與前跋《曹全碑》者，褚公原本也。王澍兩跋自相矛盾，據此筆者認為王澍謂褚書出自《曹全碑》，應是出自《禮器碑》之誤，蓋褚遂良時《曹全碑》尚未出土。王澍在《虛舟題跋補原·跋漢魯相韓敕孔廟碑》云：「此碑上承斯、喜，下啟鍾、王，無法不備，而不可名一法；無妙不臻，而莫能窮眾妙。」〔註70〕禮器碑上承斯、喜的篆書，下啟鍾、王的楷書，其特色是瘦勁，而古人作字，皆用直筆，直筆則圓而瘦，八分始有側法，而隸出於篆，故有兼用直筆者。禮器碑瘦勁，

〔註66〕王澍〈竹雲題跋·曹全碑〉收錄於崔爾平《歷代書法論文選續編》，頁599。
〔註67〕鄭杓《衍極·卷五》收於《美術叢書·第四集第九輯》頁347～348。
〔註68〕梁章鉅《吉安室書錄卷七·王澍》（上海：人民美術出版社，2003年8月1版），頁83。
〔註69〕王澍《虛舟題跋·稻孫臨褚河南雁塔聖教序》收錄於崔爾平《歷代書法論文選續編》，頁669。
〔註70〕王澍《虛舟題跋補原·跋漢魯相韓敕孔廟碑》收錄於崔爾平《歷代書法論文選續編》，頁673。

上承篆書，下啟楷書。正因為這種對筆法高度的認識，引領學習篆、隸的風潮，其書法創作和理論主張反映了康熙後期金石學復興的影響，為乾隆以後碑學興盛的先聲。這使王澍在帖學向碑學轉換的清初期，奠定承上啟下的關鍵地位。

（六）主張「沉勁」、「和」、「熟而後變」

王澍在變化方面，強調「和」才能變，而「和」的前題先要「沉勁」。《論書賸語》云：

> 使盡氣力，至於沉勁入骨，筆乃能和，和則不剛不柔，變化斯出，故知和者沉勁之至，非軟緩之謂，變者和適之至，非縱逸之謂。〔註71〕

沉勁即力透紙背，王澍的變化觀，由沉勁入骨，進入剛柔相濟的和，和則不剛不柔，和斯能變。是主張熟而後變者，其跋《漢魯相韓敕孔廟碑》云：

> 隸法以漢為極，每碑各出一奇，莫有同者，而此碑尤為奇絕，瘦勁如鐵，變化若龍，一字一奇，不可端倪。……書到熟來，自然生變。
> 此碑無字不變，「魯」字、「百」字不知多少，莫有同者。此豈有意於變，只是熟，故若未熟，便有意求變，所以數變輒窮。〔註72〕

書到熟來自然生變，此則先要專精一家，到熟來無心於變，自然觸手盡變。有意求變，所以數變輒窮。王澍以為篆隸之所以高古在於能變，讚美《禮器碑》，極變化、極超妙、又極自然。認有意整齊，與有意變化皆是一方死法。主張在規矩上變化，認為奇、正兩端實惟一局。〔註73〕由以上題跋可知，在清初王澍對篆隸的認識，已有相當進步的書學觀。

王澍於書論頗多貢獻，見於《竹雲題跋》、《虛舟題跋》、《論書賸語》。這些理論著述大多結合自己的書法實踐經驗，不乏真知卓見。提出「江南足拓，不如河北斷碑。」〔註74〕其創作和理論主張是碑學興盛的先聲，為碑學發展奠定了基礎。

四、作品分析

王澍四體兼善，楷書於歐、褚兩家致力尤深，結構穩健，可惜風格上沒什麼突破。行書寫的古意古法，清勁秀逸，屬於文徵明風格，然流於纖弱，故其

〔註71〕徐利明編《王澍書論·論書賸語》，頁530。
〔註72〕黃簡編《歷代書法論文選·王澍·跋漢魯相韓敕孔廟碑》，頁630～631。
〔註73〕徐利明編《王澍書論·論書賸語》，頁532、530。
〔註74〕黃簡《歷代書法論文選·包世臣·歷下筆談》，頁654。

行書成就被文徵明所掩蓋。篆書則有突破，宗法李斯、李陽冰，得古法，風格端嚴醇古。王澍作品有的未署年月，茲為兼顧較全面風格，有署年月者按年代順序，未署年按作品分別討論。選擇其篆書作品（一）王澍《篆書屏》（二）《尚方鏡銘》（三）《臨石鼓文》（四）《大丈夫篆書中堂》（五）《詩經關雎局部》（六）王澍《篆書冊局部》（七）王澍《篆書軸》等分析如下：

（一）《王澍篆書屏局部》分析

此作原為四屏，落款為霽林四叔大人誨正，戊辰季冬姪澍書奉。戊辰為康熙二十七年（1688）王澍時為二十歲，為早期作品。字體瘦長，線條柔美，少數粗細不一致，有些直畫收尾有虛尖，中段有虛怯之感，雖有界格，有些字結體大小不一，書風柔美優雅。二十歲寫小篆已有如此功力，實為不易。

圖 3-2-1 《王澍篆書屏局部》

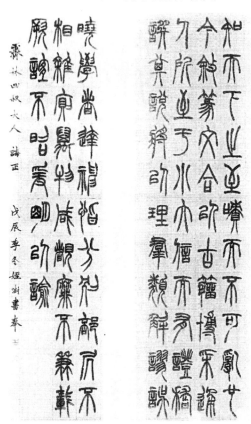

取自《中國古代書法經典篆書卷》（祥瑞文化事業出版），頁 521。未註明尺寸。

（二）《漢尚方鏡銘》分析

　　尚方鏡銘，字體規正，運筆勻圓勁健，風格俊逸，為「玉筯篆」體的佳構。〔註75〕此書作於雍正七年己酉（1729），六十一歲，觀此篆書，用筆藏鋒圓勁，柔和婉轉，結字勻稱端莊，法度分明，規整森嚴。筆劃雖纖細，但盤屈繚繞，筆力內凝，出入規矩。字形結構穩健，火候純熟，頗有法度，乃為一代書法高手，不愧為五經篆文館總裁官。書如其人，風格勻圓清秀與其為人天真爛漫的性情相吻合。從而可知，王澍在篆書方面，是有卓越的突破和貢獻的。他那凝重醇古的藝術個性，被世人所稱道，此作是其純熟穩健，經典性代表作品。

圖 3-2-2　王澍《漢尚方鏡銘》

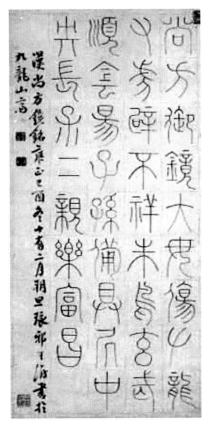

取自《中國美術全集》，頁 73。上海博物館藏。

尺幅：94.8cm×40.5cm。

〔註75〕《中國美術全集‧清代書法》，（錦繡出版社，1989 年 8 月出版），頁 61。

（三）臨石鼓文分析

王澍臨於雍正八年（1730），庚戌秋九月朔旦，時為六十二歲。王澍尚有雍正六年臨本，題跋甚長，《石鼓文》全文六百有七字，積書巖考證出全字五百有七，為《石鼓文》定本，推《石鼓文》為千古書學之祖。由於王澍臨本較元明兩代各搨本字數較多，且篆法多摹自宋薛尚功〔註67〕，更因王澍在康熙朝即以精於篆書聞名，是以此本與內府所收趙孟頫之元搨本，經乾隆鑑定可同為石鼓文參考的標準本。

王澍推崇《石鼓文》為篆書之聖，不敢仰攀，自云學之三十年，略得端緒。《石鼓文》為大篆，觀此作是小篆光潔的用筆，並無所謂的金石氣。然此作誠為用志不分，精研力學，符合其圓、瘦、參差的要求。王澍所處的時代正是帖學盛行時期，又受館閣體影響，所作風格端莊工整，加以學者嚴謹的態度，應規入矩，這是時代的拘限。

圖 3-2-3 《臨石鼓文》

《臨石鼓文》取自故宮文物月刊 2012 年 5 月號（第 350 期），頁 25。
尺寸：32.3×38.2 公分。

〔註67〕宋代金石學家。字用敏。浙江錢塘（今浙江杭州）人。生卒年不詳。具體事蹟無考。著《歷代鐘鼎彝器款識法貼》二十卷，收銘文 511 件，絕大部分是商周銅器銘文。現存該書宋拓本石刻殘卷、殘葉藏於上海圖書館等處。

（四）《大丈夫篆書中堂》分析

此篆書中堂取材孟子所謂大丈夫，署款癸丑三月，時為雍正十一年，西元 1733 年。王澍時為六十五歲。王澍篆書，翁方綱評其篆書得古法。王澍篆書源自秦代李斯和唐代李陽冰。此作筆劃纖細，屬鐵線篆。筆力內凝，氣息相當清純。王澍受清初館閣體影響，作書應規入矩，法度過於嚴明，顯得有些刻版。錢泳《履園叢話》批評王澍寫篆書而不用《說文》，學者譏之。此作用字造形似有不依說文之現象，寫篆字是否一定要依說文，尚有爭議。若以實用則當求正確，若以藝術而言則講求變化。此作同字造形皆有變化。乾嘉時期小學、考據興起，然雍正時期《說文》尚未受到應有的重視。

圖 3-2-4　《大丈夫篆書中堂》

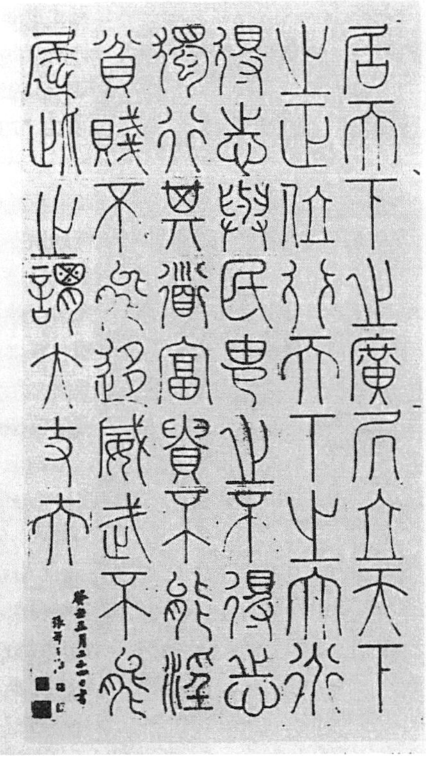

取自中國書法篆刻簡史（上海古籍出版社），頁 17。未註明尺寸。

（五）《詩經關雎局部》分析

此作未署年款，康熙時因其善篆，特命充五經篆文館總裁官，王澍寫經

的功力如何呢？此作寫詩經關雎局部，是宗法李斯、李陽冰的風格。可看出
王澍篆書的功力深厚，非浪得虛名。有界格，清朗端嚴，線條粗細一致，用
筆藏鋒圓勁，結構穩健，風格典雅。此類小篆作品，因其結構嚴謹，若處理
不當，就會失之呆版。王澍對時風大為不滿，視董書為惡習，缺乏剛健、雄
強，力主學古，決心復興古法。王澍晚年，正是金石學醞釀期和發機期，本
身亦具金石學的修養。

圖 3-2-5 《詩經關雎局部》

取自中國古代書法經典篆書卷（祥瑞文化事業有限
公司），頁 544。未註明尺寸。

（六）王澍《篆書冊局部》分析

此篆書冊，未署年款，內容臨寫唐李陽冰《城隍廟記》，是學李陽冰玉筯
篆之明證。寫的圓潤婉轉，柔韌虛靈，十分精美，可見其篆書功力之深厚，用
筆藏鋒圓勁，結構勻稱端莊，筆畫纖細，筆力內凝。其主張參差乃整齊，即為
了避免因對稱所造成的單調。用墨在濃枯之間，風格清勁挺秀，柔和婉轉，展
現腴潤的特色。

（七）王澍《篆書軸》分析

此作屬於鐵線篆，落款乾淨俐落，未署名年月。取材北宋張繼先撰大道歌，用筆圓轉平衡，線條瘦硬含蓄，布白疏朗，造型亦有變化，三個空字姿態各異。另外歸字左旁、窮字穴頭、身字長撇改為橫畫，使原有的篆書的靜穆變的俏皮。此作少數結體欠嚴謹如窮字，較長的曲線常有中怯氣短的現象，如海字。感覺內涵較為空洞，對篆書的線條與結構似尚缺乏深度的理解的關係。

圖 3-2-6　王澍《篆書冊局部》　　圖 3-2-7　王澍《篆書軸》

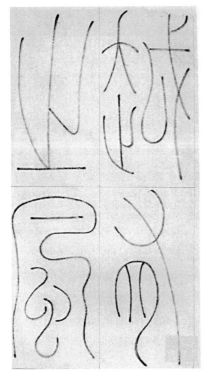
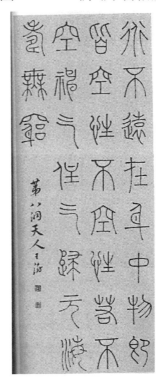

取自安徽博物館藏。尺幅：24.5cm×14.5cm。

取自《中國書法經典作品章法解讀》（廣西美術出版社）（篆書卷），頁 105。大陸故宮博物院藏。尺幅：123.3cm×47.2cm。

以上作品分析，有紀年者四件，其中《王澍篆書屏局部》為二十歲作品外，餘皆六十歲以上。二十歲作品尚感稚嫩，其他可視為成熟之作。惟筆者認為六十一歲所作《漢尚方鏡銘》為代表作，比六十五歲所作《大丈夫篆書中堂》要好，並非年代最晚的一定較佳。未紀年者三件，《詩經詩經關雎局部》風格圓勁端嚴，王澍《篆書冊局部》柔和腴潤，兩件不同風格均堪稱佳作。惟王澍第

八洞天人《篆書軸》，雖用字相同者造型皆有變化，而線條瘦硬無腴潤之感，章法上內涵較為空洞，筆者將其判為六十歲以前之中期作品。

五、風格特色

王澍篆書，以小篆為宗，風格端嚴，亦有多種面貌。即使學《石鼓》用的仍是小篆筆法。大抵清代篆隸復興以前，寫篆書仍無法超出小篆的範圍。梁章鉅《退庵隨筆》云：「王虛舟篆體結構甚佳，惟用剪筆枯毫，不足以見腕力。」〔註77〕王澍主張圓乃勁、瘦乃腴、參差乃整齊，筆力要透入骨髓。在用墨方面，追求濃墨向枯墨漸次變化的層次感。梁章鉅批評要瘦、要參差皆非是。翁方綱則稱其篆書得古法。王潛剛則持相反看法，其《清人書評》：「虛舟之篆乃從唐宋立腳，故不入古，不得謂非唐非宋也。」〔註78〕

王澍的篆書，取法李斯、李陽冰，吳兆璜說：

> 王澍、錢坫、孫星衍、洪亮吉，號稱學李斯、李陽冰。細考他們所宗守的是五代摹刻徐鉉寫的嶧山碑，宋代翻刻的李陽冰謙卦、三墳記、先塋記。這些翻刻的東西，與李斯、李陽冰二人毫無關係。把瑯琊台刻石與嶧山碑比較一下，可以說是判然不同了。〔註79〕

吳兆璜認為清初小篆書家，號稱學李斯、李陽冰，實際是學五代、宋代徐鉉翻刻的《嶧山碑》，而非學李斯、李陽冰，透過比較自然可知。

大抵王澍的篆書直接取法於李陽冰，用筆圓轉瘦硬，功力深厚，結字對稱工穩，風格嫻雅秀媚。王澍小篆，高雅精練但侷限於傳統，欠缺突出的創造特色，格局氣魄尚不夠，這是受到清初時代限制，學篆風氣未開，出土金石文物尚缺所造成。

王澍的書學思想既是帖學的總結，又透露碑學的端倪。其題跋是對法帖重新解讀和碑帖貫通的思想，尤具個人特色和時代意義。劉恆在《清代書法史》說：

> 取法唐代李陽冰，用筆圓轉瘦硬，結字端正均勻，風格清秀，法度森嚴。〔註80〕

〔註77〕梁章鉅〈退庵隨筆卷二十二學字〉收錄於《續修四庫全書‧子部雜家類》（上海：古籍出版社據，清康熙三十五年刻本），頁456。

〔註78〕王潛剛〈清人書評〉收於崔爾平《歷代書法論文選續編》，頁822。

〔註79〕《名家談書法‧漫談清代的篆書》（香港：商務印書館2001年7月1版），頁211。

〔註80〕劉恒《中國書法史‧清代卷》，頁81。

劉恆從用筆、結字、風格、法度評論王澍作品，風格特色與個人審美觀與時代環境影響有關。王澍論書重視品德，主要是受儒家思想影響，儒家講求「中庸、中和」的思想，故其書風淳正，又處於帖學盛行的時代，受館閣體影響，書風妍美端莊。其篆書風格特色，可歸納如下：

　　（一）用筆：婉轉圓潤，筆劃娟秀流麗，線條瘦勁光滑、勻稱含蓄。

　　（二）結體平穩，大小配搭嚴謹，工整合宜，呈現穩重整飭之貌。

　　（三）風格秀雅、剛勁內涵、端嚴肅正。

　　王澍篆書以藏鋒圓運，點畫雖然纖細，看似枯淡飄渺，但實則柔韌虛靈，筆力內斂。其法度森嚴，入規出矩，穩健嫻熟，幾乎沒有任何起伏變化，纖細柔弱，缺力乏勢，字裏行間看不出作者的心境變化和激情。王澍說：

> 篆籀之書，自古為難，筆不堅不瘦，不圓不勁。不瘦不勁，不能變
> 化。余作篆書，必心氣凝定，目不旁睨，耳不外聽，雖疾雷破柱，
> 猛虎驚奔，不能知也。用是，乃得窺見斯、喜妙處。〔註81〕

筆不堅不瘦，不圓不勁，不瘦不勁，則不能變化。強調作篆之專注，真是用志不分。此則可視為王澍學篆書的心得總結。

六、新變成就

　　清前期的王澍經歷康熙、雍正、乾隆三朝，四體兼工，是帖學家，亦是篆書復興的倡導者、實踐家。其書學理論《竹雲題跋》、《虛舟題跋》、《論書賸語》對書壇貢獻甚大。王潛剛《清人書評・王澍》云：

> 綜其各體，當以行草為上，篆分次之，而皆無一毫俗氣。梁聞山亦
> 稱其「結構穩稱，火候純熟。」《履園叢話》：「王虛舟吏部頗負篆書
> 之名，既非秦非漢，亦非唐非宋。且既寫篆書而不用說文，學者識
> 之。」此言輕薄太甚，其實虛舟之篆乃從唐宋立腳，故不入古，不
> 得謂非唐非宋也。虛舟多用焦墨取姿，亦是一病。其用濃墨書頗修
> 潔不拖遝。〔註82〕

此清人書評，稱王澍無一毫俗氣，結構穩稱，火候純熟。其用焦墨是病，用濃墨則佳。王澍的新變成就表現在兩方面：

〔註81〕崔爾平《歷代書法論文選續編・書謙、家人兩卦篆書後》，頁668。

〔註82〕《歷代書法論文選續編・清人書評》，頁822。

（一）清初小篆第一人

王澍篆書，取法李斯、李陽冰，用筆婉轉圓潤，結體平穩嚴謹，風格秀雅端嚴，穩重整飭，體現學者的理性與嚴謹。翁方綱稱其篆書得古法，不愧為清初小篆第一人。讚揚者有吳修《昭代尺牘小品》云：「書入率更之室，篆書法李斯，為一代作手。」〔註83〕梁章鉅認為：「我朝以小篆名者，自推虛舟為巨擘。」〔註84〕王澍是清代以篆書名世的第一位書家，唐代以後古法漸失的篆書，因王澍得到了匡正，喚起乾、嘉以後，書家寫篆的熱情，被視為扭轉有明以來，以奇詭怪異為能事的風氣，重續篆法、興滅繼絕的重要人物。

（二）清代篆隸復興的開拓者

王澍是康乾時期的書家，強調篆隸書體，為學書入門第一正步。強調篆、隸書法的重要性，是篆、隸復興的宣導者、開拓者。因為他發現了碑版中蘊藏著與二王書風完全不同的「沉勁古拙」的意趣。在他看來，學書只有精通篆隸，才能達到圓勁古渾的境界。對當時書壇，崇董書風的靡弱圓軟，有矯正之功。王澍充分認識到學習隸書，有助於掌握書法用筆的要領。強調歐、褚從隸來，顏柳從篆來。在題跋中，不斷強調、提升篆隸的重要性，此觀點對於帖學向碑學的轉換，對篆隸的復興，有推波助瀾的效用。其書法創作和理論主張，反映了康熙後期金石學復興的影響，為乾隆以後碑學興盛的先聲。〔註85〕故而王澍在清代書法的發展過程中，堪稱承上啟下的重要人物。其書學理論是總結前碑派〔註86〕實踐的結果。

總之，王澍的新變成就，是清代以篆書名世的第一位書家，是重續篆法、興滅繼絕的重要人物。而其「江南足拓，不如河北斷碑。」的主張，又是乾隆以後碑學興盛的先聲。王澍以自己的實踐經驗，研究金石、碑刻，寫成題跋。稱揚《禮器碑》，無美不備。稱它瘦勁如鐵，變化如龍，一字一奇，不可端倪。他對漢隸渾樸、沉勁的美學追求，影響清中後期高水準的隸書創作。

〔註83〕震鈞《國朝書人輯略‧昭代尺牘小傳》，頁 242。

〔註84〕徐利明《王澍書論》，頁 3。

〔註85〕劉恒《清代書法史》，頁 81。

〔註86〕黃惇與李昌集、莊熙祖等學者於《中國書法史略》提出，稱阮元以前的碑學為前碑派。《風來堂集》，頁 118。

第三節　以漆書揚名的金農

　　揚州八怪之首的金農，雖然詩名早播，但是卻懷才不遇，終生與仕途無緣。在藝壇大放異彩的他，早年師承何焯，開啟研究碑版的興趣，以漢碑為宗，學《華山碑》加以變化，其書法風格特色鮮明，尤其中年融漢隸和魏楷於一體，稱為「漆書」。本節將從其學書歷程，作品分析，風格特色等方面，探討金農書法新變的成就。

一、金農生平

　　金農（1687～1763），康熙二十六年三月，生於浙江仁和（今杭州）。原名司農，字壽田，號冬心。金農二十歲時前往蕭山，造訪九十一歲的毛奇齡，二十一歲就讀於何焯家塾中。二十二歲拜謁東南詩壇盟主朱彝尊。金農青少年時期家境不錯，三十歲父親去世後家道中落，三十九歲後，更名為農，更字壽門。一生所署之齋館別號眾多，較著者有冬心先生、稽留山民、曲江外史、金吉金、百二硯田富翁、心出家盦粥飯僧、如來最小弟、三朝老民等。〔註87〕

　　其「冬心集」自序：「予賦性幽敻，少耽索居味道之樂。」〔註88〕「冬心」之號取崔國輔「寂寥抱冬心」之語以為號。「稽留山民」，稽留之聲與浙語「許由」相類，以之為號有仰慕前賢之意。「二百硯田富翁」，則酷嗜硯石，富藏硯石。「心出家盦粥飯僧」、「如來最小弟」，則是中年以後好佛所取之號。〔註89〕金農號「如來最小之弟」，寓有與如來同輩之意。尚有「蘇伐羅吉蘇伐羅」之號，蘇伐羅梵文即「金」之意。所以「蘇伐羅吉蘇伐羅」即「金吉金」，從所取名號亦可見金農個性之「怪」。

　　金農嗜奇好學，工于詩文書畫，治印、刻硯，詩文古奧奇特，並精於鑒別，他收藏的金石文字多至千卷，性好遊歷，足跡半天下。卒年七十七。關於他的生平《清史稿列傳校註》云：

> 金農，布衣，薦鴻博，好學癖古，儲金石千卷。中歲，遊跡半海內，
> 寄居揚州，遂不歸。分隸小變漢法，又師禪國山及天發神讖兩碑。
> 截毫端，做擘窠大字。年五十，始從事於畫，初寫竹，師石室老人，

〔註87〕范正紅《中國書法家全集・金農》（河北：教育出版社，2003年6月出版），
　　　　頁1。
〔註88〕朱玄《金冬心評傳》，（台北：正中書局，1981年1月出版），頁9。
〔註89〕齊淵編著《金農書畫編年圖目・蕭燕翼・金農的書畫藝術》，頁6。

號稽留山民。繼畫梅，師白玉蟾，號昔耶居士。又畫馬，自謂得曹、
韓法。復畫佛，號心出家盦粥飯僧。其點綴花木，奇柯異葉，皆意
為之。……性逋峭，世以迂怪目之。詩亦鑱削苦硬。無子，晚手錄
以付其女。歿後，羅聘蒐集雜文編為集。〔註90〕

金農詩書畫兼善，俱有特色，個性逋峭，世人以迂怪目之，為揚州八怪之首。

　　乾隆元年（1736 年）薦舉博學鴻詞落選，入京未試而返。後以賣畫長
期居住揚州的三祝庵、西方寺等地，至衰老窮困而死，終身布衣，生活清
苦。

二、學書歷程

（一）師承何焯　愛好金石

　　二十一歲，拜何焯為師，研讀經史及金石碑版，開啟了日後對金石碑刻
收藏與鑒賞的興趣。金農讚其師何焯「吾師義門正書品格，洵是國朝第一
人」〔註91〕。

　　何焯為康熙時書法四大家〔註92〕之一。金農作為其入室弟子，自然受其
影響。何焯是帖學書家，卻是青睞碑版的學人，長期的碑版考證，見解卓越。
金農好收藏金石碑版，自述對金石的愛好云：

余夙有金石文字之癖，金文為佚籀之篆……石文自五鳳石刻下於漢
唐八分之流別，心摹手追，私謂得其神骨。不減李潮〔註93〕，一字
百金也。〔註94〕

金農崇尚古碑，有金石癖，自五鳳石刻下於漢唐八分之流別，心摹手追，私謂
得其神骨，其學習之廣博與自信可知。

　　金農將金石碑版的意趣，貫穿到書法創作中，其書法風格的形成及書學
思想，多少受到其師何焯的影響。

（二）以碑為宗　參以魏楷

　　金農早期書法，臨摹漢碑功力深厚，有關金農的隸書，王冬齡說：

〔註90〕《清史稿校註列傳二百九十・藝術二》，頁 11564。

〔註91〕《揚州八怪考辨集》（江蘇美術出版社），頁 175。

〔註92〕笪重光、姜宸英、何焯、汪士鋐並稱為康熙間四大家。

〔註93〕根據杜甫〈李潮八分小篆歌〉，吾甥李潮下筆親，李潮是杜甫之甥。

〔註94〕震鈞《國朝書人輯略・金農・冬心硯銘自序》卷四，頁 311。

> 金冬心的漢碑功力很深，早年隸書結體偏扁，用筆渾厚，面貌很多，
> 近似《華山》、《夏承》、《乙瑛》、《曹全》諸碑，後來他以魏體正楷
> 入隸，結體變扁為長，用筆由圓轉方，這樣他隸書的獨特風格才完
> 成。〔註95〕

由此則可知金農學過多種漢碑，以魏體正楷入隸，用筆由圓轉方，此正金農書
法的新變。金農書法以碑為宗，一生師碑的道路，亦可見一個淵博的學者，在
創新風格時所具備的雄厚基礎。關於金農學書歷程，劉恒說：

> 他早年受時風薰陶，學鄭簠從《夏承碑》入手，後得見《西嶽華山
> 廟碑》，鈎摹一通反復臨習，遂初步形成了自己的書法風貌。這一時
> 期的隸書，用筆圓厚而從容，結體方扁而勻稱，雖然起筆處尚有鄭
> 簠習氣的遺存，但整體面貌已全從漢碑而來，脫出時風之外。〔註96〕

金農早期學過鄭簠隸書，今福建省博物館藏有金農《范石湖詩》，風格近鄭簠
是明證。中年以後，自謂得力於《禪國山》、《天發神讖》兩碑。此兩碑皆為吳
碑，因此金農的隸書，可說以吳碑入隸。金農在《冬心印識》云：

> 余近得《國山》及《天發神讖》兩碑，字法奇古，截毫端，作擘窠大
> 字。今刊是印即用兩碑法〔註97〕

《冬心印識》這段文字，《清史稿》、馬宗霍《書林藻鑑》、震鈞《國朝書人輯
略‧金農》、劉恆《中國書法史‧清代卷》均有載入，然迄今未發現金農有臨
寫《禪國山碑》與《天發神讖》作品。至於截毫端，作擘窠大字，黃惇根據金
農的《昔邪廬詩》：「州人昨知我能書，預設紙筆候僧廬。舒城長毫老不禿，郡
陽精楮白雪如。」〔註98〕認為金農所用之筆，並未截毫端。透過實際實驗書
寫，不必截毫端，亦可寫出漆書字體。

（三）華山片石為師

　　金農的隸書是以《華山碑》為主要學習對象。金農在其《魯中雜詩》云：

> 會稽內史負俗姿，字學荒疏笑騁馳。恥向書家作奴婢，華山片石是
> 吾師。〔註99〕

〔註95〕王冬齡〈金冬心的書法藝術〉收錄於《書譜‧第六卷總三十五期》，頁36。
〔註96〕劉恒《中國書法史‧清代卷》，頁140。
〔註97〕震鈞《國朝書人輯略‧金農‧冬心印識》卷四，頁312。
〔註98〕齊淵《金農書畫編年圖目‧上冊‧昔邪廬詩句》，頁128。
〔註99〕金農《魯中雜詩》原十首，金農弟子羅聘輯冬心先生續集有六首未錄，此詩見

此詩道出他與二王書風背道而馳，並以漢碑為宗的鮮明藝術主張。其寫經體楷書，是一種創造，是恥向書家作奴婢的產物，他以華山片石為師。王璟提到金農三十多歲就臨摹《華山廟碑》，現在見到最早臨《華山廟碑》的作品約書於四十歲前後，最晚的則於七十二歲時。黃惇說：

> 按年代將臨的《華山廟碑》排起來，金農一生書法多變，且有多種面貌。除寫經楷書外，幾乎多與臨《華山廟碑》有關。亦即金農每一時期對自己書法的變革，都是以《華山廟碑》作為原型的。他以己意臨《華山廟碑》而變形，復以變形後之基礎再變形，如此遞進便形成了多種面貌的金農書法，難怪其言華山片石是吾師了。〔註100〕

《漢西嶽華山廟碑》，此碑鐫刻於東漢延熹八年，書風平穩華貴，是漢隸成熟的代表作。金農以《華山碑》為底本進行創造，雖臨華山碑而無漢隸特徵。

總括金農的學書歷程，年輕時師承何義門，學過顏、米，自五鳳石刻下於漢唐八分之流別，心摹手追，學過《華山》、《夏承》、《乙瑛》、《曹全》，而華山片石是其師，用力最深，以之為根本加以變化。亦受《禪國山》、《天發神讖碑》的影響。

圖3-3-1 《禪國山碑局部》　　圖3-3-2 《天發神讖碑局部》

取自《中國碑文化》，頁179，碑高235cm　　取自《中國碑文化》，頁181。
×323cm。

於寫經體楷書墨跡稿本中。

〔註100〕黃惇《風來堂集》（北京：榮寶齋出版社，2010年6月1版），頁383。

圖 3-3-3 《昔邪廬詩》

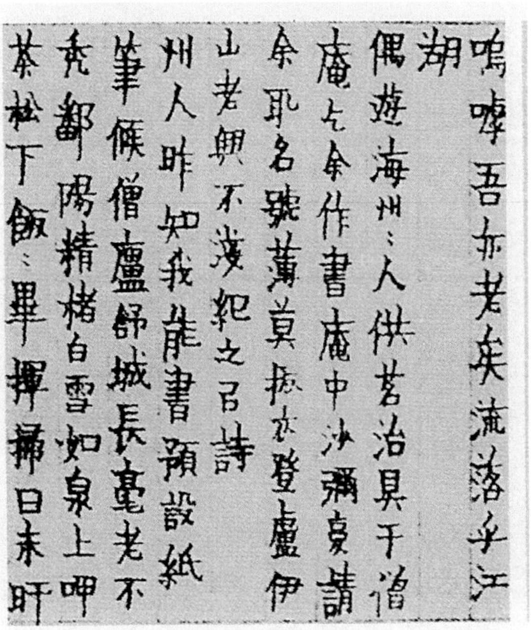

取自齊淵《金農書畫編年圖目》，頁 128，乾隆二十一年（丙子八月），時年 70 歲。日本澄懷堂收藏。

三、金農作品分析

金農書法種類多樣，有行草書、隸書、寫經體楷書、魏體楷隸、漆書、渴筆八分等。金農書法作品的分期，范正紅將之分為四期：（一）積累與準備時期（約 39 歲以前）、（二）隸書成熟時期（約 40～50 歲）、（三）創新時期（約 50～65 歲）、（四）完善時期（約 65～77 歲）〔註 101〕本論文只研究金農隸書，茲為研究方便，界定為三期：（一）前期隸書（約 50 歲以前）（二）中期漆書（約 50～69 歲）（三）晚期渴筆八分（約 70～77 歲）。擬針對與前期隸書、中期獨創的漆書、晚期渴筆八分作品分析。

（一）前期作品

五十歲以前為前期，筆者根據齊淵所編《金農書畫編年圖目》，認為三十九歲，書風似尚未成熟。前期隸書約四十四歲風格才成熟，前期有兩種風格，四十八歲作《臨西嶽華山廟碑冊》，用筆濃墨圓潤，起收筆十分嚴謹。四十九

〔註 101〕范正紅《中國書法家全集·金農》（河北：教育出版社，2003 年 6 月 1 版），頁 95。

歲作《隸書雜記軸》，多用渴筆，筆畫毛澀暢潤，掠筆多用倒薤法。茲選取《王融傳冊》（44 歲作）、《臨西嶽華山廟碑冊》（48 歲作）與《隸書雜記軸》（49 歲作）三件風格不同者作分析。

<table>
<tr><td>圖 3-3-4 《王融傳冊》</td><td>圖 3-3-5 《臨西嶽華山廟碑冊》</td></tr>
</table>

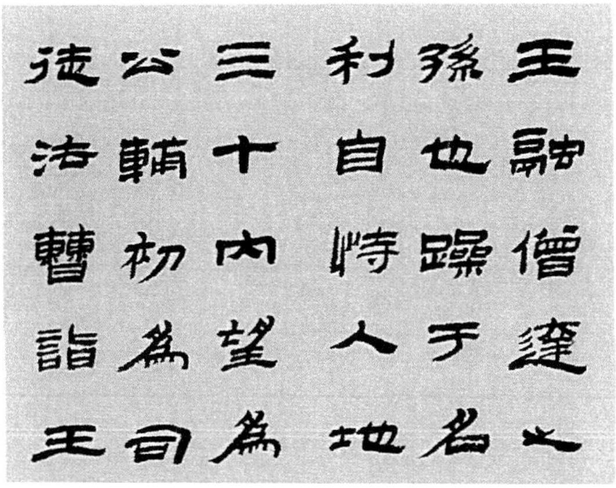

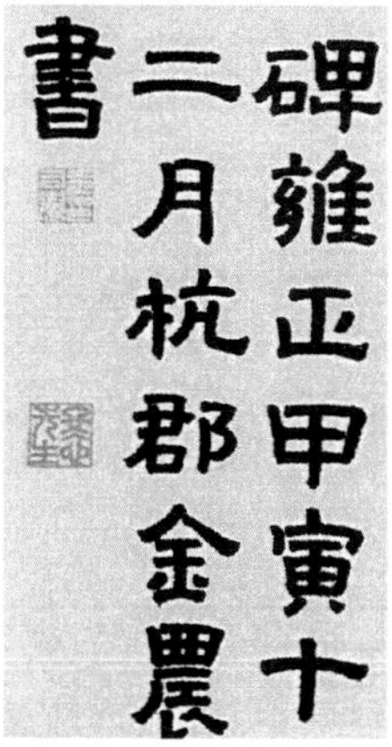

取自齊淵金農書畫編年圖目，頁 10，南京市博物館收藏。尺幅：27cm×16cm。

取自齊淵金農書畫編年圖目，頁 22，原作大陸故宮博物院收藏。

圖 3-3-6 《隸書雜記軸》

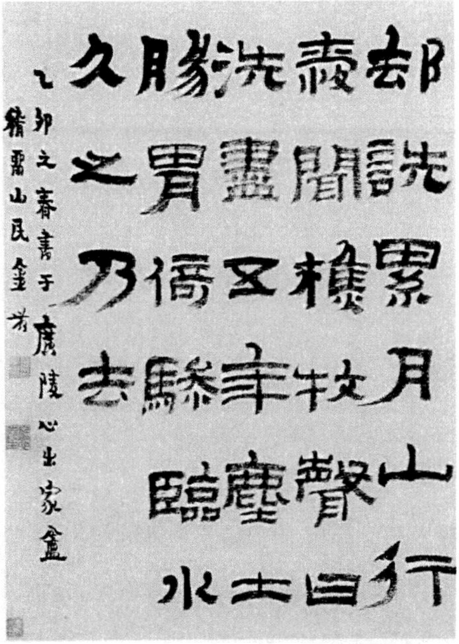

《隸書雜記軸》取自齊淵金農書畫編年圖目，頁 25，揚州市博物館收藏。尺幅：61cm×43cm。

1.《王融傳冊》分析

《王融傳冊》，雍正八年（1730 年）金農四十四歲，從山西南歸，在山東曲阜停留數月，寫下《王融傳》、《王秀傳》等作品。這兩件作品風格相似，此《王融傳》已無鄭簠的痕跡，亦無臨摹漢碑的痕跡，故應視為前期隸書成熟的標誌。用筆圓潤而富於變化，結字樸厚而又靈動，結體偏扁，呈現自家風格。此作之可貴在於似有漢代優秀簡書的丰采，讓人驚訝金農對漢碑理解之深刻。因漢簡在二十世紀才出土，而金農應該未見過漢簡，卻能寫出漢簡的書寫趣味。

2.《臨西嶽華山廟碑冊》分析

《臨西嶽華山廟碑冊》，金農四十八歲作，此作筆法一變，以楷作隸，以隸作楷，結構、字形均發生變化，用筆稍肥，結構較鬆，橫豎筆畫粗細均等。掠筆不用倒薤法，結字易扁為方。墨法上追求統一而無變化。粗具後來的魏體楷隸形體，然此較為渾厚，魏體楷隸則方勁。

3.《隸書雜記軸》分析

《隸書雜記軸》，四十九歲作，具早期漆書形態，略用乾筆，「行」字、「乃」字掠筆用倒薤法，惟體勢橫扁，章法上下字距寬，行距緊密。大底前期隸書體勢橫扁與後來的漆書體勢瘦長，橫粗豎細有別。有關用墨，孫過庭說：「帶燥方潤，將濃遂枯。」〔註 102〕燥、潤、濃、枯是辨證關係。一味的圓潤飽滿則流於千篇一律，一味的枯筆則顯得浮躁。線條的質感要透過用筆疾澀、中側、用墨的對比來顯現其風神。此作用墨枯潤變化是其特色。

有關金農前期的隸書，黃惇說：

> 三十九歲前後，金農隸書風格開始鮮明，一種是濃墨圓潤的，起收筆十分嚴謹；一種則多用渴筆，筆畫毛澀暢潤，且波挑放出而掠筆多用倒薤撇法，既有金石之趣，又顯姿媚。一工、一寫，一放、一收。〔註 103〕

黃惇所言金農三十九歲前後，隸書兩種風格，一種是濃墨圓潤的，起收筆十分嚴謹；筆者以《臨西嶽華山廟碑冊》對應，則風格似之。另一種則多用渴筆，筆畫毛澀暢潤，且波挑放出，而掠筆多用倒薤撇法，既有金石之趣，又顯姿媚。筆者以《隸書雜記軸》對應似之。金農四十八歲作《臨西嶽華山廟碑冊》是後來創造「漆書」的先聲。

〔註 102〕孫過庭《書譜》（王仁均撰述）（台北：金楓出版社，1999 年 4 月 1 版），頁 130。
〔註 103〕黃惇《風來堂集》（北京：榮寶齋出版社，2010 年 6 月 1 版），頁 428。

總之，金農少年即愛好金石，金農以「華山片石為師」，學《華山碑》而變其形，前期隸書已體現碑學所崇尚的風範，這在清代初期是難能可貴的。

（二）中期作品

五十至六十九歲為中期，作品有**魏體楷隸**、早期漆書、典型漆書（童蒙八章）等。金農五十以後的隸書，有一種筆劃粗細幾近一致，字形一改隸書的扁方，趨於豎向瘦長，如《書王尚書古歡錄冊二》與東晉《王興之夫婦墓誌》近似，范正紅稱之為「**魏體楷隸**」。〔註104〕金農著名的漆書是如何形成的呢？以下試作分析。

圖 3-3-7 《王興之墓誌》　　　圖 3-3-8 《書王尚書古歡錄冊二》

《書王尚書古歡錄冊二》取自《中國書法家全集·金農》范正紅稱為魏體楷隸。

1. 魏體楷隸分析

早期隸書由漢碑而來，漸加入魏體楷書，發展為魏體楷隸如《書王尚書古歡錄冊二》，是漆書發展的前奏。茲將早期作品中的「魏體楷隸」作一分析。

（1）用筆：橫豎粗細均勻，橫畫下筆近於楷書，撇捺含蓄，掠筆不用倒薤筆法。金農以魏體正楷入隸，塑造自己獨特的風格。

〔註104〕《王興之夫婦墓誌》文革前出土於南京。范正紅著《中國書法全集·金農》，頁141。

（2）結字：易扁為方，並多用楷書結體。重複出現的字，不求變化，有意雷同。

（3）墨法：追求統一而無變化，基本上沒有濃淡乾溼的變化。

（4）風格：減去華彩，讓人感覺在刻意追求平板單調。

金農的魏體楷隸，有如《王興之墓誌》，而當時《王興之墓誌》尚未出土（1965 年出土），讓人驚訝金農的創造力，可視為漆書發展的前奏。

值得一提的是王興之墓誌出土，引發〈蘭亭序〉真偽的論辯，1965 年 6 月，郭沫若發表從《王謝墓誌出土論〈蘭亭序〉的真偽》一文，郭推斷〈蘭亭序〉乃是一贋品。高二適不以為然，寫了《〈蘭亭序〉的真偽駁議》。雙方各有立場，爭論不下，此問題若以侯開嘉新的書法史觀，把書法發展分官書、俗書兩條路線來解釋，官書較為端莊隆重，尤其碑刻更是如此，而民間俗書，講求運用方便流利，待流行普遍，官方則認可這種字體而成官書。以此觀點即可說明，同時代的《王興之墓誌》與〈蘭亭序〉，何以面貌會差別如此大了。

2. 早期漆書分析

金農融漢碑於諸體書中，可稱之為碑學理論的先行者。隸書保持基本風格的同時開始逐漸變化，橫畫多平直而行，撇法露出早年「倒薤」特徵。

金農最早「漆書」〔註 105〕作品 1738 年五十二歲作《司馬光佚事軸》。1740 年 54 歲作《漆書周伯琦傳記六條屏》，結字一改平時所寫隸書的扁結體，開始向長結體發展，如「蜀、嵩、香」，字型也開始方整化，已呈漆書的一些格局，但用筆尚見乾溼濃淡，仍具隸書波磔之意，是傳統隸書過渡到漆書的作品。

金農五十歲前學碑成功，又重新創造新範式，就是其獨創的「漆書」。金農的各體書法中，最能體現其個性的莫過於漆書，是隸書的一種變體，其淵源來自於隸書。金農於乾隆十五年八月遊京師，十月南歸，往山東曲阜謁孔廟，作一長歌，內有詩句云：「隸學勿絕用乃亨。」〔註 106〕意即隸書的學習不可間斷，在應用時自可亨順通達。的確隸書上承篆籀，下啟楷行，於用筆

〔註 105〕漆書一詞唐張懷瓘《書斷》已有言之。金農朋友弟子以八分稱之，最早以漆書稱金農書法者為楊峴《在遲鴻軒所見書畫錄》寫道：金農……工分隸、漆書，精繪事，具金石氣，不肯寄人籬下。

〔註 106〕蕭燕翼〈金農的書畫藝術・金冬心詠古柏〉：長詩中有「吾欲手寫承熹平，字畫端謹矯俗獰。隸學勿絕用乃亨，刻石嵌壁開暗盲。」句。收錄於齊淵《金農書畫編年圖目》（人民美術出版社），頁 12。

方面，居關鍵之地位。金農的一生，在書法上，可說在實踐自己對隸書的認知。劉恆云：

> 中年以後又師《天發神讖碑》，取其點畫方嚴，結體凝重之致。五十
> 歲以後進一步強化個人特點，用扁筆側鋒，橫畫寬厚，豎筆瘦削，
> 形成強烈對比，字形則變方扁為豎長，且上部緊密，拉長撇畫，又
> 喜用濃墨渴筆，古穆蒼厚，別開生面，並號稱為「漆書」。〔註107〕

劉恆此段文字把「漆書」取法淵源與漆書特色，明白道出。漆書由形成到完善是經過了一個緩慢的時段。

金農漆書發展有不同風貌，五十二歲作《司馬光佚事軸》為早期漆書，六十五歲所作《童蒙八章橫幅》可謂漆書典型化的代表，而七十以後晚期的《相鶴經四屏》（渴筆八分）可謂漆書臻於完善的力作。此三幅是漆書風格三階段作品風貌。

圖 3-3-9 《司馬光佚事軸》

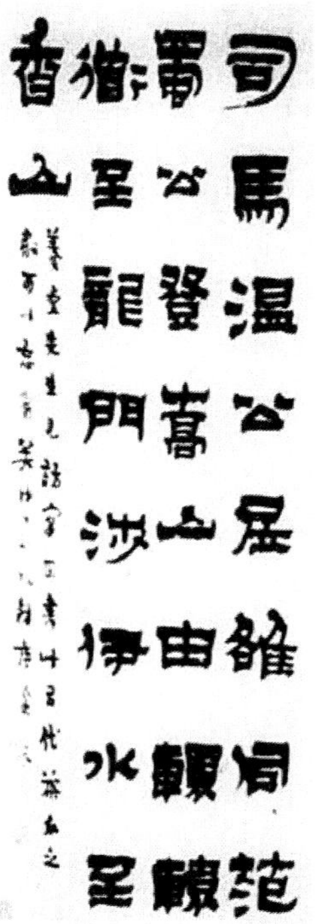

取自齊淵金農書畫編年圖目，台灣蘭千
山館收藏。尺幅：95.5cm×31.5cm。

〔註107〕劉恒《中國書法史·清代卷》，頁 141。

圖 3-3-10　《漆書周伯琦傳記六條屏》

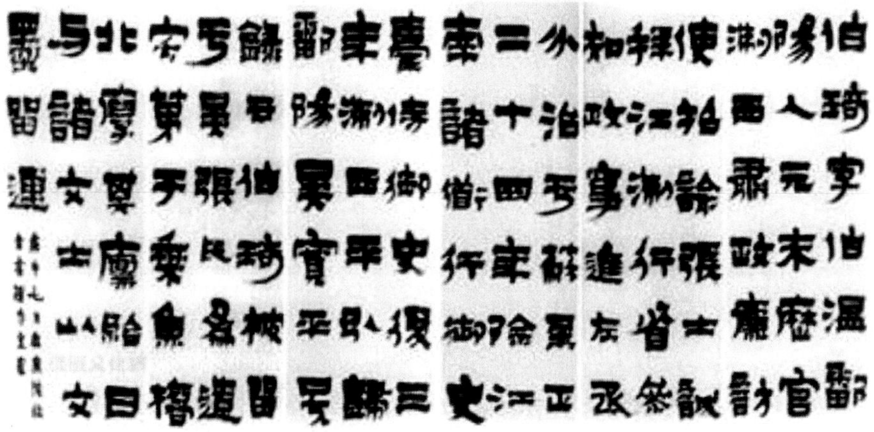

《漆書周伯琦傳記六條屏》取自齊淵金農書畫編年圖目，上海朵雲軒收藏。

尺幅：67cm×22cm×6。

3. 漆書《童蒙八章》分析

《童蒙八章》是典型漆書作品，作品題乾隆十六年，時金農六十五歲，是書法創作旺盛期。以下就《童蒙八章》作品作分析。

圖 3-3-11　《童蒙八章漆書》

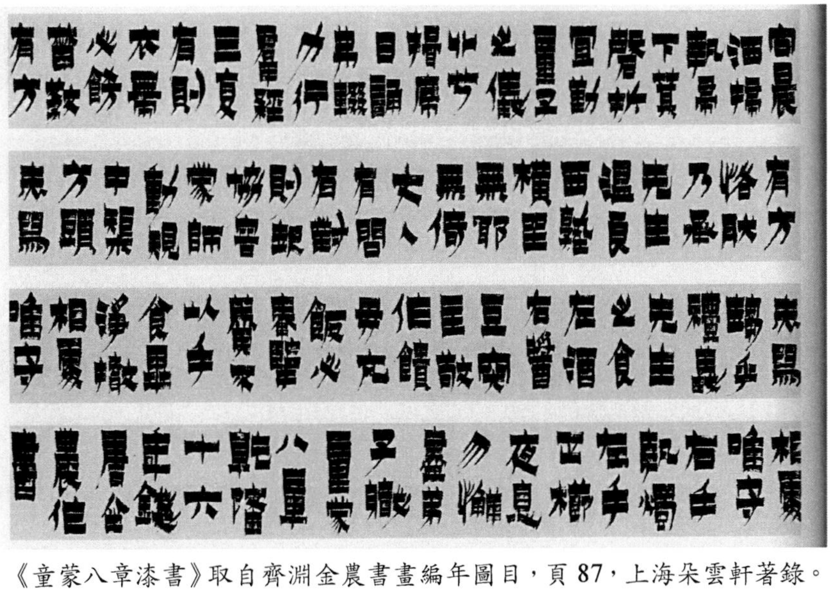

《童蒙八章漆書》取自齊淵金農書畫編年圖目，頁 87，上海朵雲軒著錄。

尺幅：32.5cm×935cm。

（1）用筆：用筆表現在扁平方切中更求渾厚，橫畫間不厭其緊密，造成濃重黑的塊面，而使字中筆畫間的空際（白）顯得十分珍貴，且字

與字間的大塊面的白，形成強烈對比。倒薤筆法的長長拖出及尖尖收筆，正是最搶眼的視覺特徵。

（2）用墨：濃墨厚重的用墨法，將一種古拙的意趣，應用於書法創作中，因而使其書拙中見巧，拙而愈巧，造就完美而獨特的冬心漆書風格。

（3）結體：結字線條厚實，用倒薤露鋒輕靈來平衡補救。漆書是篆字結體，而隸書的用筆。將字形直立起來，為長方形，顯得上重下輕、上實下虛。

（4）章法：一般漆書行距緊，字距寬仍為原法。此件橫幅則字距行距相近。橫粗豎細、倒薤露鋒是其特色又以細長而尖銳的撇、勾筆畫的形態，以及各種筆畫的起筆落鋒處和收筆出鋒處的尖利筆鋒出入形態，起著變化與提神的妙用。

近代西方美學，對造型藝術有較深入的研究。而清初的金農所創造的漆書，在造形方面，卻符合近代美學思想的造型，實在令人驚訝。劉家華說：

> 金農書風最具特色的是漆書，其運用扁筆，側鋒澀進之筆法，成功
> 表現寬而扁平、橫粗豎細的線條，類似現代藝術中的塊面。利用疊
> 置寬而扁平的線條為基調，造成字型大小、長短、方扁的強烈反差，
> 「反叛」傳統分隸書趨於方、扁一致的造型。……巧妙設計出「計
> 白當黑」的視覺美感。利用點線與空白、字與行列間「圖地反轉」
> 的互換關係，建構作品中收放、動靜、虛實、凹凸、前後等張力，
> 而產生躍動感，時間加上圖形、背景形成前、後交換的三度空間，
> 產生了四度空間；這也是現代繪畫造型的主要特色。〔註108〕

金農書法具有「計白當黑」、「圖地反轉」的現代藝術造型效果。金農在空間與線條，各自構成對比，結字造成整幅作品一個個塊面在遊離。有些字上中部寬博緊逼與下部的虛擬烘托，虛實對比更增強塊面凝重厚實的空間視覺效果。

金農的漆書，非常獨特，橫畫側鋒以臥筆刷掃，豎畫及倒薤長撇皆出中鋒，省略波挑。不論用筆、用墨、線條、造形都顯得奇，奇就是一種創新。保守者視之為怪。其實它是深入傳統而不囿於傳統，功力是基礎，「奇」是創新的結果。

由分析可知，金農漆書橫畫的誇張性和倒薤式的露鋒筆痕，使厚重與輕

〔註108〕劉家華〈金農書法風格研究〉國立新竹教育大學，美勞教育系碩士論文（2004年1月）。

靈，飄逸與古拙相間而散發勃勃生機。隸書八分圓潤、含蓄的用筆，被平直的刷掃所代替，橫畫扁粗，倒薤露鋒隨處可見，成為全篇普遍而突出的特徵。

（三）晚期作品

金農六十五歲之後漆書已臻典型，表現完整的創作風貌。往後的十餘年隨著歲月增長，風格趨於蒼茫厚重。七十歲後所作《相鶴經軸》，表現更加完善，金農對自己此時期作品，稱「渴筆八分」。以下針對渴筆八分作說明與分析。

圖 3-3-12　《相鶴經四屏》

取自浙江省博物館藏書畫精品選，頁 31。尺幅：194.8cm×58.8cm×4。

1. 渴筆八分說明

七十以後自言，始創渴筆八分，自認前無古人。金農在雍正十二年（1734年）為郘陽褚陵作《飛白歌》：「我聞飛白人罕習，漢世須辨俗所為。用筆似帚卻非帚，轉折向背毋乖離。雪浪輕張仙鳥翼，銀機亂吐冰蠶絲。此中妙理君善解，變化極巧仿佛般與倕」〔註109〕金農晚年七十歲所作漆書受飛白書法的啟發而創渴筆八分。在《相鶴經四屏》的題記云：

> 余年七十始作渴筆八分。漢魏人無此法，唐、宋、元、明亦無此法
> 也。康熙間金陵鄭簠雖擅斯體，不可謂之渴筆八分也。若一時學鄭

─────────────────

〔註109〕《冬心集拾遺‧郘陽褚俊飛白歌》（當歸草堂刻本），頁 2。

　　籲者，更不可謂之渴筆八分也。乾隆戊寅六月七十二翁杭郡金農
　　記。〔註110〕

這是金農晚年變法的宣言，對照七十以前的隸書，渴筆八分可說對飛白用筆的
理解有突破，在題記中表明是前無古人的創造。用筆如帚刷、用墨以乾渴的飛
白來表現。晚年將漆書演為渴筆八分，是金農對飛白古法體驗在藝術上的表
現。渴筆八分與漆書相比，用筆拙澀，行筆中更多飛白。

　　2.《相鶴經四屏》（渴筆八分）作品分析

　　《相鶴經》是金農晚年渴筆八分的代表作，是其得意自信的作品。有《相
鶴經》四通屏，（七十二歲作，現藏浙江武陵博物館，有題記七十五字。）

　　金農自言七十以後始作「渴筆八分」世上所無，是其獨創。分析如下：

　　（1）用筆：用筆仍保持爽直、斬截的特徵，但更加拙澀，同時增添了蒼
　　　　　　勁與節奏。對飛白筆法有更深刻的體驗。用筆掃痕更見生澀，行筆
　　　　　　細緻波動，「倒薤筆法」更注意細致之外取勢，凝鍊更多於外露。

　　（2）用墨：渴筆八分，顧名思義用墨乾渴，加以飛白筆法，表現蒼勁精
　　　　　　神。

　　（3）章法：結體、章法仍與漆書一樣，橫粗豎細，表現方法一致。

　　總之，一個書家的可貴在找到屬於自己的創作形式，將濃渴之意融會於拖
掃斬截之中，完成渴筆八分的創造。渴筆八分歸納其特色有：渴筆飛白、用筆
拙澀、行筆細緻波動、「倒薤」細致凝鍊。

四、風格形成與評價

　　金農隸書，大抵可分傳統隸書風格與創新隸書風格兩類。早期為傳統風
格，加入魏體楷書以後的楷隸、漆書、渴筆八分都是創新風格。金農好奇怪
的個性，使其書法變化多端，不喜與人同。

　　金農隸書早期風格規整，筆畫沉厚樸實，其筆畫未送到而收鋒，結構嚴
密，多內斂之勢，而少外拓之姿，具有樸素簡潔風格。中期五十歲後，一變
而為橫畫粗、直畫細，左撇收筆尖銳，造就前所未有的孤高嚴峻的漆書風格，
其最大特色是隸書中兼有魏體楷書的體勢。金農七十歲以後的漆書用筆加入
飛白筆法，一樣爽直、斬截，但更加拙澀，橫畫粗細表現依舊，但行筆增加
細緻的波動。透過前、中、晚期作品，按時間先後排列，可窺風格變化過渡

〔註110〕浙江博物館藏金農漆書《相鶴經》屏題記（浙江博物館館藏精品），頁47～48。

樣貌。（金農作品前、中、晚期風格變化）。

圖 3-3-13 前、中、晚期風格變化圖

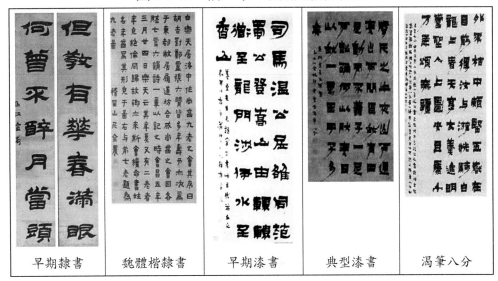

| 早期隸書 | 魏體楷隸書 | 早期漆書 | 典型漆書 | 渴筆八分 |

　　歸納金農隸書風格特色，前期樸素簡潔，中期孤高嚴峻，晚期拙澀蒼勁。金農隸書風格如何形成的呢？評價又是如何呢？以下針對風格形成與評價作探討。

（一）風格形成之因

　　金農漆書成為清代書道中興的領風騷者。陳振濂認為金農風格特色的形成有兩個因素，陳氏說：

> 一是世替風移，眾多的風格類型皆以為前賢所染指，要想在大家如林的夾縫中求生存，意料之中的變革顯然缺乏吸引力；而石破天驚的反叛卻能收一鳴驚人之效。二是金農嗜古成癖，以他那藝術家的偏激，再加上古拙的趣味，變生出出人意外的新形式也不足為怪。〔註111〕

陳振濂說眾多風格，前人均已涉獵，意料中的變革沒有吸引力，只有石破天驚才能一鳴驚人。這就須要過人的膽識，與深厚的學問基礎。此外嗜古成癖，及藝術家的偏激，是創造新形式的原因。這與金農好奇怪的個性頗為切合。金農的隸書神氣古穆，凝整厚重，極為稚拙、質樸。漆書風格獨特，前無古人。近人馬宗霍說：

> 冬心以拙為妍，以重為巧，似有得於《天發神讖》，然彼固不見妍巧

〔註111〕陳振濂《中國書畫品鑑》（中華書局，1997 年 4 月），頁 299。

也。以此知學古之難。〔註112〕

金農的隸書拙重的氣息是「以拙為妍，以重為巧」，而且妍巧的書風不下傳統「二王」。金農藝術風格孤峭狂怪，劉恆分析其風格形成的原因：

> 金農不僅文思敏捷，多才多藝，且言行舉止飄然不俗，性格疏放逋峭，時人多以迂怪目之。他本不打算以書畫為業，希望躋身仕途，然因舉薦博學宏辭科失敗，無奈才到揚州賣書畫為生。北京之行使他充滿了恥辱、怨恨、嘆悔、不甘心。一方面以草茅下士、林壑之懷自許清高，書畫落款中屢以舉薦博學宏辭作標榜炫耀，殘年還將詩編集，並作《擬進詩表》獻給皇帝以邀寵。這種矛盾性格對金農的藝術風格產生了深刻的影響。其孤峭狂怪的行為和創作取向，其實是尷尬心情的流露和外化〔註113〕。

劉恒從舉止飄然不俗，性格疏放逋峭，以言其怪。又從舉薦博學宏辭科失敗，無奈以賣書畫為生，書畫落款中屢以舉薦博學宏辭作標榜炫耀，並作《擬進詩表》獻給皇帝以邀寵的心理分析，認為其孤峭狂怪的行為和創作取向，其實是尷尬心情的流露和外化。

由以上三家所言，可概括金農風格形成的原因有：

（1）世替風移，只有石破天驚的變革才能一鳴驚人。

（2）個性偏激，嗜古成癖，再加上古拙的趣味。取法神讖，以拙為妍，以重為巧。

（3）性格疏放逋峭，又想求官的矛盾心理，其孤峭狂怪的創作，其實是尷尬心情的流露和外化。

（二）風格評價

關於金農的漆書，《藝舟雙楫》將其分書列為逸品上。〔註114〕所謂逸品是指楚調自歌，不謬風雅。向燊云：「書法天發神讖，楷隸古茂淵懿，冠絕一時。」〔註115〕林進忠說：

> 橫畫粗闊，豎畫細勁，結體中宮緊收，致由橫畫疊成的字形長短錯落，在規整中寓富虛實輕重韻律，雖略參天發神讖筆意，而與漢隸

〔註112〕馬宗霍著《書林藻鑑下冊・霋嶽樓筆談》，頁382。
〔註113〕劉恒著《中國書法史・清代卷》頁138～139。
〔註114〕黃簡《歷代書法論文選》，頁658。
〔註115〕馬宗霍著《書林藻鑑下冊・霋嶽樓筆談》，頁382。

> 古法異質，但揮運神氣暗合，流現造形設計巧思，兼得古拙趣韻，
>
> 滿溢文人情調。〔註116〕

漆書橫粗豎細對比強烈，黑白對比強烈，造形設計，具備強烈的視覺效果。無論點畫撇捺，筆筆都是方的。金農飽讀詩書，又具金石癖好，兼得古拙趣韻。至於滿溢文人情調。金農是詩人、書畫家、金石家、鑑賞家，其審美觀若與鄧石如相較，自然滿溢文人情調。蓋鄧石如較具庶民質實的風格。但若從金農「恥向書家作奴婢」的主張來看，金農書法的特徵是師碑，表現出不向文人書家取法的特徵。揚州八怪的崛起，正是與官方的正統有別，揚州八怪追求異趣，與書壇風行董趙不同，正反映審美觀念，接納了市民的審美意識。秦祖永《桐蔭論畫·金農》云：

> 襟懷高曠，目空無人，展其遺墨，別有一種奇古之氣，出人意表，
>
> 真大家筆墨也，前無古人，後無來者，吾於冬心先生信之矣。……
>
> 冬心翁漢隸，蒼古奇逸，魄力沉雄，純從漢魏金石中得來，晉唐以
>
> 下無此風骨。〔註117〕

秦祖永評論金農隸書稱「蒼古奇逸，魄力沉雄」，晉唐以下無此風骨。推崇為前無古人，後無來者。前無古人，金農當之無愧，後無來者則未免誇大。

五、新變成就

金農書法，楊守敬云：「冬心分隸，不受前人束縛，自闢蹊徑。」〔註118〕黃惇概括金農變革特徵有三：

> 其一表現為師碑的特徵。其二表現為向非文人書法家取法的指向特
>
> 徵。其三表現為創造新書法審美形象的特徵。〔註119〕

金農之變，首先表現為先學習傳統而後尋自我。其書法作品，寓巧於拙，格調高古，筆筆從漢隸中來。融漢隸於各種書體，表現多樣的創造成就，其書法新變體現在以下幾項。

〔註116〕林進忠著《隸書》（台北：國立台灣藝術教育館，1997 年 4 月初版），頁 102。

〔註117〕朱玄《冬心評傳·秦祖永·桐蔭論畫》，（台北：正中書局，1981 年 1 月），頁 99。

〔註118〕馬宗霍著《書林藻鑑下冊·霋嶽樓筆談》，頁 382。

〔註119〕黃惇〈金農書法評傳〉載於《中國書法全集·金農、鄭燮卷》（北京：榮寶齋出版社，1997 年版）

1. 碑學理論的先行者

金農在清代帖學盛行時，勇於開創、自闢蹊徑，如果說鄭簠寫漢碑加以草法，與元明人拉開了距離。那金農的漆書、渴筆八分則探索了清人隸書追求的金石氣，是碑學理論的先行者。作品表現師碑的特徵，其變體隸書（漆書）是碑學打破帖學壟斷、轉變的典型代表。提出「恥向書家作奴婢，華山片石是吾師。」不學書家書法，如從宋高僧寫經取法，向民間俗工所書飛白取法。他以己意臨摹華山碑變形，再以變形為基礎再變形。創造出多種書體。金農大膽改革，銳意進取，而成就一代大家。

2. 融魏楷入隸

以魏體正楷入隸，結體變扁為長，用筆由圓轉方，此正金農書法的新變，完成隸書的獨特風格。稍晚的隸書，筆劃粗細幾近一致，字形一改隸書的扁方，趨於豎向瘦長，與東晉《王興之夫婦墓誌》近似，范正紅稱之為「魏體隸書」。

3. 獨創漆書、渴筆八分

金農獨創的「漆書」與二百年以後才出土的漢代詔書、木牘在橫粗豎細、字形瘦長等特點上完全一致。他在藝術上敏銳的領悟力、創造力以及過人的膽識可見一斑。可謂「向前印證一千年，向後昭示二百年」〔註120〕，其筆法之特色有禿筆、側鋒、用濃墨似以漆刷作書一般；筆畫趨方，多有稜角。漆書字形由扁方轉為修長，是其早年隸書體之變革。晚年渴筆八分，在漆書的基礎上，用筆拙澀、飛白行筆細緻波動、「倒薤」細致凝鍊。

4. 獨特的倒薤筆法

金農早期即使用「倒薤筆法」，或受《天發神讖》啟示，是他獨具特色的筆法。可以調節漆書的厚重板滯，使具空靈效果。從年輕到晚年都在作品中出現過倒薤筆法，可見是其有意作為風格特徵表現的結果。

總之：金農以「拙」、「怪」取勝，最大的創造表現在「漆書」上。楊峴贊譽具有「金石氣」。金農所創造的漆書、渴筆八分，用筆、用墨，造型奇特，空間黑白、橫粗豎細，視覺對比強烈。他選擇別人罕習的寫經體、飛白體，不取法歷代名家法書，不受前人束縛，以自闢蹊徑的獨立精神，逐漸形成個性強烈而又獨特的藝術風格。讓人見到漆書就想到金農，提到金農就想到漆書。

〔註120〕張致苾《金農書法研究》（中興大學中文系 92 年碩士論文）摘要。

第四章　清代中期篆隸名家風格新變

　　清中期為書法的中興期，是書法史上居主流的帖派轉向碑派的過渡期。學術上，考據學風興起，重視文字學的研究，學者研究《說文》，小學既昌，寫小篆成為書壇主流，這是乾嘉學術的特色。此時期篆書創作，較著名者有鄧石如、錢坫、洪亮吉、孫星衍等人。隸書創作較著者稱「乾嘉八隸」，乾嘉八隸是指翁方綱、黃易、伊秉綬、桂馥、錢大昕、鄧石如、陳鴻壽、張廷濟八人。篆、隸書家大抵先受學術界影響再投入秦漢碑版實踐，且與金石篆刻有關。此時古代的吉書、貞石、碑版大量出土，興起了金石學。阮元開起碑學理論而包世臣總結了書壇創作的經驗，大力宣揚碑學，鄧石如開創了碑學之宗。

　　清中期由於受初期文字獄的影響，考據學風興起，考據本為通經訓詁的手段，此時反而取代通經致用成為學術主流。考據訓詁導致小學興盛，小學又稱樸學，是研究文字形音義的學問，文字學是研治經典的基礎與小篆有關，金石學興盛，又與篆隸有關。

　　清代篆書在乾嘉時期，伴隨金石學、文字學而展開，篆書創作與學術風氣緊密結合，擅玉筯篆者，不勝枚舉，有規範嚴謹的特徵，要求以《說文》及篆法的正確無誤為主。如江聲、段玉裁、桂馥、張惠言、沈鳳、董邦達、江由敦等皆以小篆著名。小篆之餘又從大篆中找尋幫助，這時期篆書的面貌，基本上擺脫了秦篆的束縛。鄧石如是此一時期開創篆書新里程碑的人物，在他之後寫篆書的人，無不受他影響。

　　阮元書論《南北書派論》與《北碑南帖論》的出現，在書法史上有劃時代的意義，對碑學興起有首倡之功，宣告了清代碑學理論的成熟和確立。《南北

書派論》云：「書法遷變，流派混淆，非溯其源，曷返於古？」〔註1〕包世臣的《藝舟雙楫》其內容主要為揚碑抑帖，稱北碑導源於分篆，將鄧石如推為國朝第一。揭示當代名家的筆法秘訣。論書提出以不失篆分遺意為上。包氏於碑學的提倡有推波助瀾之效。

阮元的南北二論，強調北派中原古法，厚重端嚴，是碑學美學思想的發端。包世臣推崇北碑，導源篆分，極意波發，力求跌宕。包世臣說：「北朝人書，落筆峻而結體莊和，行墨澀而取勢排宕。」〔註2〕這些觀念是嶄新的碑學美學觀念，在書史上有其價值地位。

清代學者，學術研究指向古典，尤重漢隸的研究，如顧炎武的《金石文字記》、萬經的《分隸偶存》、桂馥的《說隸》、《國朝隸品》、翁方綱的《兩漢金石記》等。

清隸的強勁發展，是碑學發展的先導。碑學的興起主要有兩個因素：一項是社會環境因素，另一項是書法本身發展的規律。從社會狀況來看，清初政治因素，讀書人為避文字獄，把自己的精力移入金石考據領域。從書法本身發展的規律來看，碑學興起乃乘帖學之壞，與金石學興盛。

清中期篆書，鄧石如以漢碑額作篆，以隸作篆，開千年以來學篆之風潮，極具特色。而錢坫、洪亮吉、孫星衍之小篆，三人中除錢坫因融入金文稍具特色外，風格與王澍相近，屬玉筋篆系統，不具新變意義，故不列入研究對象，僅概略論述。

清中期隸書家有翁方綱、黃易、伊秉綬、桂馥、錢大昕、鄧石如、陳鴻壽、張廷濟等稱「乾嘉八隸」。其中堪稱大家的只有桂馥、鄧石如、伊秉綬三人，桂馥隸書直接漢人，具儒家風格特色。鄧石如從漢碑額變化縱橫自成一家，開啟學篆風潮。伊秉綬隸書，愈大愈佳，集分書之大成。陳鴻壽隸書取法摩崖、造形奇特，風格簡古超逸。故此四人列為研究對象，探討清中期篆隸風格新變。

總之，清代中期篆隸書家對傳統篆隸書進行研究，將篆刻研究移到篆隸的實踐中，從而使書法具有金石味，以豐富篆隸書的表現力。重視對個性的追求，通過不同的途徑與方法，創作出不同特色的作品，從而大大提高了清代篆隸的藝術表現力。

〔註1〕阮元〈南北書派論〉收錄於黃簡《歷代書法論文選》，頁629。
〔註2〕包世臣《藝舟雙楫·歷下筆談》收於《崔爾平歷代論文選》，頁653。

第一節 精通經學、說文的桂馥

清中期隸書稱「乾嘉八隸」，八家中最著者為桂馥、鄧石如、伊秉綬三家。桂馥以治文字、金石學聞名，著作甚多。尤以隸書著稱，其隸書方嚴厚重、醇古樸茂。桂馥隸書擺脫清初隸書波挑和詭異的現象，技法上平實質樸，被當時人肯定為直接漢人的典範。張維屏《松軒隨筆》:「百餘年來，論天下八分書，推桂未谷為第一。」〔註3〕的評價。本節將從其生平、學書歷程、作品分析、風格特色，探討其新變之處。

一、桂馥生平

桂馥（1736～1805）字冬卉，號未谷，又號雪門，別號蕭然山外史。山東曲阜人。清乾隆五十五年進士（1790），桂馥任雲南永平知縣。著《說文系統圖》、《繆篆分韻》、《續篆刻三十五舉》、《說文義證五十卷》、《劄樸十卷》、《晚學集八卷》、《國朝隸品》、《未谷詩集四卷》、《後四聲猿》等。桂馥是位勤於著述的學者，是乾、嘉年間傑出的經學大師、訓詁學家、文字學大師，能畫山水、善篆刻，對碑版考證極有見解。治學外，致力書法，主要是隸書。

桂馥晚年命運坎坷，其同年進士蔣祥墀《桂君未谷傳》云:「未谷以宿儒積學，晚而僅得一仕，仕僅十年，未竟其用，而名滿天下。識與不識，聞未谷之卒而痛之哀之。」〔註4〕桂馥六十一歲始獲任雲南永平縣知縣，遠離學術中心的苦悶，缺乏親情友情的關懷，內心失望，在藉酒澆愁中品味失敗、困頓、漂泊的人生。其同鄉後輩孔憲彝云:「君以積學晚達，遠宦邊徼，不獲大伸其志而卒。」〔註5〕嘉慶十年卒於官，享年七十歲。

（一）交友

1. 阮元（1764～1849）有清代金石學復興第一人之稱。阮元遊歷山，所撰《歷山銘》，即由桂馥所書。桂馥所著《晚學集》其序即阮元所作。桂馥自謂所學者晚，未能治全經，成一家之說。阮元序曰:「士人所學，苟一日見根柢，何晚之有？」〔註6〕有〈上阮中丞書〉內容為討論說文、訓詁、考證之事，足見兩人交情匪淺。

〔註3〕劉恆《中國書法史·清代卷·張維屏松軒隨筆》，頁169。
〔註4〕桂馥《晚學集·天門蔣祥墀·桂君未谷傳》（北京:中華書局，1985年1版），頁1。
〔註5〕孔憲彝《韓齋文集卷四·永平縣知縣桂君未谷墓表》（咸豐刻本）。
〔註6〕桂馥《晚學集·阮元序》（北京:中華書局，1985年1版），頁1。

2. 翁方綱（1733〜1818）乾嘉八隸之一，著有《兩漢金石記》是桂馥討論金石的學友。桂馥著《續三十五舉》，翁方綱序云：「曲阜桂未谷精研六書，嘗舉所說摹印條件如元吾子行之數，題曰續，志原始也。志其始，故不復云舉也。續其舉故引說無例也。」〔註7〕翁方綱有致桂馥手劄十一件，內容有討論印章、說文系統圖、碑帖題跋、拓碑等。〔註8〕

3. 周永年（1730〜1791）（字書昌）濟南歷城人。桂馥與之開借書園，聚古今書籍十萬卷，供人閱覽傳鈔，以廣流傳。此構想創下私人舉辦公共圖書館之先河。桂馥中進士前曾協助濟南籍學者周永年參與《四庫全書》的編纂，考證出古歷下亭舊址在五龍潭一側，並於此修築潭西精舍。桂馥《晚學集卷七·周先生傳》云：「先生於衣服、飲食、聲色玩好一不問，但喜買書，……凡積五萬卷。」〔註9〕桂馥於文末稱周先生刊落華藻，獨含內美，學思堅明，識解朗悟。

4. 丁傑（1738〜1807）字小雅，丁傑長於考據、校勘之學。桂馥《晚學集卷六·與丁小雅教授書》內容為討論訓詁問題。

總之，桂馥友人甚多，僅舉《繆篆分韻》一書的出版而言，賴友人資助甚多。蘇厄園助其排類，聞瑛夢禪居士編錄，沈向齋、黃小香、陳明軒、沈二香、劉松嵐、江秋史、司馬達甫出金助刻，陳仲魚繕寫，焦綠軒釋文，芝山取付旌德李生刻板。由以上亦可知桂馥之為人深得友朋愛戴。

（二）治學

桂馥《晚學集》云：「余童幼失學，長無師資，及聞先進之論，已過知非之年，一經未通，雖悔何及？殷鑒不遠，敢告來茲。」〔註10〕桂馥上阮學使（元）書云：

> 自束髮從師，授以高頭講章，雜家帖括〔註11〕，雖勉強成誦，非性所
> 近，既補諸生，遂決然舍去，取唐以來文集、說部氾濫讀之，十年不
> 休。三十後與士大夫游，出應鄉舉，接談對策，意氣自豪。〔註12〕

桂馥幼承家學，三十以前，過著率性的生活。自束髮從師，授以高頭講章（指經典）來看，其「余童幼失學，長無師資」，並非事實，當指未專心治經而言。

〔註7〕翁方綱序〈桂馥續三十五舉〉收錄於《書譜總第 68 期·1986 年第一期》，頁 10。
〔註8〕見翁方綱題跋手箚集錄 555〜556 頁第 9〜19 箚。
〔註9〕桂馥《晚學集卷七·周先生傳》（北京：中華書局，1985 年 1 版），頁 201〜203。
〔註10〕桂馥《晚學集·卷一·惜才論》，（北京：中華書局出版 1985 年新 1 版），頁 2。
〔註11〕帖括即科舉考試之參考書猶如今之高考指南。
〔註12〕桂馥《晚學集·上阮學使書》（北京：中華書局，1985 年 1 版），頁 165。

三十後專心從事學術研究後，前所讀書又決然捨去。主要是研究經學與小學。

　　桂馥年輕時不喜高頭講章、帖括之學，遂不治經，認與性向不合，三十歲前喜唐集說部，意氣自豪，直到周書昌（永年）嘲以涉獵萬卷，不如專精一藝。桂馥因此才潛心小學，學問刻苦。翁方綱、阮元于其金石考據之學，極推之。

　　其〈惜才論〉云：「讀書莫要於治經，才盡於經，才不虛生。……凡人胸中不可無主，有主則客有所歸。岱宗之下，諸峰羅列而有嶽為之主，則群山萬壑皆歸統攝，猶六藝之統攝百家也。」〔註13〕這種治學眼光是深有見地的，近人馬一浮有「論六藝該攝一切學術」與「論六藝統攝於一心」〔註14〕之說，均有會於讀書治經的重要。六藝該攝一切學術，即六藝統諸子；六藝統四部。六藝統攝於一心，即六藝本是吾人性分內所具有的事，是吾人性德中自然流出的。讀書治經即可統攝百家，而不虛此生。

　　桂馥說：「士不通經，不足致用，而訓詁不明，不足以通經。」〔註15〕故他遍讀經書典籍四十餘載，幾近每日必取許慎《說文解字》與諸經之義相疏證，曾著有《說文義證》五十卷，此書窮究根柢，為一生精力所在。《清史稿》云：

> 馥與段玉裁生同時，同治說文，學者以桂、段並稱，而兩人兩不相見，書亦未見，亦異事也。蓋段氏之書，聲義兼明，而尤邃於聲；桂氏之書，聲義並及，而尤博於義。〔註16〕

桂、段兩人同為文字學家，兩人兩不相見，書亦未見，真奇事也。兩相比較，段氏邃於聲，桂氏博於義，各有千秋。桂馥工篆刻。尤潛心于文字、金石之學。當時與段玉裁相齊名，學者以「桂、段」並稱。繼著《說文諧聲譜考證》，欲與《說文義證》並行，惜後來散佚較多。又請著名畫家羅聘繪《說文系統第一圖》刻于石。此圖內容繪許慎以下至二徐、元吾丘衍等人。為乾嘉樸學中頗有成就的學者。清代說文學最具有代表性的，便是段玉裁、桂馥、王筠、朱駿聲四大家。張舜徽《清人文集別錄·晚學集》云：

> 觀馥研精許學，所以大過人者有二。一曰讀群經至熟也。馥嘗言三十歲後，遇周永年、戴震諸人，勸之專精經傳，取注疏讀之。乃知萬事皆本於經。又謂學者必盡其才於經，而後才不虛生。此皆自道

〔註13〕桂馥《晚學集卷一·惜才論》，頁1。
〔註14〕馬一浮《馬一浮集第一冊·泰和會語》（浙江：古籍出版社，1996年10月1版），頁12～18。
〔註15〕《清史稿校註·列傳二百六十八·儒林二》，頁11070。
〔註16〕《清史稿校註·列傳二百六十八·儒林二》，頁11070。

其平生得力處。故其疏釋說文。融會群經，力窮根柢，援引浩博，
而條理秩然。為諸家所不能及。二曰用玉篇、廣韻校許書至仔細也。
清儒取篇、韻校許書，實自馥始。〔註17〕

清儒致力許學者，論功力之深，當推桂馥為首。用玉篇、廣韻校許書，此即
考據學全盛時返後漢而復於前漢。桂馥認為學者必盡其才於經，才不虛生。
一生用力於許慎《說文》，以四十年的功力著成此書，精於考證碑版，以分隸
篆刻擅名，是中國書法史上著名的隸書家。

二、學書歷程

桂馥是山東曲阜人，未聞其書法師承何人，孔廟中許多漢碑從小耳濡目染，
其漢隸雅負盛名，與當時伊秉綬齊名。梁章鉅《退庵隨筆》云：「墨卿能拓漢隸
而大之，愈大愈壯；未谷能縮漢隸而小之，愈小愈精。」〔註18〕寫隸要有千巖
萬壑奔赴腕底氣象。隸書愈大愈壯，此須腕力足夠方能寫得耐看，而隸書小字
難寫，除須筆力外，更須專注精神。桂馥云：「一枝沉醉羊毫筆，寫遍人間兩漢
碑。不遇中郎識焦尾，白頭心力有誰知。」〔註19〕桂馥自道學書歷程的艱苦。
其著作《國朝隸品》對時人隸書頗不以為然，充分展現自己對隸書的自信，而
這自信來自於寫遍人間兩漢碑。桂馥《晚學集‧說隸》：

作隸不明篆體，則不能知變通之意；不多見碑版，則不能知其增減
假借之意；隸之初變乎篆也，尚近於篆，既而一變再變，若兒孫之
於鼻祖矣。又若水之同源異派矣。又如酒之脫卻米形矣。〔註20〕

作隸不明篆體，則不能知通變，隸之初變乎篆，既而一變再變，脫卻篆形。
生於山東曲阜的桂馥，眾多的漢碑使他的書法具有得天獨厚的滋養。王冬齡
說：「看他的作品主要是力學《禮器》、《乙瑛》、《史晨》等漢隸中工整典雅
的作品。」〔註21〕書家對結構、筆力駕馭之非凡實力以及心手高度之默契，
讓人歎為觀止，讀來如清風拂面、神清氣爽。桂馥是著名的考據家、小學家，
他學隸書別有會心，梅鶯華說：

〔註17〕張舜徽《清人文集別錄‧晚學集‧道光刻本》（台北：明文書局，1982年2月
初版），頁230。

〔註18〕梁章鉅《退庵隨筆卷二十二》收於續修四庫全書‧子部雜家類。頁457。

〔註19〕馬宗霍《書林紀事卷二》（北京：文物出版社，2003年12月2刷），頁93。

〔註20〕桂馥《晚學集卷二‧說隸》，（北京：中華書局出版，1985年新1版），頁46。

〔註21〕王冬齡《清代隸書要論》（上海書畫出版社，2003年12月1版），頁38。

他不僅在兩漢碑刻上用功，還溯源於古鏡鼎文和參考古銅印，一爐
共冶的創造出他自己的隸書，寫的方整雄厚，確有一種盎然古
意。……與墨卿比較，平心而論，各有獨到，墨卿擅長大隸，擴之
使大，愈大愈好，而未谷擅長小隸，縮之使小，愈小愈精。〔註22〕

桂馥的隸書表現更多的是學者書家的理智和謹嚴，筆墨技巧應規入矩，結字
工穩平實，因而亦難免有失生氣靈動、缺乏情感色彩與鮮活的個性特質。但
他的書法藝術長期浸淫於漢碑，可謂盡得漢隸風神之典範，於後學者無不啟
迪。尤其是對當今急功近利的學書心態與浮躁之氣，不失為一劑清心良藥。

三、作品分析

　　桂馥隸書作品，僅少數有署創作年款，較難以時間分期。筆者以風格區
分，將其分為兩類：一類是典雅敦厚。如《劍氣、書香五言聯》、《奇石、好
花五言聯》。一類是雄強剛勁。如《歷山銘》、《文心雕龍語軸》、《贈明也大兄
詩軸》、《隸書橫幅》、《語摘中堂》、《制從、詩到聯》、《六言對聯》。茲針對以
上作品做分析。

（一）典雅敦厚風格

　　此類作品有《劍氣、書香五言聯》、《奇石、好花五言聯》兩件。

圖 4-1-1　《劍氣書香五言聯》　　　　圖 4-1-2　《奇石好花五言聯》

取自日本《書道全集》（二十一）尺幅：　　取自日本《書道全集》（二十四）。
82cm×19.3cm×2。　　　　　　　　　　　未註明尺寸。

〔註22〕《書譜第三卷之三・總第十六期・梅蕚華・乾嘉八隸》，頁51。

1.《劍氣、書香五言聯》分析

此聯句甚雅，意即劍的光芒是出自劍本身的材質，不是月光的照耀。書香從書中而來，非藉花而香。取材優美，配以筆墨功夫，作品自是相得益彰。書法以筆墨線條為形式，通過用筆、用墨完成的線條，表達書寫者的喜怒哀樂，體現書法家的匠心追求。

此作用筆圓渾，橫畫穩健，豎畫凝重，結體方整，結體是漢字表意的主要方式。文字的造型結體代表了一個人的風格面貌。如瘦長型表高貴，高貴則難以親近，寬扁型表大方，大方則易庸俗。桂馥結體方整，從而可知深受儒家方正典雅思想的影響。章法的節奏是靠墨的枯濕、濃淡、明暗變化與線條粗細、大小、曲直、敧正來調適展現。桂馥大的造型原則不變（正），而在細部求變（險），以破板刻。此幅篆書筆意甚濃，蘸墨似較濕潤些，然「氣、不」兩字筆畫間有飛白，破除重墨的壓抑感，全幅氣勢呼應。「關」字簡筆處理，「香」字增筆處理，出於篆書。桂馥說：「作隸不明篆體則不能知其變通之意。」〔註23〕經過增減處理，而使章法更為協調。風格顯得豐腴圓潤、篤實穩重，是典型儒家溫柔敦厚的風格。

2.《奇石、好花五言聯》分析

此件作品「大、古、開、四」等字，風格近似前件，然整體精神尤勝之。比較是很實用的研究方法，此《奇石好花五言聯》與《劍氣書香五言聯》透過比較，《劍氣、書香聯》顯得渾圓，此《奇石、好花五言聯》則方圓兼備，橫平豎直，結體依然穩健凝重，避免了濃墨重筆，左波右磔寫的輕盈灑脫，作品給人清新明快之感。周濟仁說：「古來以詩比書，以書喻詩，如果以詩風作比，桂馥的劍氣一聯好比杜詩，而奇石一聯好比李詩。」〔註24〕我們知道杜甫的詩風是沉鬱頓挫，李白的詩風是清新俊逸，透過比較聯想，意象更為鮮明清晰，雖同一人作品，風格有些微的變化，這是研究風格有趣的地方。筆情墨性皆以人的性情為本，而喜怒哀樂各有分數，此兩聯正可印證。本聯的落款，用行書，顯得極為流暢與正文和諧統一。

（二）雄強剛勁風格

此類風格有《歷山銘》、《文心雕龍語軸》、《贈明也大兄詩軸》、《隸書橫幅》、《語摘中堂》、《制從、詩到聯》、《六言對聯》等作品。

〔註23〕桂馥《晚學集·卷二說隸》，頁46。
〔註24〕劉正成編《中國書法鑑賞大辭典》，頁1186。

圖 4-1-3　《歷山銘》

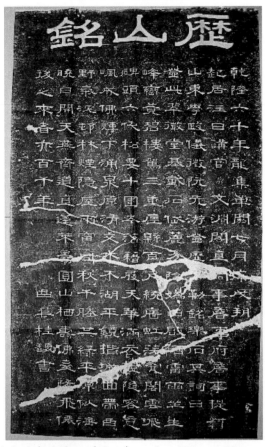

碑在山東千佛山（歷山）尺寸：115cm×53cm。
局部放大（郇起鴻攝）。

《歷山銘》原跡局部放大　　　　　　《歷山銘》重刻局部放大

局部「集」字比對，取自〈山東生活日報新聞 2011 年 9 月 20 日〉。

1.《歷山銘》分析

阮元任山東學政，一七九五年七月（乾隆六十年歲次乙卯）離任前遊歷山（千佛山），撰此銘文，文辭優美，氣勢恢宏。該銘文及落款共計 185 字，由桂馥書丹，桂馥時為六十歲，此碑用筆、結字、點畫、線條極似孔廟三碑中的禮器碑，惟較方硬規整些，堪稱桂馥隸書之代表作。

民國十九年，竇樂三隨父由桓台來濟南謀生，在寓所水邊淤泥中發現《歷山銘》刻石，《歷山銘》刻石從此長期作為竇家的茶几。一九八零年竇樂三捐出此碑，才重回千佛山。由於此碑「集」字的寫法不同，爆出官方所藏《歷山銘》為盜版的問題。〔註25〕千佛山現存《歷山銘》刻石集字之「木」無中間一豎，無中間一豎的隸書寫法，出自《楊震碑》，《楊震碑》「木」中無一豎，實乃因風化導致的破損。將殘損的字形錄入字書，是金石學的慣例。清乾嘉之季，金石考據成為風尚，桂馥作為精通文字的書法家，其所書《歷山銘》流露出字字有根據的精神，當不足為怪。

圖 4-1-4 《文心雕龍語軸》　　　　圖 4-1-5 《贈明也大兄詩軸》

取自《中國美術全集·書法篆刻 6》天津市博物館藏。尺幅：116.5cm×67.5cm。

刊於日本《明清書道圖說》未註明尺寸。

〔註25〕〈千佛山上的歷山銘失而復得〉（山東：生活日報新聞 sd.sdnews.com.cn）。2011年 9 月 20 日。

2.《文心雕龍語軸》分析

　　此作語出《文心雕龍・才略篇》，未署年月，惟落款書於潭西精舍，據此推斷為五十五歲以前作品。蓋桂馥於乾隆五十五年中進士，在此之前協助周永年從事《四庫全書》的編纂，當時築有潭西精舍。桂馥生長於曲阜，受正統儒學薰染，畢生治經，窮究小學。此作線條凝重、乾淨，富於裝飾趣味。用筆勁健更顯嚴謹而穩健，線條厚實，圓潤溫醇，結體工整，中宮緊密。技巧純熟，莊重豐茂，虛實韻律分明，顯出氣息淳古，樸茂之本色。曾印泉說：「他的線條始終是寫出來而不是流露出來的。」〔註26〕寫出來就帶有刻意性，流露出來則是隨意性、自然性。線條是書法藝術的語言，須有長短、起伏、剛柔、明暗、遲速、潤燥、強弱、虛實等對比的現象交替配合，才能悅人耳目、感人心智。這種交替配合所產生的效果，就是節奏感。此作行筆流暢平順，善用乾渴筆趣，用筆得東漢八分隸碑的表現要領。王潛剛《清人書評》云：

　　桂未谷隸書能得『樸實』二字，深於說文小學，又能以篆勢入隸，筆下無俗字訛體，則完白所不及。〔註27〕

　　此言道出桂馥書法風格為「樸實」，其深於《說文》，有尚古的情結，以篆勢入隸，此作虛實韻律分明，書法的節奏感，既存在於色彩（濃、淡、枯、潤、焦）之中，也表現于章法的疏密聚散、大小曲直之內，且無俗字訛體，是鄧完白所不及，亦說明桂馥精於《說文》的特色。

3.《贈明也大兄詩軸》分析

　　此隸書軸，署款嘉慶丙辰（1796年），桂馥時年六十一歲。桂馥寫盡人間兩漢碑，用筆樸實，圓中帶方，方中寓圓，撇振橫挑瘦勁有力；筆勢左右舒展，疏朗從容；結字嚴整開張，體勢多呈橫扁，於嚴整勻稱中見變化，有漢碑中雄強俊逸之貌。布白勻稱，字畫純古強健，表現學者的理智與嚴謹，線條應規入矩，風格典雅中顯平和，平實而雄厚。桂馥的隸書，歷來評價甚高，此作給人厚重大氣、端雅靜穆的感覺。

4.《語摘中堂》分析

　　《語摘中堂》此作未署年月，書宗法漢隸，體勢雄強勁健，運筆沉穩紮實，

〔註26〕曾印泉〈桂馥・文心雕龍語軸賞析〉收錄於劉正成《中國書法大辭典》，頁1184。

〔註27〕崔爾平《歷代書法論文選續編・王潛剛清人書評》，頁821。

結字扁方規整，風格厚重、樸拙、醇古，真可謂直接漢人。通篇字體工整，規整中有變化，在樸拙中蘊含秀逸，為桂馥分書中典型風格的優秀作品。從風格上而言，劍氣、奇石兩聯較顯溫柔敦厚，而此《語摘中堂》與《制從、詩到聯》之風格則顯得陽剛勁健。與《文心雕龍語軸》風格比較，較為成熟凝鍊，應為六十以後作品。

5.《制從、詩到聯》分析

此幅題跋者為宋葆淳（1748～1818），題跋內容為：「桂未谷分隸冠絕一時，至老年尤為超卓。雲谷二兄自粵東以劄來索，偶於友人處乞得此聯，蒼古精嚴，蓋六十以後書。余與未谷交近三十年，其所為書能暗中摸索得之，因識數語以寄，雲谷未可以無款而疑之也。嘉慶壬戌端午日宋葆淳。」〔註28〕廣東收藏家葉夢龍（雲谷）（1775～1832）千里信劄委託宋葆淳，欲得桂馥書法。宋葆淳得自友人，再轉贈葉夢龍。伊秉綬跋：「未谷以乾隆六十年謁選來都，館予寓齋，是年六十歲，癸亥歲，秉綬觀。」〔註29〕此作線條剛健有力，結構穩健、緊密、精嚴，用筆舒展，曲折運轉自如，兼古意盎然，意趣奇生。誠為晚年成熟之佳作。乾隆六十年，歲次乙卯，桂馥六十歲，而伊秉綬四十二歲。癸亥歲，伊秉綬觀。癸亥伊秉綬五十歲，已是嘉慶八年，桂馥卒於嘉慶十年，故為桂馥晚年之作。桂馥至都，館於伊家，亦可見兩人交情友好。

由以上作品分析，筆者對桂馥隸書特色，歸納如下。

（1）用筆：用筆嚴謹而穩健，採逆入平出法，線條厚實。

（2）結字：結體中宮緊密，結構純熟，莊重豐茂，秀雅蘊藉。

（3）章法：上下字距大，左右字距小，虛實韻律分明，合乎隸書章法。

（4）風格：隸書工穩淳樸，厚重古拙，整嚴潤健。

總之，桂馥隸書，由於治《說文》、《金石學》，書法審美趣味，具有濃厚的尚古情結。桂馥的隸書作品，筆者認為典雅風格者較具筆墨趣味。雄強剛勁風格的筆者認為《文心雕龍語軸》用筆勁健、使氣，較缺乏蘊藉外，大抵用筆樸實，結構開張，氣息高古，給人以厚重、大氣的感覺。

〔註28〕宋葆淳於桂馥作品中所寫題跋之文字。
〔註29〕伊秉綬題跋內容在作品右聯右下方。

圖 4-1-6　《語摘中堂》　　　　　　圖 4-1-7　《制從詩到聯》

故宮博物院藏。尺幅：84cm×41.5cm。　　取自網路搜尋。尺幅：169.5cm×33.5cm ×2。auction.artxun.com/paimai-205-1024 100.shtml（2012/04/21）。

四、風格特色評價

　　桂馥隸書風格特色如何形成的呢？其風格特色評價如何呢？

　　馬履泰（1746～1829）說：「未谷下筆特工八分，往往脫手輒為人持去。片紙隻字，人爭寶之，珍若拱璧。」〔註30〕由片紙隻字，人爭寶之，珍若拱璧，可知受時人喜愛之程度。姚元之（1773～1852）說：「六朝以後無隸書，桂未谷先生出，始直接秦漢。」〔註31〕此語稱讚桂馥超越六朝以來的隸書家，直接秦漢。梁章鉅（1775～1849）《退庵隨筆》云：「伊墨卿、桂未谷出，始遙接漢隸真傳。……未谷能縮漢隸而小之，愈小愈精。」〔註32〕伊墨卿隸書

〔註30〕《書畫世界・朱樂朋・論桂馥的書法成就》（2010 年 11 月號）一文。
〔註31〕洪亮吉《洪亮吉集》（北京：中華書局，2001 年），頁 265。
〔註32〕梁章鉅《退庵隨筆卷二十二》收於續修四庫全書・子部雜家類。頁 457。

愈大愈壯，桂馥隸書則愈小愈精，各有特色。張維屏（1780～1859）認為百餘年來，論天下八分書，推桂未谷為第一。藝術評價，見仁見智，在讀者反應論是可被接受的，但在今日看來，未免過譽。王筠（1784～1854）則說：「桂未谷與伊墨卿南北對峙。」〔註33〕桂馥山東人屬北，伊墨卿福建人屬南。楊翰（1812～1879）《息柯雜著》云：「未谷隸書醇古樸茂，直接漢人，零篇斷楮，直可作兩京碑碣觀。」〔註34〕楊翰推崇未谷隸書，風格醇古樸茂，達到漢隸的境界。由此可見前人對桂馥隸書的充分肯定。

沙孟海說：「他是個小學家，他的隸字，寫的方整，有些近朱彝尊，但比朱彝尊來得平實，來得雄厚。逸氣少一些，但所吸收的漢碑氣味，比朱多一些了。漢碑種類極多，他大約是出於《華山》、《婁壽》這幾種的。」〔註35〕沙孟海說大約出於《華山》、《婁壽》。王冬齡說：主要是力學《禮器》、《乙瑛》、《史晨》，筆者認為都不全面，倒是桂馥自言：「一枝沉醉羊毫筆，寫遍人間兩漢碑。」〔註36〕較符合事實。

曾印泉（1956～？）說：「與鄧、伊差距只在桂馥只知使氣，忘卻師心。一方面由於他生長在曲阜，接受了正統儒學薰染；一方面他畢生窮究小學，術業的習氣已固，環境和嗜好足以影響他的藝術風格。」〔註37〕使氣是任憑自己的志氣，師心是根據自己獨立思想而不拘成法。此言是說桂馥書法風格受儒家思想影響，習氣根深柢固，不能師心自用，力求變化。

陳振濂（1956～？）說：「金石家，不曾接受書法訓練，作書以學問功底為之，而於技巧、間架構築較生硬，缺乏藝術形式的蓄意處理。」〔註38〕桂馥以金石家、學者的身分，表現出理性、樸厚的漢碑風格氣味，雖功力深厚而較缺乏視覺形式的藝術處理。

桂馥的隸書，莊永固（1952～？）說：「方整沈厚、雍容華貴，具宗廟之美。他源自漢碑，從其筆意可窺探有《乙瑛碑》之儀態沖和、《華山碑》之形勢豐妍、《史晨碑》之圓渾含蓄、《孔宙碑》之風神宕逸，故其漢隸為時人所

〔註33〕王筠《清治堂文集》（濟南齊魯書社，1987），頁123。

〔註34〕馬宗霍《書林藻鑑・桂馥》，頁408。

〔註35〕沙孟海《近三百年書學》，頁47。

〔註36〕馬宗霍《書林紀事卷二》（北京：文物出版社，2003年12月2刷），頁93。

〔註37〕曾印泉〈桂馥・文心雕龍語軸賞析〉收錄於劉正成《中國書法大辭典》（旺文出版社），頁1184。

〔註38〕陳振濂《中國書畫篆刻品鑑・桂馥——金石書法的概念》，頁310。

重。」〔註39〕其風格厚重圓樸，古拙有力，在結體與用筆都深得東漢八分隸碑的表現要領，林進忠說：

> 他的隸書結體中宮緊密，線條厚實，虛實韻律分明，行筆流暢平順，
> 善用乾渴筆趣，兼得唐隸豐滿秀麗形姿。〔註40〕

桂馥的隸書結體近扁與用筆方中寓圓，布白疏朗勻稱，具有漢隸特色，有漢碑額體勢兼唐隸的豐滿秀麗。王冬齡仿其《國朝隸品》評桂馥書曰：「桂未谷如僧人禪定，斂心靜書。」〔註41〕這說明桂馥的隸書風格屬靜定、內斂、肅穆一類。

　　總結莊永固、林進忠、王冬齡三家之說，桂馥書風融合多種漢隸的優點特色，用筆圓中帶方，方中寓圓，結體緊密，線條厚實，韻律分明，厚重古拙，撇捺橫挑瘦勁有力；筆勢左右舒展，於嚴整勻稱中見變化，在端莊典雅中顯平和雅靜。桂馥長期浸淫漢碑，其隸書能直接漢人，已受肯定。

五、新變成就

　　桂馥的隸書，長期浸淫於漢碑，用筆平實，結構方正，氣格博大，可謂盡得漢隸風神之典範。楊守敬評為：「根柢於漢人，自足超越唐宋。」〔註42〕茲探討桂馥在書法史上新變的意義，究竟表現在何處呢？

1. 善用羊毫　端莊厚重

　　桂馥說：「一枝沉醉羊毫筆，寫遍人間兩漢碑。」〔註43〕桂馥和鄧石如是最早使用長鋒羊毫並取得突出成就的隸書家。由於桂馥出生於山東曲阜，自幼受儒家思想薰陶，得以學習孔廟著名漢碑，奠定隸書基礎。桂馥一方面治經，研究學術。一方面因研究文字學、金石學，而在隸書的成就，筆下無俗字訛體，為完白所不及。乾嘉時期的隸書家，可說除鄧石如外都是樸學家。正因讀書可以培元養氣，然後能心靜筆和，寫出樸茂古拙，端莊典雅的作品，為時人所重，歷來評價很高，所謂風格即人，書品即人品，儒家中和為美的審美觀，在桂馥身上可得印證。劉恒說：「其隸書方嚴厚重，醇古樸茂，無論是用筆還是結字，都已擺脫清初以來寫隸書者常見的波挑習慣和詭異字

〔註39〕《書畫藝術學刊第七期‧莊永固‧〈漢隸的轉化與運用〉》一文。頁208。
〔註40〕林進忠著《隸書》（台北：國立台灣藝術教育館，1997年4月初版），頁104。
〔註41〕王冬齡《清代隸書要論》，頁40。
〔註42〕馬宗霍《書林藻鑑‧桂馥》，頁408。
〔註43〕馬宗霍《書林紀事卷二》（北京：文物出版社，2003年12月2刷），頁93。

形。」〔註44〕清初隸書還沒找到相應的形式，給人狂怪之感。桂馥的隸書具廟堂氣象，中正平和，沒有強烈的風格，但其高度又非一般人所能達到，是其性情、學識、品格、修養的綜合體現。

2. 溯源古典　一爐共冶

從其所學過的漢碑隸書，《禮器碑》、《乙瑛碑》、《史晨碑》、《華山碑》、《孔宙碑》、《嵩壽碑》等多種碑刻外，又因研究金石文字，深於說文小學，善篆刻故能以篆勢入隸，故其作品用字，講求正確有根據。其隸書有漢碑額體勢兼唐隸的豐滿秀麗，又因善篆刻，以多年的精力遍摹漢晉古印文字，著成《繆篆分韻》。又著《續三十五舉》、《再續三十五舉》、《重定續三十五舉》，其《續三十五舉》自序說：「摹印變於唐，晦於宋，迨元吾丘衍作《三十五舉》，始從漢法，元以後古印日出，衍不及見；且近世流弊，亦非衍所能逆知也。因續舉之。」〔註45〕可見桂馥是極為淵博的著名學者，而使其眼光視野更為開闊，溯源於古鏡、鼎文和古銅印，一爐共冶的創造出他自己的隸書，桂馥認為作隸不明篆體，則不能知變通，寫出方整雄厚，盎然古意的隸書。

總之，桂馥在文字學研究上貢獻卓著，治學之外，主要專攻隸書。因居山東曲阜，學孔廟三碑為主，受儒家思想影響，因而風格工整典雅，善用羊毫，擺脫清初寫隸的詭異字形。桂馥、伊秉綬、陳鴻壽、黃易四人皆遙接漢隸真傳，惟桂馥作品若與伊秉綬、陳鴻壽相較，則較具傳統而少創新。

第二節　篆隸神品的鄧石如

清代碑學興起，正是乾嘉學派、金石考據盛行之時，鄧石如幼承庭訓，學習詩文書畫金石。在梁巘推薦下，到江寧大收藏家梅鏐處，勤習八年，終成有清一代傑出的書法、篆刻家，清朝篆書到鄧石如才開啟學篆風潮。鄧石如採用羊毫筆，運用腕力，採逆入平出的方法，書寫篆書，以隸入篆，成為繼李斯以後的第一人。他的筆勢渾圓而具有勁力，在線條上參有隸書的意味，顯得雄渾剛健。又引篆入隸，集隸書之大成，為清代復興篆隸的大師。

傳統篆書從唐李陽冰以後，經過一千年，清初篆書仍守舊法，直到鄧石如的努力探索才有所創新。對宋以來而言，這是創新，但對秦、漢而言，正如李

〔註44〕劉恒《中國書法史·清代卷》，頁169。
〔註45〕桂馥〈續三十五舉·自序〉收錄於《書譜總第68期·1986年第一期》，頁10。

兆洛所說「同符古初」。鄧石如在《琅琊台刻石》、《漢開母廟石闕》、《天發神讖碑》等古刻，尤其在漢碑額中領悟到用筆之法。鄧氏的優點，在用隸來寫篆。一洗拘束呆版之習，自成一家。康有為說：

> 完白山人未出，天下以秦分為不可作之書，自非好古之士，鮮或能
> 之。完白山人既出之後，三尺豎僮，僅解操筆，皆能為篆。〔註46〕

可知篆書到鄧石如是一大改變。鄧石如後弟子程荃、兒子鄧傳密，再傳弟子吳熙載、胡澍、趙之謙等形成以鄧為主的小篆流派。王潛剛說：「鄧石如安身立命處，乃從漢碑額變化縱橫，自成一家」〔註47〕漢碑額的篆書，均借隸筆寫成，其最主要的特色為以隸寫篆。

　　鄧石如的篆隸，包世臣稱為神品，譽為國朝第一。鄧石如的篆隸是如何新變的呢？本節將從其生平、學書歷程、作品分析、風格特色，探討其新變之處。

一、鄧石如生平與交友

　　鄧石如（1743～1805），安徽懷寧人，原名琰，五十四歲，因避仁宗（嘉慶）諱，遂以字行，改字頑伯。居皖公山下，號完白山人又號笈遊山人。《清史稿・校註・鄧石如傳》稱：「少處僻鄉，眇所聞見，獨好刻石，仿漢人印篆甚工。」〔註48〕鄧石如出身貧寒，一生布衣，少年時靠採樵、販餅為生。二十三歲隨父到寧國、九江等地，鬻書自給，開始壯遊生涯。鄧石如近五十年的藝術生涯中，遊歷生活竟佔去了五分之四。三十二歲遊壽縣，梁巘〔註49〕見其篆書，驚為筆勢渾鷙，而未盡得古法。介謁江寧梅鏐家，梅家度藏金石善本，盡出示之，為具衣食紙墨，使專肄習。〔註50〕

　　鄧石如命運坎坷，二十一歲喪妻，四十五歲父親去逝，五十三歲喪失胞弟，六十歲又喪妻。但他熱愛自然山水，養成淡泊而又野逸的性格。這對藝術風格的形成有重要影響，卒年六十三。有《完白山人篆刻偶存》傳世。《清史稿校註列傳二百九十・藝術二》有傳。

〔註46〕康有為《廣藝舟雙楫・說分第六》，（台北：金楓出版社，1999年4月1版），頁131～132。
〔註47〕王潛剛〈清人書評〉收錄於崔爾平《歷代書法論文選續編》，頁814。
〔註48〕《清史稿校註・列傳二百九十・鄧石如》，頁11548。
〔註49〕梁巘，字聞山，安徽亳州人。乾隆二十七年舉人，官四川巴縣知縣。晚辭官，主講四川書院，以工李北海書名於世。
〔註50〕《清史稿校註・列傳二百九十・鄧石如》，頁11548。

　　姜一涵說：「古今偉大的藝術家除天才外，最重要的是師友的引導與所選擇的師法對象。」〔註51〕鄧石如的交友中重要人物有：梁巘、梅鏐、曹文埴、程瑤田、金榜、姚鼐、張惠言、李兆洛、吳育、袁枚、王文治、包世臣等大批官員、書畫家、學者、文人。簡述如下：

1. 梁巘（1710～1788 年後）、梅鏐（生年不確定）

　　梁巘將鄧介紹到江寧舉人梅鏐家，鄧時年三十八歲，勤習八年，得縱觀梅氏所藏，是鄧一生藝術轉折的關鍵，梁巘堪稱益友良師。在梅鏐處八年，每日晨起，研墨盈盤，至夜分盡墨，寒暑不輟。梁之於鄧，可比伯樂之識千里馬，八年勤習，奠定深厚的碑學基礎，確立篆隸藝術為其書法風格主要方向，開啟碑學時代。不久得到曹文埴、金榜（輔之）等人的推獎，書名大振。

2. 曹文埴（1735～1798）、金榜（1735～1801）

　　戶部尚書曹文埴稱揚鄧石如為「江南高士」、「四體書皆為國朝第一」的大書家。引介得謁相國劉墉。內閣學士翁方綱以石如不至其門，力詆其書「不合六書之旨」、「破古法」〔註52〕，耳食者共和其說，時為乾隆五十六年（1791），鄧四十九歲，後經由曹文埴推薦鄧石如在兩湖總督畢沅處做了三年幕賓。金榜任翰林院修撰，家廟楹聯，請鄧重新書寫更換。鄧氏與金榜訂交近二十年中，金榜不以修撰而自傲，鄧石如也從不以布衣而自卑。〔註53〕

3. 程瑤田（1725～1814）、羅聘（1733～1799）、吳照（1755～1811）

　　程瑤田年長於鄧十八歲，為忘年交。程氏讚石如：「一切遊客習氣絲毫不染，蓋篤實好學君子。」〔註54〕，把藏帖、古籍借予鄧臨摹、研讀。畫家羅聘、吳照（白厂道人）使他眼界更開闊，鄧氏在京期間常有往來，提攜鄧石如走入高層藝術圈。

4. 張惠言（1761～1802）、吳育（年代不詳）、包世臣（1775～1855）

　　張惠言是陽湖文派的代表人物，對鄧石如的篆書推崇備至，為鄧作《篆勢賦》，謂石如為「振藝林之絕塵，追軼軌之於秦始。」〔註55〕吳育作《完白山人篆書雙鉤記》，盛讚其書法藝術的成就。嘉慶七年，鄧六十歲，與包

〔註51〕姜一涵《書道美學隨緣談二》（台北：蕙風堂筆墨有限公司，2001 年 4 月初版），頁 154。
〔註52〕《中國書法全集・鄧石如・李剛田・終古乾坤幾布袍》，頁 21。
〔註53〕《中國書法全集・鄧石如・穆孝天・鄧石如書法評傳》，頁 11～12。
〔註54〕鄧石如年表 38 歲。
〔註55〕鄧石如年表，乾隆五十六年，辛亥，四十九歲。

世臣一見如故，石如語曰：「疏處可以走馬，密處不使透風；常計白以當黑，奇趣乃出。」〔註56〕包世臣以此法驗六朝書皆合。

5. **姚鼐**（1731～1815）、**李兆洛**（1769～1841）、**袁枚**（1716～1797）、**王文治**（1730～1802）

姚鼐是古文家，在藝術思想、理論上對鄧有所啟發。李兆洛與鄧之子鄧傳密友好，鄧石如的墓誌銘即李兆洛所作。袁枚是著名詩人，稱讚石如的書法、篆刻。王文治是書法家、文學家。鄧詩有〈次王夢樓（文治）送別詩〉，可見交情要好。

總之，鄧石如的書法篆刻成就，固然是他天分高又勤奮學習，喜愛遊山玩水，但若沒有這些官員、學者、友人鼎力支持、協助，對其聲譽的傳揚，境界的開拓與提升，必然遜色不少。

二、學書印歷程與主張

鄧石如篆刻初承家學，由於貧窮，所以十七歲開始篆刻謀生。在梁巘推介下到梅家八年勤學苦練，眼界大開。鄧石如將篆書融會到篆刻中，參入漢碑額篆，吸收《祀三公山碑》和《禪國山碑》的流動姿態，又將漢印之筆引入到書法中，使其篆書含有隸書的體勢，所以其書法和篆刻都能別開生面。

（一）師法陽冰　博究多體

他的篆書是從唐李陽冰入手的。現藏於上海博物館的《謙卦篆書軸》三十九歲二月作和藏於故宮博物院的《周易說卦傳篆書軸》於三十九歲五月作〔註57〕，可以佐證，明顯帶有李陽冰的痕跡。秦以後，篆書一直不振，很少有人會寫，直到唐代出了李陽冰，才稍有起色。元、明趙孟頫、吾丘衍等主張學篆以《說文》為本，以求合乎古法。吾丘衍《學古篇·四舉》云：「凡習篆《說文》為根本，能通說文，則寫不差，又當與《通釋》兼看。」〔註58〕又《學古篇·十六舉》云：「漢篆多變古法，許慎作《說文》所以救其失也。」〔註59〕《學古篇·八舉》又云：

> 小篆一也，而各有筆法，李斯方圓廓落；陽冰圓活姿媚；徐鉉如隸無垂腳，字下如釵股，稍大；鍇如其兄，但字下如玉箸，微小耳；

〔註56〕鄧石如年表，乾隆五十六年，辛亥，六十歲。
〔註57〕根據鄧石如年譜，1781年乾隆四十六年，辛丑，三十九歲。
〔註58〕吾丘衍《學古篇·四舉》，頁2。
〔註59〕吾丘衍《學古篇·十六舉》，頁4。

崔子玉多用隸法，似乎不精，然甚有漢意；陽冰篆多非古法，効子

玉也，當如之。〔註60〕

吾丘衍《學古篇》提到學習篆書，以《說文》為主要標準。並道出李斯、陽
冰、徐鉉各家的區別。此種觀念影響清初書壇寫小篆的王澍、錢坫、與稍後
的孫星衍、洪亮吉，說明當時寫小篆以緊守斯、冰之法為正統。鄧石如自述
學篆時說：

余初以少溫為歸，久而審其利病，於是以國山石刻、天發神讖文、

三公山碑作其氣，開母石闕致其樸，之罘二十八字端其神，石鼓文

以暢其致，彝器款識以盡其變，漢人碑額以博其體。舉秦漢之際零

碑斷碣，靡不悉究。閉戶數年，不敢是也。暇輒求規之所以圓，與

方之所以為矩者以摹之」。〔註61〕

由鄧石如自述，可知其篆書奠基在李陽冰的小篆上，溯源漢碑、李斯、參入石
鼓文、漢碑額等。據吳育《完白山人篆書雙鉤記》，石如篆書初學李斯、李陽
冰，後學《禪國山碑》、《三公山碑》、《天發神讖碑》、《石鼓文》以及彝器款識、
漢碑額等。零碑斷碣，靡不悉究，這幾乎是全面性的篆書學習。

（二）梅家八年　勤習篆隸

梁巘介紹鄧石如到梅鏐家學習，這一機遇，開拓了鄧石如的眼界，其辛勤
學習過程，鄧石如自述如下：

既得縱觀，推索其意，明雅俗之分，乃好《石鼓文》、李斯《嶧山

碑》、《泰山刻石》、漢《開母廟闕》、《敦煌太守碑》、蘇建《國山碑》

及皇象《天發神讖碑》、李陽冰《城隍廟碑》、《三墳記》。每種臨摹

各百本。又苦篆體不備，手寫《說文解字》二十本，半年而畢。復

旁搜三代鐘鼎及秦漢瓦當、碑額，以縱其勢，博其趣。每日昧爽起，

研墨盈盤，至夜分盡墨乃就寢。寒暑不輟，五年篆書成，乃學漢分，

臨《史晨前後碑》、《華山碑》、《白石神君》、《張遷碑》、《校官碑》、

《孔羨碑》、《受禪》、《大饗》各五十本，三年分書成。〔註62〕

鄧石如篆法以二李為宗，稍參隸意。鄧石如三十八歲時客居南京梅家八年，

〔註60〕吾丘衍《學古篇・八舉》，頁2。

〔註61〕穆孝天、許佳瓊著《鄧石如的世界・吳育完白山人篆書雙鉤記》（台北：明文
書局，1990年6月），頁254～255。

〔註62〕祝嘉《藝舟雙楫疏證》（台北：華正書局，1980年5月），頁149。

每日天未亮起床，研墨滿盤，至夜半墨寫完才就寢，此種精神毅力，是鄧石如成為一代大師的原因之一。梅家藏有《石鼓文》、《嶧山碑》、《秦石刻》、《城隍廟碑》、《三墳記》等珍品拓本，遍觀臨摹，各種都臨了近百本，五年篆書成。還手寫《說文解字》二十本，半年而畢，乃學漢分，《史晨前後碑》……等各五十本，三年分書成，其用功之勤，意志之堅，縱觀歷代書家，恐無人過之。

（三）書印主張──書從印入　印從書出

鄧石如幼承庭訓，從小開始習書畫金石。吳育云：「石如初學刻印，忽有所悟，放筆為篆書，視世之名能篆者，已乃大奇，遂一切以古為法，放廢俗學。」〔註63〕刻印以篆書為主，字法最具個人色彩因素，字法往往決定章法、刀法的選擇，故習印必先通篆，篆法亦即印章之骨幹也。

鄧石如的篆刻從書法中來，要瞭解鄧石如的篆刻，先要瞭解其書法，尤其是篆書。鄧氏治印與書法融會貫通，且將書法上的感悟引入印章，魏錫曾歸納為「書從印入，印從書出」。黃士陵在印章邊款說：

> 魏丈稼孫之言曰：完白書從印入，印從書出，卓見定論，千古不可
> 磨滅。〔註64〕

「書從印入，印從書出。」此書特指篆書而言。「印從書出」是鄧石如對篆刻藝術最大的貢獻。鄧石如篆書風格得益於他印章的取字，而印章風格的形成，出自鄧石如以篆書入印。黃惇言：

> 以印人自己形成具有個性風格特徵的篆書入印，由此而形成新的具
> 有個性的書風，這便是「印從書出」的內涵。……可見鄧氏在篆刻
> 上的成就，乃是利用書、印相通的藝術規律，得力於他在書法上的
> 深厚功力。〔註65〕

其篆刻從書法中來，從其書法、篆刻學習取法來看，可謂求本溯源之典範。

總之，鄧石如的學書、印歷程與主張，除家學淵源外，因梁巘推介，得以在梅家學習八年，拓展了視野，加上天分、勤學，於篆、隸下了很大的功夫，幾近全面性的學習，書印互相啟發，打下堅實的基礎，終於創造出傑出的篆隸作品。

〔註63〕馬宗霍《書林藻鑑・鄧石如》，頁399。
〔註64〕黃士陵「化筆墨為煙雲」印款。
〔註65〕黃惇《中國古代印論史》（上海書畫出版社，1994年6月1版），頁255。

三、作品分析

鄧石如書法各體兼善，篆隸尤佳，包世臣《藝舟雙楫·國朝書品》稱其篆隸為神品。所謂神品，是指「平和簡淨，遒麗天成。」〔註66〕有北碑第一人之稱。清代人的書法不能看作只是對傳統篆隸北碑的回歸，而是對之加以新的闡釋。鄧石如賦予篆隸北碑以文化的內涵，賦予它技巧的規範與形式美的內涵。陳振濂說：

> 鄧石如把篆書的體勢拉長，以圓轉流利的線條（與上古質樸的線條
> 不同）去寫他心目中的小篆，因此他的篆書既不是李斯式的也不是
> 李陽冰、徐鉉式的，更不是趙孟頫式的，它參入了只有這個時代才
> 有的流美感。這種流美感是審美高度成熟的標誌，是近世趣味的，
> 對上古質樸的古文字而言，就是一種新的闡釋。〔註67〕

從時代流變的角度，先有宏觀的認識，更容易把握鄧石如篆書在書史的地位。此外其篆刻以書入印，開「鄧派」之印風，亦影響深遠。以下針對其篆書、隸書作品作分析。

（一）早期篆書

鄧石如早期篆書有《周易·謙卦傳》與《荀子·宥坐》篇分析如下：

1.《謙卦傳》分析

《謙卦傳》為三十九歲時作。《謙卦傳》為易經第十五卦，大意是謙虛可以萬事通達。《謙卦傳》為早期篆書風格，其落款，純用李陽冰篆法，線條細挺比李斯玉箸（筋）篆更細，因而又稱鐵線篆。〔註68〕此作點畫粗細均勻，圓潤秀美，具流動感又有力度。起筆鋪毫與轉折用腕，線條不扁平、不僵硬。

2.《荀子·宥坐篇》分析

此《荀子·宥坐篇》為鄧石如早期篆書精品，用筆平穩舒緩，結體勻稱流動。鄧石如師法二李，主要是受秦《嶧山碑》及唐李陽冰篆法影響，屬傳統玉筋篆範疇。宥坐之器，虛則欹，中則正，滿則覆，取材具有教育意義。此作筆畫勻細圓熟，收筆處略出鋒，結構謹嚴，章法上字距行距顯得緊密，

〔註66〕黃簡《歷代書法論文選·包世臣藝舟雙楫·國朝書品》，頁656。
〔註67〕陳振濂著《書法史學教程》頁108 中國美術學院出版社，1997年7月二刷
〔註68〕梁披雲《中國書法大辭典·鐵線篆》云：「筆劃纖細如線而剛勁如鐵的小篆，
　　　　如唐李陽冰《謙卦碑》。或謂「鐵線篆」即「玉筋篆」，玉筋較粗，鐵線較細，
　　　　其法一也。」（香港書譜出版社），頁16。

風神清朗俊爽。

<table>
<tr><td>圖 4-2-1 《謙卦傳》</td><td>圖 4-2-2 《荀子・宥坐篇》</td></tr>
</table>

取自《中國書法全集・67 鄧石如》，
頁 28，上海博物館藏。尺幅：168.8cm
×84.3cm。

取自《清代書法》北京故宮博物院藏。
尺幅：117cm×74cm。

（二）中期篆書

鄧石如中期篆書如《詩經南陔篆書屏》四十九歲作，有比較強烈的隸書筆意與漢篆體勢，是轉型期的代表作。主要吸收漢篆碑額與李陽冰《謙卦碑》等篆書的體勢筆意。顯得蒼勁莊嚴、流利清新，是鄧石如篆書代表作之一。《曹丕自敘篆書軸》五十三歲左右作品。此時期篆書明顯吸收漢篆碑額的特點，如《袁安碑》，篆法圓轉流動，體勢圓中帶方。

1.《詩經南陔篆書屏》分析

此為鄧石如四十九歲作品，正逢雄強有力的創新階段，筆畫瘦勁狹長，纖細如線，其剛如鐵，具李陽冰《謙卦碑》的特色，而更有新意。此作已有比較強烈的隸書筆意與和篆書體勢，是轉型期的代表作。

2.《曹丕自敘篆書軸》分析

此為鄧石如五十三歲左右作品，已建立自己的面目，中年時期的篆書，明顯吸收漢碑額的特點，篆法婉轉流動，體勢圓中帶方。字形長而略方，筆致輕鬆流暢，趣味近於飄逸舒展。將此作與漢代《袁安碑》作比較，不難發現鄧石如篆書變法的由來。

圖 4-2-3 《詩經南陔篆書屏》

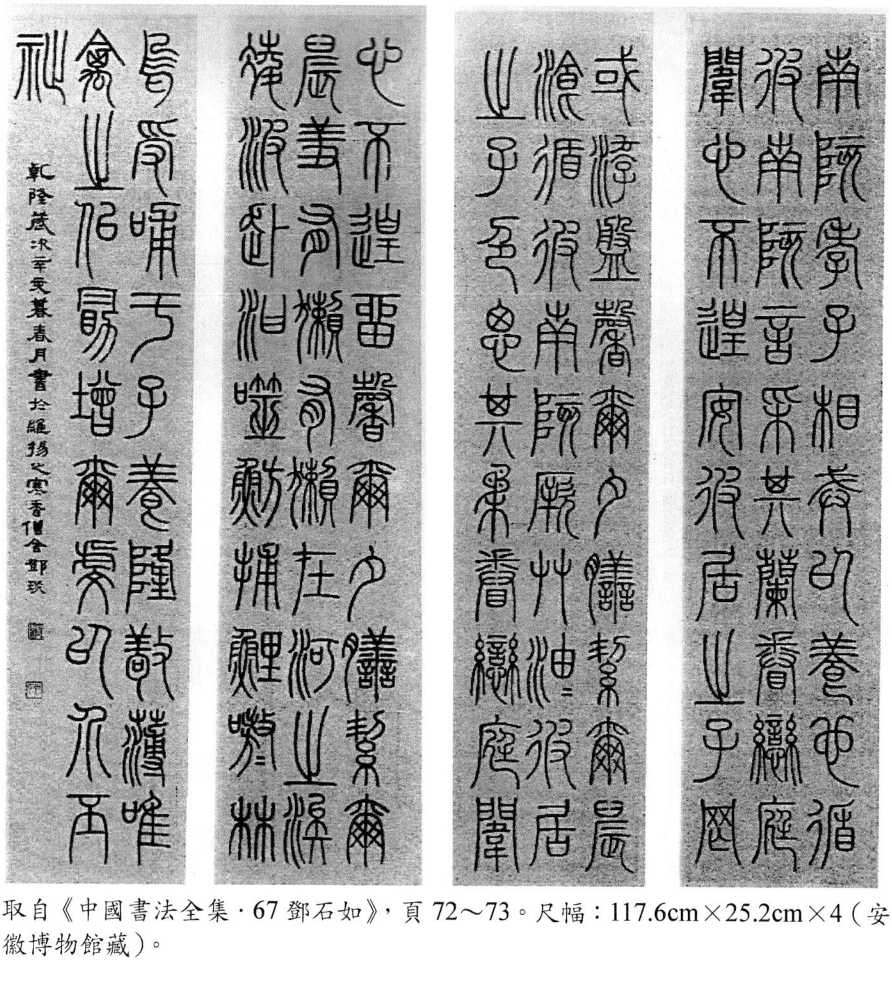

取自《中國書法全集・67 鄧石如》，頁 72～73。尺幅：117.6cm×25.2cm×4（安徽博物館藏）。

圖 4-2-4 《曹丕自敘篆書軸》

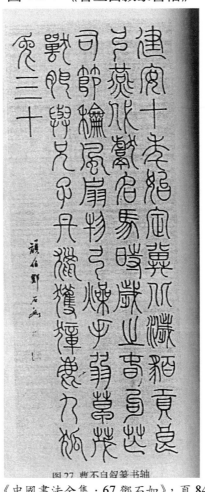

取自《中國書法全集‧67 鄧石如》，頁 84。
尺幅：158cm×59.4cm（故宮博物館藏）。

（三）晚期篆書

　　鄧石如在篆書上最大成就是取法漢碑額，以隸法入篆，用「逆入平出」解決了篆書起筆、轉折較為單調的問題，打開千年來寫篆書之秘密，取得樸厚沉雄之韻，改變宋、明以來篆書的刻板、拘謹之風。用羊毫採逆勢，線條也由光潤細膩變為毛澀遒勁。趙之謙稱其篆書筆筆從隸出，真是獨具法眼。晚年篆書有《陰符經大篆屏》、《庾信四贊屏》、《白氏草堂記》等。其中《白氏草堂記》為六十二歲所書，是鄧石如篆書得意之作，保留了遒勁堅挺的筆法，追求有厚度、力度和深度的筆意，力透紙背，入木三分，可代表其篆書的成就。茲將晚期篆書三件分析如下。

圖 4-2-5　鄧石如《陰符經大篆屏》

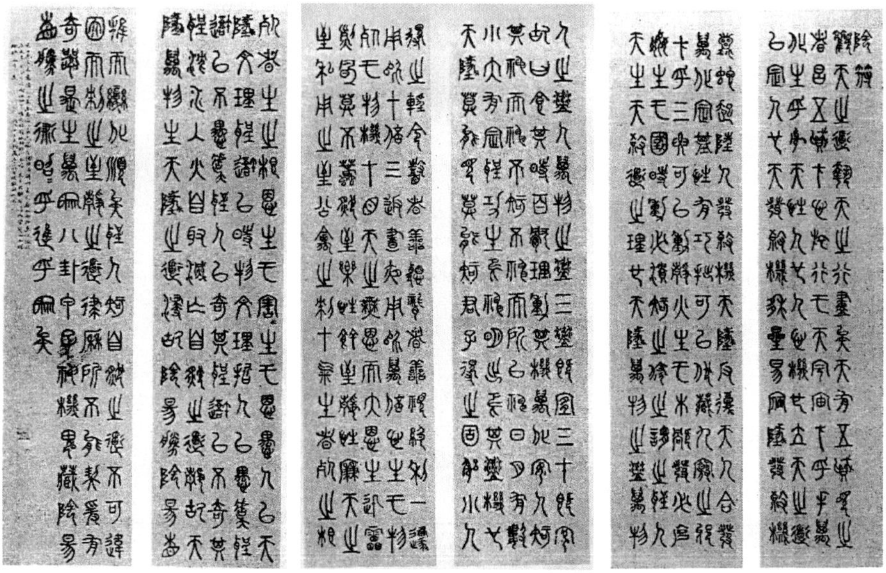

鄧石如《陰符經大篆屏》取自《中國書法全集・67 鄧石如》，頁 86～87。尺幅：133cm×28cm×6（安徽博物館藏）。

圖 4-2-6　鄧石如《陰符經大篆屏局部放大》

1.《陰符經大篆屏》分析

此幅無款識，是大篆的代表作，開清代古籀書法的先河。用筆從容有法，結體寬博雅致，格局舒緩端莊。周祥林根據印鑑確定為嘉慶年代之作，又因其書風與《山中避客篆書聯》風格相近，故暫繫於嘉慶三年（1798），根據年表此時鄧石如五十六歲，此幅為鄧僅見的大篆作品。李兆洛說：「完白翁之《陰符經》乃僅見之作，筆意取古文小篆參而用之，行筆則以《獵碣》為法，可為後來作籀者軌範。」〔註69〕據此可知此作融入諸多筆法。幅末有莊受祺同治甲子（1864）中秋題識，稱「此書於秦相外，更仿獵碣及周秦以來金石

〔註69〕《中國書法全集・鄧石如・作品說明 28》，頁 275。

銘識，而別有精意熔鑄……茲觀原跡如登寶山，不勝琳瑯滿目之羨。」〔註70〕
鄧石如三十八歲時客江寧梅家，即首臨《石鼓文》百本，如今臨本皆不及見，
賴此以見其取法《石鼓文》意致。

　　2.《庾信四贊屏》分析

　　《庾信四贊屏》根據年表約六十二歲作，此作蒼勁莊嚴，筆法流利清新，
字體微方，與秦漢瓦當額文相近。用筆沉雄樸厚，字體方中見長，結體嚴整卻
不板滯，間參以隸意而渾然無跡，章法體現流動感。方廷瑚評曰：「石如精通
六書，落筆皆本說文，絕無省文俗體混入。」〔註71〕此語反映了鄧石如的學識
修養。鄧石如的學識，以往有一些誤傳，說他讀書不多，胸中少數卷書。此語
見於包世臣《藝舟雙楫》中的「少產僻鄉，眇所見聞」一句。其實這只是少年
時代，往後遊覽名山大川，廣交朋友，在梅家八年，勤習篆隸，又接觸了許多
文人墨客，甚至做過畢沅的幕僚，故不能說其少學識、眇見聞。以其廣闊的見
識，結合其才氣、勤學功夫，成功也就水到渠成。

圖 4-2-7　鄧石如《庾信四贊屏》

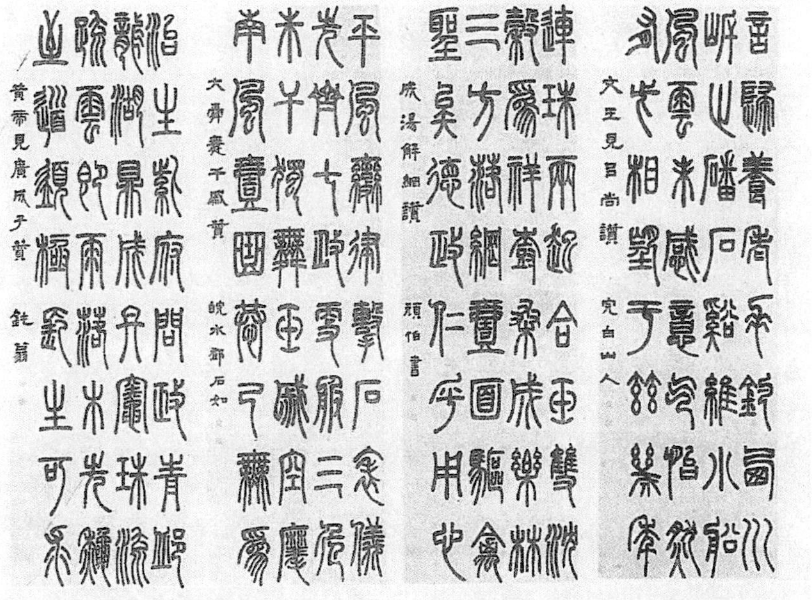

　　取自《中國書法全集·67 鄧石如》，頁 236～239。尺幅：179.8cm×50.8cm
×4（上海博物館藏）。

〔註70〕《中國書法全集·鄧石如·作品說明28》，頁 275。
〔註71〕劉正成《中國書法鑑賞大辭典·清代·鄧石如》（台北：旺文出版社），頁 1191。

3.《白氏草堂記》分析

《白氏草堂記》內容為白居易在廬山草堂所撰，鄧石如六十二歲時之力作。鄧石如篆書以秦刻石為基礎，二李為宗，繼從摩崖、墓誌吸取養分，涉獵《石鼓文》以及漢篆碑額、瓦當，參以漢隸筆意，線條具豐富的筆墨情趣，奔放遒勁而不失古雅樸茂。使用長鋒羊毫，筆畫逆鋒起筆，先蓄勢，藏銳於圓，力勻運至末畫時即戛然而止，這是鄧石如所創的所謂「逆入平出」之法。此法的優點可以使上下字的筆墨之氣不中斷。傳統篆書寫法是藏頭護尾，圓筆收筆。靳繼君云：

> 此作以隸書精而密的結字方法作篆書，達到婉而通的效果，是此屏結構的重要特徵，他巧妙地將疏與密這對矛盾強調的恰到好處，並使之統一在一個整體中。因此其篆書凝鍊團結，固若金湯。至空白處，則長腳大曳極盡遒健婀娜、恢弘流暢之致，從而形成了疏蕩與堅實，空靈與豐厚的強烈對比。〔註72〕

趙之謙云：「鄧石如篆書筆筆從隸出」，當指筆法而言。而靳繼君更指出以隸精而密的結字法作篆，而有婉而通的效果。使作品章法更顯疏蕩與堅實，空靈與豐厚。此作用筆雄強質樸，結體方中寓圓，全篇真氣瀰漫，渾厚華茲，純以氣行，撼人心魄。

圖 4-2-8　鄧石如《白氏草堂記》

取自《中國書法全集‧67 鄧石如》，頁 249～250。尺幅未註明（上海人民美術出版社）。

〔註72〕劉正成《中國書法鑑賞大辭典‧清代‧鄧石如》（台北：旺文出版社），頁 1194。

　　總之，鄧石如的篆書以小篆為主，又有鐵線篆與玉箸篆兩種，大篆僅見《陰符經大篆屏》一件，結體近似《石鼓文》而稍寬博，用筆似與小篆無異。包世臣指出，鄧石如篆書以二李為宗，縱橫闔闢得之史籀，參隸意，與秦漢瓦當、額文為尤近，約《嶧山》、《國山》之法，移篆分以作今隸。參隸意，正說明山人書法，「以隸為篆」，移篆分以作今隸則「以篆為隸」，可謂精簡扼要。

　　將金文、隸書、瓦當、碑額的筆法結體融入篆書，徹底改變了傳統玉箸篆勻整纖細、婉轉圓潤的體勢。說明除依《說文解字》習篆外，融會秦漢碑刻是學篆的另一途徑。其用筆以殺鋒取勁折之勢，而非一味圓潤婉轉；點畫具輕重頓挫，直中寓曲的變化，以凝重取代細勻。這種用筆和點畫實是對傳統的重大突破。即用筆取逆勢和點畫中截，「行中有留」豐滿而具頓挫變化，從而達到萬毫齊力、入木三分、線條渾厚、四面圓足、映帶回環的效果，產生類似摩崖刻石上風雨剝蝕，蒼茫渾厚的金石氣。晚年漸趨奔放，字形愈顯狹長，同時下筆粗重勁利，勢猛氣足，受漢人篆書碑刻的寬博渾樸的影響。

（四）隸書

　　鄧石如的隸書，體勢寬博，凝重古樸，這是他融合篆隸的成就。包世臣《藝舟雙楫・完白山人傳》云：

> 其分書則道麗淳質，變化不可方物，結體極嚴整而渾融無跡，蓋約《嶧山》《國山》之法而為之，故山人自謂吾篆未及陽冰，而分不減梁鵠。余深信其能擇言也。山人移篆分以作今隸與《瘞鶴銘》《梁侍中》《石闕》同法。〔註73〕

山人自謂吾篆未及陽冰，而分不減梁鵠。梁鵠是曹魏時八分書大家。馬一浮在臨《衡方碑》跋云：「衡方體勢雄強，骨力峻拔。鍾繇、梁鵠皆從此出。」〔註74〕鍾繇、梁鵠皆從《衡方》出，可見此碑之受重視。至於包氏說：山人移篆分以作今隸與《瘞鶴銘》、《梁侍中》、《石闕》同法。意即鄧石如以篆分寫楷書，其楷書是如六朝的楷書《瘞鶴銘》之類，而非唐楷。鄧石如書篆中有隸，隸中有篆，沈曾植云：

> 篆參隸勢而姿生，隸參楷勢而姿生，此通乎今以為變也。篆參籀勢而

〔註73〕包世臣《藝舟雙楫・完白山人傳》，（台北：華正書局，1990年5月初版），頁149～150。

〔註74〕夏宗禹編《馬一浮遺墨》（北京：華夏出版社，1999年1月），頁166。

質古，隸參篆勢而質古，此通乎古以為變也。故夫物相雜而文生，物
相兼而數賾。完白以篆體不備，而博諸碑額瓦當，以盡筆勢。〔註75〕
沈寐叟深得書法通變之理。鄧石如篆隸相容，其隸書取法漢碑，初期結體扁
方，出自《曹全》，筆意圓潤，有棉裡裹鐵的筆致。王冬齡云：「深得《曹全》
的遒麗，出以《衡方》之淳厚，《夏承》之奇瑰，《石門頌》之縱肆，無不兼
而有之。」〔註76〕王冬齡說明了鄧石如隸書內容的豐富，包含眾多漢碑的審
美特色。這亦是大家書法所以能耐久觀，長久流傳的道理。

茲就鄧石如隸書《皖口新洲詩》、《敖陶孫詩評》與《張子東銘篇》作分
析說明。

圖 4-2-9 《皖口新洲詩》　　　　圖 4-2-10 《敖陶孫詩評局部》

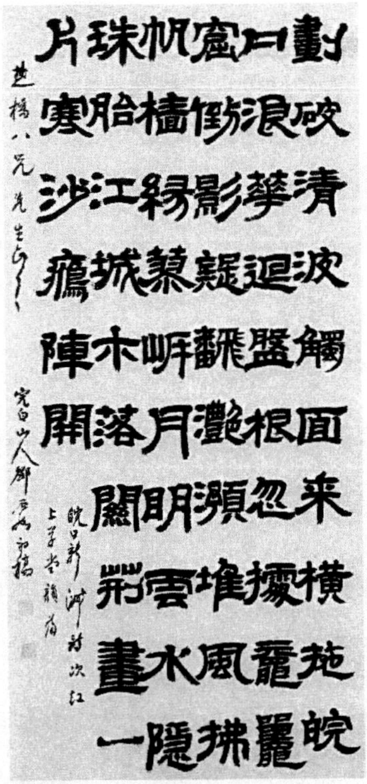

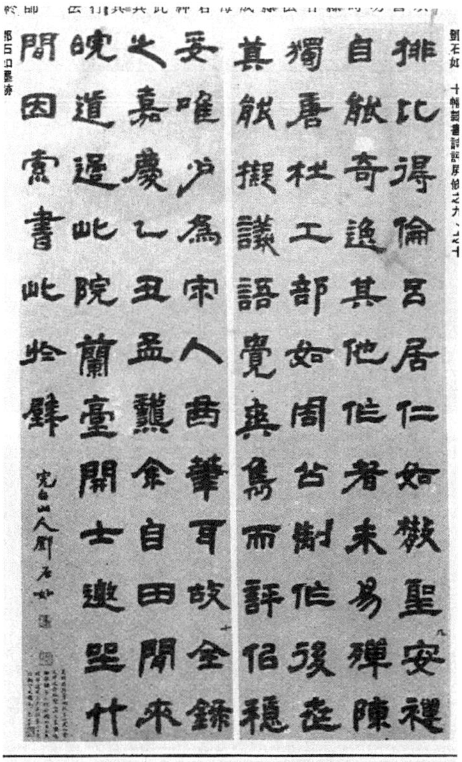

隸書七言詩軸。取自《清代書法》(北
京故宮博物院藏) 尺幅：134.7cm×
62.6cm。

取自《中國書法全集‧67 鄧石如》，頁
260～264。尺幅：179.2cm×52.2cm×10
(安徽博物館藏)。

〔註75〕沈曾植《海日樓箚叢‧論行楷隸篆通變》(遼寧教育出版社，1998‧3)，頁324。
〔註76〕王冬齡〈碑學巨擘鄧石如〉收錄於《書譜‧三十九期》，1981年4月，頁30。

圖 4-2-11　《張子東銘篇》

中國美術全集·書法篆刻 6》（四川博物館藏）（錦繡出版社）
尺幅：166.1cm×45.2cm×8。

1.《皖口新洲詩》分析

此軸隸書為嘉慶年間所書，是鄧氏五十四歲作。此作書法筆致略用篆意，結字扁長互見，行距緊密而字距寬疏。墨氣濃重，用筆挺健，轉折處方圓互見，而撇捺之筆復具北碑之形態，呈現出魏碑的書法特徵，與漢隸有別，自成一種隸書新風格，當為隸書精品。分析如下：

（1）用筆：中鋒用筆挺健，轉折處方圓互見，撇捺具北碑之形態。

（2）結字：結字扁長互見，疏密得宜。

（3）用墨：墨氣濃重。

（4）章法：行距緊密而字距寬疏。

山人隸書確與漢隸有別，更多呈現出魏碑的書法特徵，自成隸書一種新風格，這也正是鄧氏書法所獨具之特色。是鄧氏晚年隸書精品。

2.《敖陶孫詩評》分析

《敖陶孫詩評》共十幅屏，此為鄧石如六十三歲最晚年作品。包世臣在末幅題跋，稱其為「奪天時之舒慘，變人心之哀樂。」〔註77〕的作品。分析如下：

（1）用筆：中鋒用筆，轉筆收角處多用籀法，圓活流暢，不露痕跡；豎筆上下延伸，腴潤修長，自得篆籀風韻。

（2）結體：破隸書之扁橫，體勢略呈偏長。信筆賦形，自得天趣。

（3）章法：佈局縱向結體，橫向取勢，疏而不散，淡而有致，隨意揮就，不拘陳法，雅拙中顯老辣。

敖陶孫詩評為鄧石如最晚年隸書作品。陽湖書家方履籛（1790～1831）在《鄧石如隸書贊》云：「寓奇於平，囿巧於樸，因之以起意，信筆以賦形。左右不能易其位，初終不能改其步。體方而神圓，毫剛而墨柔。枯潤相生，精微莫測。」〔註78〕鄧石如隸書，用筆沉厚，饒有篆意，更有力度，兼具排比之美。在清代崇尚古質，崇尚陽剛的碑學風潮之下，其隸書功力深厚，成為檢驗藝術水準的試金石。

3.《張子東銘篇》分析

此隸書《張子東銘篇》落款為嘉慶十年（乙丑）鄧石如時年六十三歲，亦為最晚年作品。鄧石如是在篆書大成之後，再進行創作隸書的。所以融入了篆書的圓潤簡靜、頓挫郁屈、遒麗淳雅的氣息。長期浸淫漢碑的實踐，殺鋒以取勁折，若鋼刀之刻石，以篆意寫隸，精氣彌滿。追求力度與厚度。用墨如漆，點畫厚重，方中寓圓，風格沉雄壯實、拙樸高古。分析如下：

（1）用筆：線條厚重樸實，直來直去，縱橫有度，縈實有力，起伏波動不大，起筆多取圓勢，隸書的「蠶頭」意味內蘊。有時逆入平出，有時逆入圓出。

（2）結體：結字嚴整平實，但平而不板，實而不悶。體態一改隸書的左

〔註77〕見作品左下方小字題跋。
〔註78〕穆孝天・許佳瓊《鄧石如世界》，頁18。

右開張而代以偏長造勢。於舒展處求穩妥，茂密處求空靈。鄧石如講求「計白當黑」，所謂疏可走馬，密不容針。結體不僅要注意單字自身的變化，也考慮整體章法的安排。

（3）用墨：鄧石如隸書用墨如漆，向以濃黑為主。然墨隨筆出，由於用筆功力深厚，所以墨實而神采煥發。

（4）章法：章法佈局端莊大方，看似橫豎成列，其實根據結字而有變化。或左右開張，或偏長取勢，錯落疏密。在直行中字與字並未均衡排列，而是忽左忽右，但整體之勢仍一貫。

　　總之，鄧石如以籀篆之筆入隸，古意盎然，又融入漢碑《衡方碑》、《乙瑛碑》、《熹平石經》等樸實平正、端莊穩重的特色，脫胎於漢，取力於魏，而能游心自在，一生遍臨漢隸，故其隸書線條凝鍊蒼勁，緊密厚重，結體嚴謹，中宮緊密，具有高古淳雅、雄渾天成的金石韻味，是綜合漢魏，結合個性的產物。包世臣譽為神品，即「風格和平簡靜，遒麗天成。」稱其為集隸書之大成，開啟後代學習碑學的風氣。

四、風格評價

　　鄧石如的書法以篆隸最為出類拔萃，而篆書成就在於小篆。鄧石如以前的小篆大家，如王澍，只不夠回到唐代李陽冰那裡，追求線條粗細一致，結構端嚴勻稱的效果，然缺乏個性與藝術表現力。近人馬宗霍《霎嶽樓筆談》云：

　　完白以隸筆作篆，故篆勢方，以篆意入分，故分勢圓。兩者皆得之冥
　　悟，而實與古合。然足不能齊于古者，以胸中少古人數卷書耳。〔註79〕

鄧石如篆隸合參，得之冥悟，馬宗霍說完白不能齊于古，以胸中少古人數卷書耳。此語實為過苛。康有為說：「能使轉熟極於漢隸及晉、魏之碑者，體裁胎息必古，吾於完白山人得之，完白純乎古體。」〔註80〕鄧氏以一介平民，於篆書，以隸作篆，開啟學篆書風潮。於隸書，康有為稱其集大成。包世臣將之比為儒家之孟子，禪家之大鑑禪師（即六祖慧能），皆直指本心。篆隸二體均列神品，有國朝第一之稱。他是如何創造的呢？以下就風格、評價、新變做探討。

〔註79〕馬宗霍《書林藻鑑・鄧石如》下冊頁 401。
〔註80〕康有為《廣藝舟雙楫・述學第二十三》，（台北：金楓出版社，1999 年 4 月 1
　　　　版），頁 312。

（一）風格形成：多方取法　融鑄出新

　　鄧石如的篆書在李陽冰的基礎上，上溯秦李斯，並參入《石鼓文》筆意，慣用長鋒羊毫，不加剪截，以隸入篆，使篆書的線條有了靈動的生命。向燊云：

> 山人篆隸純守漢人矩矱，楷書直逼北魏諸碑，不參唐人一筆，行草
> 又以篆分之法入之，一洗圓潤之習，遂開有清一代碑學之宗。〔註81〕

向燊言山人篆隸純守漢人矩矱。山人隸書固是學漢分，篆書亦是學漢碑額之篆。從中體會以隸筆入篆。完白鋪毫作書，濃墨酣暢，神完氣足，開創一代新風。穆孝天說：

> 他的篆書以筆畫圓細的「玉箸」和筆畫纖細而又剛勁的「鐵線」取
> 勝，壓倒當時一些書法瘦骨柴立的造型，表現了「茂密渾勁，蒼古
> 奇偉，雅健妙麗，凝鍊舒暢」的特色。〔註82〕

鄧石如的小篆，當時有人指責他破壞古法，因為小篆自秦以後，基本是以《說文》篆書為依歸，元明幾位大家都寫得非常光潔，兩頭圓平，而鄧石如的寫法是飽墨鋪毫，以隸為筆，方圓自任，為後來人開方便之門。有關批評他「破壞古法」，後來的康有為在《廣藝舟雙楫》說：

> 不知商周用刀剪，故籀法多尖；後用漆書，故頭尾皆圓；漢後用毫，
> 便成方筆。多方矯揉，佐以燒毫，而為瘦健之少溫書，何若從容自
> 在，以隸筆為篆乎〔註83〕

使用工具不同，其效果自然有所區別，如此說來就不存在「破壞古法」的問題了。他以隸筆為篆，突破了千年來玉筯篆的樊籬，為清代篆書開闢了一個新天地。包世臣《藝舟雙楫》云：

> 完白山人篆法以二李為宗，而縱橫闔闢之妙，則得之史籀，稍參隸
> 意，殺鋒以取勁折。字體微方，與秦漢瓦當額文為尤近。其分書則
> 道麗淳質，變化不可方物，結體極嚴整，而渾融無跡。〔註84〕

鄧石如之篆書，雖以二李為宗，但同時植根于漢，得力于魏吳，故能超出二李。一是漢篆用筆，鋪毫轉折，已非二李本來面目；二是漢篆分佈，樸茂雄強，博大精深，也非二李所能企及。融入史籀、隸意、秦漢瓦當，故能高古

〔註81〕馬宗霍《書林藻鑑・鄧石如・向燊云》，頁401。
〔註82〕穆孝天、許佳瓊《鄧石如世界》（台北：明文書局，1990年4月），頁16。
〔註83〕康有為《廣藝舟雙楫・說分第六》，頁131。
〔註84〕馬宗霍《書林藻鑑・鄧石如》下冊頁399。

渾厚，這是鄧石如的創新，其造詣自然高人一籌。鄧石如隸書的風格，莊永
固說：

> 追求力度與厚度的表現，其體勢、筆法源於《史晨碑》、《華山碑》、
> 《張遷碑》、《校官碑》、《孔羨碑》等，出入於漢魏之間，兼收並蓄，
> 以羊毫軟筆書寫，點畫厚重而方中寓圓，結體謹實而端莊遒勁，神
> 氣渾融而古拙蒼勁，整體風格表現出壯實沈雄的氣概。〔註85〕

鄧石如的隸書學過多種東漢分書，他的隸書取《史晨》的娟秀，得《曹全》的
遒麗，用《衡方》之淳厚，借《石門》的縱肆和《夏承》的奇瑰，為其所用，
結體嚴謹，遒麗渾逸，參有魏碑意趣，揉進篆書筆法，功夫非常紮實。

　　鄧石如的隸書是從漢碑中出來，特色是點線粗實密連，形成結體中宮緊
斂，橫勢波磔較少，強調引長，故結體取勢較多方縱，曁得秀雅形姿，又有高
古樸厚的筆墨，貌豐骨勁，大氣磅礴，也使清代隸書面目為之一新。自謂：「吾
篆未及陽冰，而分不減梁鵠」，〔註86〕以隸入篆與引篆入隸是鄧石如篆、隸書
一大特色。

（二）書風影響

　　鄧石如致力於秦漢六朝金石碑版的鑽研，為振興碑學，開創了面貌一新
的篆、隸書風。在清代中、晚期書壇上，他以一個開拓者的形象，成為承前
啟後，影響深遠的一代宗師。

　　鄧石如篆隸的實踐，對清代碑學書風的興起，有重大的影響，清代碑學
派書家如吳讓之、胡澍、楊沂孫、徐三庚、趙之謙、何紹基、吳大澂、吳昌
碩等無一不受鄧的影響。包世臣為推崇其師鄧石如撰寫了《藝舟雙楫》，康
有為在《藝舟雙楫》的基礎上撰寫了《廣藝舟雙楫》，使碑學書風大行天下，
此正說明鄧石如的實踐，對清代碑學理論與書風的影響。

　　篆書是篆刻藝術最關鍵的因素，「書從印入、印從書出」的主張，既說
明兩者關係密切，也說明鄧石如篆刻成就，在以其篆書入印，鄧石如的偉大
就是突破傳統以繆篆入印的侷限。楊沂孫《完白山人印譜序》說：「摹印如
其書，開古來未發之蘊。」〔註87〕即鄧石如的篆刻受其書法影響。

　　鄧石如書法融歷代碑碣於一爐，開創出當代具代表性風格。康有為在《廣

〔註85〕《書畫藝術學刊第七期‧莊永固‧〈漢隸的轉化與運用〉》一文，頁 209。
〔註86〕《清史館校註列傳‧鄧石如》，頁 11548。
〔註87〕楊沂孫〈完白山人印譜序〉收錄於韓天衡《歷代印學論文選》，頁 559。

藝舟雙楫》中也是這樣認為：

> 完白山人未出，天下以秦分為不可作之書，自非好古之士，鮮能為
> 之。完白既出之後，三尺豎僮，皆能為篆。〔註88〕

康有為此語既肯定鄧石如的成就，稱揚他改變了一般學書者畏懼學篆書的態度。其書法既有金文的瑰麗，又有《石鼓文》的端莊，是一位開宗立派的大家。鄧石如是清代碑學思潮興起後第一位全面實踐和體現碑學主張的書法家，在確立和完善碑派書法的技法和審美追求方面具有開宗立派的意義。

鄧石如對篆書實踐的成功，提供了包世臣、康有為碑學理論的基礎。鄧石如篆書可謂繼李斯、李陽冰以來之絕學，改變宋元明以來衰微的篆書，影響有清一代學篆風氣。康有為將鄧石如比作儒家之孟子，禪家之大鑒禪師。意即鄧石如對小篆發揚光大，影響深遠。孟子將儒家思想闡揚發揮，其性善說、養氣論與民本思想，對儒家文化其功甚偉，後世尊為亞聖。大鑒禪師就是六祖慧能，其「本來無一物，何處惹塵埃。」與「菩提自性、本來清淨、但用此心、直了成佛。」〔註89〕改變許多學佛觀念，成為真正由中國文化開啟的佛教宗派之一。李斯為「千古小篆之祖」，鄧石如「以隸作篆」將小篆發揚光大，有如孟子將孔子思想發揚光大，有如慧能將釋迦牟尼佛「拈花微笑」的禪宗發揚光大一樣。

（三）評價：篆隸神品　國朝第一

關於鄧石如書法的評價，包世臣在《藝舟雙楫》將其篆隸列為神品。包世臣的國朝書品，分神、妙、能、逸、佳五品，除神品外各分上下，共九等。神品只有鄧石如一人，指的是其篆隸。而神品的定義是「平和簡靜，遒麗天成。」〔註90〕，的確鄧石如書法，中截無不圓滿遒麗，起筆逆入無漲墨，每折必潔淨，作點尤精深，是以雍容寬綽。徐珂曰：「石如篆法以二李為宗，而縱橫闔闢之妙，則得之史籀，稍參隸意……其分隸則遒麗淳質，變化不可方物，結體極嚴整，而渾融無跡，蓋約嶧山、國山之法而為之。」〔註91〕徐珂道出石如以二李小篆為宗，而其縱橫闔闢之妙，則得之史籀，稍參隸意，

〔註88〕康有為《廣藝舟雙楫·說分第六》，頁132。

〔註89〕孟穎集註《六祖壇經·行由品第一》（台南：靝巨書局，1982年2月出版），頁5。

〔註90〕包世臣《藝洲雙楫·國朝書品》收於黃簡《歷代書法論文選》，頁656。

〔註91〕徐珂《清稗類鈔·藝術類》（台北：台灣商務印書館，1983年10月2版），頁35。

此則突破小篆筆法的限制，而禪國山碑，淳古秀茂，體勢雄健，筆多圓轉，繼承了周秦篆書的遺意，康有為稱此碑渾勁無倫、筆力偉健冠古今。清趙之謙云：

> 國朝人書，以山人（鄧石如）為第一，山人以隸書為第一。山人篆書筆筆從隸出，其自謂不及少溫，當在此。然此正越過少溫。……漢人隸書為專家，唐宋人乃先工真行書而後為之，尚不足觀。……山人學書先從篆隸入，隸成通之篆，篆成通之真書，由真通行，須從草假道。」〔註92〕

趙之謙指出，山人篆書筆筆從隸出，至於認為鄧石如以隸書為第一，當是趙之謙個人看法，鄧石如的篆書成就，以隸作篆，打破千年來以李陽冰玉筋法作篆的格局，在書法史上有崇高的地位，加以在梅鏐家五年的苦練，其篆書當為第一才是。他從漢碑篆額體會到以分入篆的特色，以此推求李斯的書法遺意。崔詠雪說：

> 他將秦漢三代篆隸互參，以隸書筆法寫篆書；以篆書筆法寫隸書，體方筆圓，皆得沉雄樸厚之韻，其篆書堪稱一代冠冕。篆書自李陽冰之後，為唯一將篆書化古出新者。……為清代盛行篆書的開山祖。〔註93〕

鄧石如以隸寫篆，使一向視寫篆為畏途的人，開一方便之門，化古出新，成為清代盛行篆書的開山祖。

從包世臣稱為神品，趙之謙譽為國朝第一，崔詠雪稱李陽冰之後，為唯一將篆書化古出新者，譽為清代篆書的開山祖，可說明鄧石如篆書的歷史地位，倍受肯定。

至於鄧石如的隸書，鄧石如運用篆書的筆勢以作隸，骨勁茂豐，淋漓盡致，達到了書法藝術的高峰。清康有為《廣藝舟雙楫》稱：

> 本朝書有四家，皆集大成以為楷。集分書之成，伊汀洲也；集隸書之成，鄧頑伯也；集帖學之成，劉石庵也；集碑學之成，張廉卿也。〔註94〕

集大成是何等崇高的讚譽，鄧石如的成就亦足當之。鄧石如的成就，只要表

〔註92〕趙之謙跋《鄧石如書司馬溫公居家雜儀殘本題記》，（中國書法全集‧趙之謙 2004年5月1版），頁261。

〔註93〕崔詠雪《國際書法文獻展──文字與書寫‧書法的變革》，頁84。

〔註94〕康有為《廣藝舟雙楫‧第十九餘論》（台北：金楓出版社，1999年4月），頁258。

現在用筆的突破。一生遍臨漢隸，他的隸書是從用筆與結字兩方面著手。穆孝天說：

> 逆筆中鋒，使轉蒼厚，縱橫馳騁，無所依傍。《張遷碑》的凝重，《禪國山碑》的豐偉，《華山碑》的姿縱，《白石神君碑》的磅薄、蒼勁和灑脫，無不在他筆下飛馳奔逐。集各碑精髓於一爐。〔註95〕

鄧石如的隸書，融合各碑精髓，做到融篆入隸，使人感受到蒼勁渾厚、緊密堅實的風貌。有綿中裏鐵、變化多姿的筆致。清代著名學者李兆洛所撰〈鄧君墓誌銘〉，評介其書法：

> 真氣彌滿，楷則具備，手之所運，心之所追，絕去時俗，名符古初。〔註96〕

此〈鄧君墓誌銘〉由李兆洛撰文，曾國藩篆額，何紹基書寫，具重要史料價值。鄧石如在清代無疑是篆隸書方面的當然領袖，一則重振漢以後衰頹的篆隸書，一則開有清碑學之宗。姜一涵從家庭出身背景與文化基因的觀點，比較何紹基與鄧石如書法，從出身背景而言，鄧氏少貧輟學，甚至「販餅餌以自給」，二十歲前就靠賣字刻印為生。何氏出身，父子兩代進士，均入翰林，這對何的詩書藝術影響甚大。所謂文化基因就是文化秘模，中國文字就是中國文化生命中的秘模，書法中的點畫（永字八法）就是書法的秘模，鄧是由技入藝；何是引道（理論）入技。姜一涵說：

> 清代大書家鄧石如，其真、草、隸、篆，無一不精，以致他的弟子包世臣封他為清代各體書第一；但我總覺得他的書法一覽無遺，缺乏餘韻。〔註97〕

姜一涵認為鄧石如書法缺少「餘韻」，認為偉大的書家，總要帶點神秘性，神秘則有浪漫趣味，又要有永恆性，永恆則古典。姜一涵認為鄧石如的書法是「唯美派」，其書作是「純書法」（猶文學之純文學），是由技入藝。〔註98〕姜氏將中國藝術分為三境界：技術、藝術、道術。讚美鄧在造型和空間處理上，到達了前人不曾到的境地。但在道術這一領域，批評他不曾下大工夫，而道術是中國文化中最根本、最原始、也是最永恆的基因。他交遊的文化圈，

〔註95〕穆孝天、許佳瓊《鄧石如世界》（台北：明文書局，1990年4月），頁17。
〔註96〕單國強主編《清代書法》（上海科學出版社，2001年12月1版），頁212。
〔註97〕姜一涵《書道美學隨緣談（二）》，頁17。
〔註98〕姜一涵《書道美學隨緣談二》（台北：蕙風堂筆墨有限公司，2001年4月初版），頁148。

並沒有提供此類文化滋養。

對於姜氏的說法，筆者贊同其說。鄧氏少貧輟學，靠賣字刻印為生，在梅家勤奮八年，是成功關鍵。但鄧氏偏重技藝，對樸學、經學、史學、諸子百家、宋明理學，恐難有精深的體悟。何氏淵源書香世家，從小接受儒家思想教育，儒家是重視生命的學問，主張書與性道通，而心性之學，正是中國文化最核心的價值所在。

五、新變成就

鄧石如書法風格新變究竟如何呢？鄧石如書法風格新變，主要得力於在梅鏐家對傳統深入研習，打下深厚的碑學基礎。鄧石如一介布衣，未受館閣體影響，杖履四方，疏狂顛放的性格，取法周秦、漢魏、北朝碑版、石刻，以篆隸用筆之法行之與宋、元以來的文人拉開距離，這是他突出的原因。王潛剛云：「世臣於篆分未下功夫，故只知山人篆分極有苦功，集其大成，而不知山人安身立命處，乃從漢碑額變化，縱橫自成一家也。」〔註99〕漢碑額是以隸書筆法來寫篆書，鄧石如將之運用於寫小篆。以下從幾個方面來探討鄧石如的新變成就。

（一）以羊毫書寫

鄧石如獨以羊毫柔筆作篆，羊毫富變化，改變了二李小篆線條的工藝性，代以毛筆自然的書法性，亦非燒筆、紫鋒，於篆書的書寫，提供了得心應手的工具，使鄧以後的書家，普遍使用羊毫筆，以求蒼古之氣，極盡變化之能。李剛田說：

> 鄧石如使用長鋒羊毫寫篆，用轉指之法使筆鋒在運行過程中不斷調整，指腕並運，全身之力貫注筆端，在起止轉換中，不避搭鋒入筆和翻折用筆，形成方圓兼備的一套用筆方法。〔註100〕

由於鄧氏寫篆採「逆入平出」的新法，既用引筆順行，又用轉指絞鋒，故其篆書線條既有婉而通的流暢，又有豐厚蒼勁的力度。包世臣云：「用逆以換筆心，篆分之秘密。」〔註101〕鄧石如的篆書改變了李斯、李陽冰線條的工藝性，代以自然的書寫性，使篆書技法上的神秘迎刃而解。康有為說：「完

〔註99〕崔爾平《歷代書法論文選續編・王潛剛・清人書評・鄧石如》，頁814。
〔註100〕李剛田〈說篆書藝術〉news.artxun.com。2012/3/23。
〔註101〕黃簡《歷代書法論文選・包世臣與吳熙載書》，頁673。

白山人既出之後，三尺豎僮，僅能操筆，皆能為篆。」〔註102〕鄧石如之後的篆書大家如吳熙載、徐三庚、趙之謙、吳大澂、吳昌碩等皆受鄧石如的影響。

（二）以隸入篆、以篆寫隸

鄧石如篆書的創造性表現在哪裡呢？他的小篆以斯、冰為師，結體略長，卻富有創造性地將隸書筆法揉合其中，大膽地用長鋒羊毫，提按起伏，大大豐富了篆書的用筆，羊毫使得線條圓澀厚重，雄渾蒼茫，臻於化境，開創了清人篆書的典型，對篆書的發展貢獻甚大。隸書則從長期浸淫漢碑的實踐，能以篆意寫隸，又有魏碑的氣力，篆隸互參，其風格自然獨樹一幟。康有為說：

> 完白山人出，盡收古今之長，而結胎成形，於漢篆為多，遂能上掩千古，下開百禩，後有作者莫之與京矣。完白山人之得處再以隸筆為篆，或者疑其破壞古法，不知商周用刀簡，故籀法多尖；後用漆書，故頭尾皆圓；漢後用毫，變成方筆。多方矯揉，佐以燒毫，而為瘦健之少溫書，何若從容自在，以隸筆為篆乎！〔註103〕

鄧石如打破了篆隸之間的壁壘，以秦篆為體而以漢隸為用，把篆書寫的方圓兼備，婉通而縝密，用筆一反小篆均勻婉通的特點，表現出提捺、轉折方圓多方面的豐富性。馬宗霍《霎嶽樓筆談》云：

> 完白以隸筆作篆，故篆勢方。以篆意入分，故分勢圓。兩者皆得之冥悟，而實與古合。〔註104〕

鄧石如的以隸入篆，在奉李斯篆書為神聖的時代，可說戛戛獨造，識見遠大。以隸書的筆法入於篆書中，使篆書線條充滿生動與表現力。又將篆書、篆刻的若干長處有機地移到隸書的實踐中，從而使書法具有金石味，以豐富隸書的表現力，這是鄧石如成功之處。

（三）計白當黑

鄧石如在章法布白上提出「計白當黑」的理論，它的源頭來自《老子》：

〔註102〕康有為《廣藝舟雙楫·第六說分》（台北：金楓出版社，1999 年 4 月 1 版），頁 132。

〔註103〕康有為《廣藝舟雙楫·第六說分》（台北：金楓出版社，1999 年 4 月 1 版），頁 131。

〔註104〕馬宗霍《書林藻鑑·霎嶽樓筆談》，頁 401。

「知其白，守其黑，為天下式。」〔註105〕鄧石如將「計白當黑」在其作品中
實踐。章法布白，關係書法藝術的見識，書法為白紙黑字，黑之美靠白襯托，
其空間是否完美無缺，黑與白有相同的重要性，甚至無墨處的白，比有墨處的
黑，更要小心處理，此即「計白當黑」的原理。鄧石如說：「字畫疏處可以走
馬，密處不可透風，常計白以當黑，奇趣乃出。」〔註106〕此是鄧石如創作實
踐的經驗。姜一涵闡釋說：「可走馬就是疏到極處；不透風就是密到極處。在
一個字的結構上，應疏處就盡力疏，應密則盡力密，此乃疏密強烈對比作用。」
〔註107〕包世臣解釋「計白當黑」認為即黃小仲（乙生）所謂的左右牝牡相得
之意。

　　鄧石如巧妙的應和老子的哲學觀，把握書法造形佈局的關鍵，營造美妙
的審美境界。「計白當黑」提醒將無字的白，看成與有字的黑，視為同等重
要。

（四）書從印入、印從書出

　　鄧石如既是書家又是篆刻家，開創皖派中的鄧派。其書法篆刻相輔相成，
「書從印入、印從書出」是指鄧石如篆書風格得益於他印章的取字，而印章風
格的形成，出自鄧石如以篆書入印。「印從書出」是鄧石如對篆刻藝術最大的
貢獻。他以小篆、碑額等書體入印，強調筆意，風格雄渾古樸、剛健婀娜。達
到書印合一的境界。

　　總之，鄧石如在篆隸的新變，對書壇貢獻甚大。主要體現在以羊毫書寫，
以隸入篆，又以篆入隸，主張計白當黑，於結構字畫疏處可以走馬，密處不可
透風與書從印入、印從書出這幾方面。

第三節　集分書大成的伊秉綬

　　清代中期是碑學時代，伊秉綬在漢碑研究與隸書創作上是一位傑出的人
物。康有為稱「集分書之大成，伊汀洲也。」〔註108〕與鄧石如同為清代碑派

〔註105〕王財貴《老子莊子選‧第二十八章》（台北：讀經出版社，2002年7月出版），
　　　　　頁18。
〔註106〕黃簡《歷代書法論文選‧包世臣藝舟雙楫‧述書上》，頁641。
〔註107〕姜一涵《書道美學隨緣談二》，頁160。
〔註108〕康有為《廣藝舟雙楫‧第十九餘論》，（台北：金楓出版社，1999年4月1版），
　　　　　頁258。

書法的開山鼻祖，有「南伊北鄧之稱」。其隸書追求拙趣，風格獨創，在書史上有重要的地位，是清朝隸書成就最高的大師之一。

伊秉綬的隸書造型方正，氣象高古博大，趙光《退庵隨筆》：「墨卿遙接漢隸真傳，能拓漢隸而大之，愈大愈壯。」〔註109〕伊秉綬書法，線條橫平豎直，簡易樸拙，幾無律動，畫面作幾何分割，表現出建築結構的造形美。茲將從其生平、學書歷程、作品分析、風格特色，探討其新變之處。

一、伊秉綬生平

伊秉綬（1754～1815）字組似，又字墨卿，晚年又號墨庵。福建汀州寧化人。清朝乾隆十九年生，乾隆五十四年進士。授刑部主事，遷員外郎。為清代有名的尊理守法的「循吏」，清史載入「循吏傳」。〔註110〕他出身於書香門第，父親伊朝棟，官至光祿寺正卿，世代書香的環境，對伊秉綬讀書寫字，營造了有利的條件。嘉慶四年任廣東惠州知府，創辦豐湖書院，以《小學》、《近思錄》課諸生。集儒生共講經史。嘉慶十年任揚州知府。喜愛三代兩漢文字，三十歲前就臨了許多碑碣。三十歲後曾居住王文端相國家中任幕僚，整整三年，飽覽珍祕，刻意臨摹，為了科舉考試，在小楷方面下過很大的功夫，這是鄧石如不曾有的經歷。喜繪畫，治印，工詩文，書法，以隸書最為擅長。著有《留春草堂詩鈔》四卷，《伊墨卿自書詩》（涵芬樓出版），嘉慶二十年卒，享壽六十二歲。其生平概略如下：

（一）為官清廉，勤政愛民

伊秉綬曾任廣東惠州知府、揚州知府，每到一處，都讓百姓感念。《清史稿列傳》云：

> 秉綬承其父朝棟學，以宋儒為宗。在惠州，建豐湖書院，以小學、
> 近思錄課諸生；在揚州，宏講文學。歿後士民懷思不衰，以之配食
> 歐陽修、蘇軾及清王士禎，稱四賢祠。〔註111〕

從《清史稿列傳》記載，其學以宋儒為宗，宋儒之學以探討心性為主，又稱為內聖之學，「內聖」者，即內而在於個人自己，自覺地作聖賢的功夫。伊秉綬以《近思錄》課諸生，《近思錄》是朱熹所作，內容援引北宋五子語錄與為

〔註109〕馬宗霍《書林藻鑑·退庵隨筆》，頁406。
〔註110〕朱仁夫《中國古代書法史》（北京：大學出版社，1992年6月1版），頁519。
〔註111〕《清史稿校註·列傳二百六十五》，頁10931。

學、存養、克己、治國、教學……等有關，陳榮捷稱此書集理學之大成，錢穆將此書比之為經。從列傳可知伊秉綬是一位愛護百姓，重視文化教育，受民尊敬的官員，人民感念其功績，在揚州與歐陽修、蘇軾及清王士禛，並列為四賢，並立祠紀念。

（二）師友眾多　博學多聞

伊秉綬的師友主要的有紀昀、翁方綱、阮元、王昶、孫星衍、洪亮吉、桂馥、黃易、包世臣、梁同書、吳榮光、法式善、羅聘等人。伊秉綬乾隆五十四年中進士，先後得到多位大學士的賞識，如朱珪、紀昀、劉墉，自然也就成了伊秉綬的座師。伊秉綬參加科舉考試，劉墉是他的老師。康有為稱：「集帖學之成者劉石庵也。」〔註112〕伊秉綬與阮元為同榜進士，伊大阮元十歲。阮元任浙江巡撫，弘揚學術文化，身邊聚集不少研究金石的學者，都是對伊秉綬或多或少的影響。茲簡要介紹伊秉綬的師友。

1. 紀昀（1724～1805）

清代著名才子，曾奉命主持四庫全書的編纂，著有《閱微草堂筆記》。伊秉綬在北京應考時，紀昀為主考官，紀昀特延請伊秉綬教他的孫子，可見對他的信任。伊秉綬在閱微草堂三年，拓展了眼界，為學問打下紮實的基礎。

2. 朱珪、朱筠（1729～1781）

伊秉綬在福建鄉試中舉的主考官是朱珪，為朱筠之弟。朱筠提督福建學政「以經學六書倡，謂經學本於文字訓古。」、「尤喜小學，勸人為學先識字。」、「好金石文字可佐證經史。」〔註113〕伊秉綬被朱筠引為知己。伊秉綬在惠州建豐湖書院，以小學、《近思錄》課諸生，可見受其影響之深。

3. 黃易（1744～1802）

黃易字小松，癖好金石，著有《小蓬萊閣金石文字》，黃易所蓄金石甲一時，四方好古之士，取得古文石刻，無不就正於黃易。尤以篆刻著稱，為西冷八家之一。伊秉綬與黃易相交甚早，早年隨父任官留京時即認識。伊秉綬作山東之遊曾拜訪仰慕的黃易。伊秉綬的嗜好金石之癖，自然受到黃易的影響。

〔註112〕康有為《廣藝舟雙楫》（台北：金楓出版社，1999年4月1版），頁258。
〔註113〕翁毓濤《伊秉綬書法風格研究》（國立新竹教育大學，美勞教育研究所，碩士論文），頁11。

4. 桂馥（1736～1805）

桂馥，字未谷，別號蕭然山外史。潛心小學精通許慎《說文》，曾謂：「士不通經，不足致用；而訓詁不明，不足以通經。」〔註114〕桂馥的京邸與伊秉綬比鄰，常與他討論碑帖書畫，同善隸書，為忘年交。編有《繆篆分韻》。伊秉綬與桂馥有深厚的情誼，他有詩《送桂未谷之官滇南》、《為桂未谷題戴花騎象圖》、《題衡方碑陰同覃溪先生寄未谷大令》、《同桂未谷進士、張船山檢討夜訪陳笠帆曹長小酌》等。〔註115〕可知兩人交往之深。

5. 翁方綱（1733～1818）

翁方綱精研經術，嘗謂考訂之學，以折中義理為主。具金石癖，伊秉綬有詩《題蘇齋所藏東坡真跡九首》、《十二月十九日蘇齋拜東坡真像三首》、《黃小松司馬拓嵩陽三闕文寄蘇齋索題》。兩人交誼深厚與對蘇東坡極端崇拜有關。

伊秉綬出身書香世家，又有眾多學問淵博的師友，這樣優越的學習環境，對伊秉綬金石書畫影響很大，所交往的師友，皆一時才俊之士，不論於學問、書法，伊秉綬從中得到啟發、受益不少。

二、學書歷程

伊秉綬幼承家學，以宋儒為宗，二十六歲中舉人，三十歲以前以小楷為主，此後隸書、行書兼學。三十六歲中進士，劉墉成為伊秉綬的座師。劉墉授以古龍睛執筆法，告以指不死則畫不活，〔註116〕書法多少受其師啟蒙。伊秉綬與阮元為同榜進士，兩人曾一起研究金石，交情要好。阮元身邊聚集不少愛好金石書畫的文化人，受金石學風影響，熱愛碑學，此外與翁方綱、孫星衍、洪亮吉、桂馥、黃易等金石家交往。這與伊秉綬的書學成就都有關係。

（一）初學唐楷　尤好顏書

伊秉綬早年對小楷下過極大功夫，小楷學歐柳。〔註117〕臨過唐楷柳公權、歐陽詢、虞世南、褚遂良等諸家，〔註118〕主要受顏真卿影響。顏真卿書的特色是將篆隸筆法用於楷行草書上。沙孟海說：

〔註114〕《清史稿校註》卷四百八十八·列傳二百六十八，頁 11070。
〔註115〕金丹著《中國書法家全集·伊秉綬、陳鴻壽》，頁 162。
〔註116〕金丹《中國書法家全集·伊秉綬·陳鴻壽》，頁 71。
〔註117〕崔爾平《歷代書法論文選·王潛剛·清人書評·伊秉綬則》，頁 817。
〔註118〕伊秉綬·年表：39 歲在長生古瓦齋中臨蘭亭序，及柳歐虞褚帖。

> 伊秉綬是用顏真卿的楷法寫隸字的，但同時他也用隸的方法來寫顏
> 字。用隸的方法來寫顏字，真是師顏之所師，此祕待我發，他可以
> 自豪了。〔註119〕

用顏楷寫隸字，又用隸的方法寫顏字，師顏之所師，而伊秉綬的行草書，主要
的是臨《爭座位帖》、《裴將軍帖》、《送劉太沖序》，又學李西涯（東陽），再以
篆隸之筆運之。〔註120〕伊秉綬遍臨百家，沙孟海又說：

> 他不論臨那一家字，都有我的存在，而他的我之中，又處處有顏的
> 骨氣，真可謂具體而微了。除卻顏的成分……真書中含弔比干文的
> 成分最多。〔註121〕

沙孟海讚美伊秉綬書法，有我、有顏、真書有《弔比干文》成分。康有為云：
「汀州精於八分，以其八分為真書，師仿《弔比干文》，瘦勁獨絕。」〔註122〕
伊被譽為乾嘉八隸〔註123〕之首。魏碑的《弔比干文》結體之妙，完全在於善
變，而寫字貴在能變，伊秉綬師法隸書過渡到楷書，尚存隸意的字體，是具有
變化生命的楷書。

（二）博學多體　獨鍾《衡方》

　　伊秉綬的隸書，從《封龍山》、《韓仁銘》、《裴岑碑》、《尹宙碑》、《孔宙
碑》、《衡方》、《張遷》、《褒斜道刻石》而來，宗漢魏六朝碑版，尤得益於《衡
方》、《張遷》、《禮器》諸碑。其中《張遷碑》與《衡方碑》致力最深〔註124〕，
據其《留春草堂詩鈔》：「維衡與伊氏，同祖商阿衡。似憲貧非病，學由聞思
行。賤子竊摹之，百本臨摹曾。……」〔註125〕可知他臨寫《衡方碑》多達百
遍。漢隸是伊秉綬主要學習對象，伊秉綬隸書與《衡方碑》有血肉不可分的

〔註119〕沙孟海《論書叢稿·近三百年書學》（上海：書畫出版社，1987年3月1版），
　　　　頁52。

〔註120〕翁毓濤撰〈伊秉綬書法風格研究〉（國立新竹教育大學，美勞教育研究所，碩
　　　　士論文），頁72。

〔註121〕沙孟海《論書叢稿·近三百年書學》，頁52。

〔註122〕馬宗霍《書林藻鑑·伊秉綬·康有為云》，頁407。

〔註123〕乾嘉八隸是指翁方綱、黃易、伊秉綬、桂馥、錢大昕、鄧石如、陳鴻壽、張
　　　　廷濟八人。

〔註124〕梁章鉅《吉安室書錄·伊秉綬》（上海：人民美術出版社，2003年8月1版），
　　　　頁162。

〔註125〕伊秉綬《留春草堂詩抄·題衡方碑因同覃溪先生寄未谷大令》書譜五十一期，
　　　　頁12。

淵源關係，融先秦篆籀、漢魏磚瓦及顏體氣象於一爐，而自成一家。

（三）喜臨漢篆《少室石闕銘》、《開母廟石闕銘》

伊秉綬四體兼擅，惟篆書作品少見。何紹基詩：「丈人八分出二篆，使墨如漆楮如簡。」〔註126〕所謂使墨如漆，是因伊秉綬用筆平實，不在墨色上作濃淡枯濕的變化，這是其隸書顯得飽滿厚實的原因之一。伊秉綬篆書臨漢篆《少室石闕銘》〔註127〕、《開母廟石闕銘》。〔註128〕康有為《廣藝舟雙楫》說：「茂密渾勁莫如《少室》、《開母》。漢人篆碑只存兩種，可謂稀世之鴻寶，篆書之上儀也。」〔註129〕取法乎上，是學習成功的條件，由此可見伊秉綬的眼光。《少室石闕銘》寬博樸厚，氣象恢宏，《開母廟石闕銘》篆法方圓茂滿，雖極剝落，而神氣自在。其筆勢有肥瘦，亦有頓挫，與漢繆篆相似。

圖 4-3-1 《少室石闕銘》　　　圖 4-3-2 《開母廟石闕銘》

取自金其楨《中國碑文化》，（重慶出版社），頁 96。

取自金其楨《中國碑文化》，（重慶出版社），頁 97。

〔註126〕馬宗霍《書林藻鑑·伊秉綬·何紹基詩》，頁 406。

〔註127〕全稱《嵩岳少室石闕銘》。東漢篆書碑刻。《少室石闕銘》的篆書寬博樸厚，氣象恢宏，有大家之風書法古拙簡樸，茂密渾勁，是漢代篆書的代表作。

〔註128〕開母廟原名啟母，避漢景帝名諱而改，此銘篆書，書法古樸，是漢代篆書名跡。

〔註129〕黃簡《歷代書法論文選·康有為廣藝舟雙楫》，頁 787。

　　伊秉綬臨漢篆目的是為求線條的圓渾結實，通過習篆來追求古意與金石氣，以強化隸書的線質。漢篆的特點是不受秦篆工整拘束，不受形、聲、義組合的牢籠。因為隸變因素，兩漢是文字重大改革、發展的時代。伊氏以隸書成就最高，其隸書為漢碑中雄偉古樸的一類，「拙」是伊秉綬書法意境的最大特色。

三、書學主張：求辣、尚拙

　　伊秉綬有一對聯「詩到老年惟有辣，書如佳酒不宜甜。」〔註130〕這是藝術的至理名言。書如佳酒不宜甜，學書如品酒一樣，字若寫的圓巧便近於甜膩，終不為上品。吳修《昭代尺牘小傳》：「墨卿書似李西涯（東陽），尤精古隸，獨不喜趙文敏，蓋不以其書也。」〔註131〕伊秉綬不認同趙孟頫的字，伊的隸書，求辣、尚拙，隨著年齡的增長而愈加蒼勁古樸。

　　伊秉綬留給其子念曾三十二字箴言：「方正、奇肆、恣縱、更易、減省、虛實、肥瘦，毫端變幻，出乎腕下，應和凝神造意，莫可忘拙。」〔註132〕這三十二字是伊秉綬作隸的訣竅。方正是隸書基礎，發展為奇肆、恣縱，更易、減省是變化創造的手段，凝神造意是極端理性，莫可忘拙是敦厚的情懷，可看出其風格追求與主張，是理性與深情的結合。

　　總之，伊秉綬學書歷程是學小楷、唐楷，崇尚漢、唐的，是一個由漢碑到唐碑，再形成自己風格的過程。「師顏之所師」，獨特的審美眼光，使其崇尚拙趣，歷經從巧到拙，從秀到樸的境界。早期隸書已粗具自己面目，是風格定型較早的書家。

四、作品分析

　　形式是用來表達內容的模式、結構、或組織，形式是外在的形態，內容是意義的構成。形式直接作用於審美主體，內容則經由形式才能把握。

　　伊秉綬的隸書形式，正如克萊夫‧貝爾（Clive Bell 1881～1964 年）說：「有意味的形式。」〔註133〕所謂「有意味的形式」也就是線條、色彩，以某種特殊方式組合，激起我們的審美感情。這種組合形式，我們稱之為有意味的

〔註130〕《書譜 51 期‧莫友芝‧伊秉綬的書法》，頁 13。
〔註131〕吳修《昭代尺牘小傳‧卷二十四‧伊秉綬》，（明文書局印行），頁 5。
〔註132〕朱仁夫《中國古代書法史》（北京：大學出版社，1992 年 6 月 1 版），頁 520。
〔註133〕周憲《美學是什麼？》（台北：揚智文化事業，2002 年 11 月），頁 159。

形式。

何以說伊秉綬的隸書是有意味的形式呢？筆者以為伊秉綬的隸書形式，線條橫平豎直，形體簡化，使墨如漆，符合黃金分割的比例原則，就是有意味的形式。

伊秉綬的隸書，一反常理，出奇制勝，造型奇特。融合篆書、顏體與隸書筆意，風格蒼勁古樸，成為有清一代大家。其作品依創作時間，將其分為三期，茲選擇較具代表性者分述如下：

（一）早期（臨摹階段）：力求方正

四十五歲以前為臨摹期。四十歲前學《乙瑛》、《禮器》等。用筆稍肥，略施波挑，結構扁方勻稱，但又不似《曹全》那般一波三折，早期風格不甚明顯，但用筆樸實，結構平和的特點也初見其學書思想。三十六歲到四十五歲這十年間在京為官的生活，環境迫使他寫拘謹、端整的字體。使其書法練就了紮實的功夫。早期隸書作品如《芝田、湘瑟聯》、《臨張遷碑》、《志於道，時迺功》。

圖 4-3-3　《芝田湘瑟聯》　　　　圖 4-3-4　《臨張遷碑》

取自《中國書法家全集·伊秉綬、陳鴻壽》，頁 46。未註明尺寸。

取自《中國書法家全集·伊秉綬、陳鴻壽》，頁 58。福建省博物館藏。尺幅：101.7cm×31.5cm。

圖 4-3-5 《志於道時迺功聯》

取自《書譜‧五十一期》，頁 25。未註明尺寸。

1.《芝田湘瑟聯》分析

據年表此聯為乾隆四十八年三十歲時作。體勢方正，筆畫粗細相近，結字嚴謹，隸書的蠶頭燕尾不明顯，自我風格尚未確立。

2. 臨《張遷碑》分析

此為早期所臨《張遷碑》，落款戊申，據年表時為三十三歲。張遷碑為方筆隸書之代表。用筆以方為主，體勢方正，結字謹嚴，章法諧調。此臨接近原碑風格，可視為摹寫客體真實為主要的寫實型創作，即寫實主義（再現主義）。伊秉綬從中得其質樸和醇厚，這對他隸書風格有奠基作用。晚年所臨《張遷碑》則自我風格強烈。是以抒發主體精神為主要方向的表現型創作，即浪漫主義（表現主義）。

3.《志於道、時迺功》分析

此四十五歲作，根據馬國權編《伊墨卿先生年表》嘉慶三年戊午（1798）六月九日在長生古瓦齋為素人先生作隸聯，文云：「志於道，時迺功。」先生隸書作品之有紀年者，以此為最早。〔註 134〕此聯用筆稍肥，結體亦欠峻拔，風格與桂馥、黃易相近，可視為介於模擬期結束要進入創新階段的初期之作。

〔註 134〕馬國權〈伊墨卿年表〉收錄於《書譜五十一期》，頁 44。

（二）中期（繼承與創新交替階段）：豪邁恣肆

四十五歲到五十歲左右為蛻變期，在長期的研習中，逐步形成了方正雄偉、圓渾飽滿之書風。此時期主要參考的是《衡方》、《張遷》、《裴岑》諸碑。伊秉綬捨去漢隸富裝飾性的一波三折，取而代之的是粗細變化甚少的平直筆畫，簡練而直率。如《韓仁銘》、《三千、一十聯》、《裴岑碑》等分析如下：

圖 4-3-6 《韓仁銘》

圖 4-3-7 《三千一十聯》

取自《中國書法家全集·伊秉綬、陳鴻壽》未言明尺寸。

取自《中國書法家全集·伊秉綬、陳鴻壽》。尺幅：131.7cm×22cm×2。

1.《韓仁銘》分析

臨摹作品，未落款年月，臨摹《韓仁銘》並不求像，而是參己意，將漢隸的體勢、結構加以改變，將篆書用筆融入其中，形成間架博大、質樸渾厚、氣勢雄強的風格。伊秉綬是風格較早定型的書家，正如沙孟海所言，不論臨何家都有我的存在。

2.（三千、一十聯）分析

此聯刊於日本《中國書道全集》，字形方面，「年、奇」為長形，「字、家」為扁方形，「上、下、古」為寬形，「三、千、一、十、七」偏扁。用筆強勁方整，筆畫平直，分佈均勻，四邊充實。在獨體字方面，利用少數線條，將空間作有趣的分割，行成佈白寬博、虛實對比。與其他隸書的古樸厚重有別，此則

瀟散蒼勁、清空高邈，方正而不板滯。姜一涵說：「伊秉綬此書很近金農，在金農的基礎上，又向前推進了一步，更有現代味。」〔註135〕伊秉綬書法採簡化方式表現，是一種「為道日損」的作法，比起「轉益多師」的學習，簡化更能保住純然真正的自己，簡化是構成有意味形式的一種方法。

3. 臨《裴岑碑軸》分析

伊秉綬五十歲（1803年）作。《裴岑碑》全名為《漢敦煌太守裴岑紀功碑》。伊秉綬此作雖名為臨而自我風格明顯。

方朔《枕經堂題跋》云：「碑制高約今尺四尺二寸，廣尺八寸五分，共六行，各十字，文筆敘述簡古，字在篆隸之間，雄勁生辣，真有率三千人擒王俘眾氣象。」〔註136〕《漢敦煌太守裴岑紀功碑》風格遒古瑰麗，由此可知伊秉綬學書取向，追求雄勁生辣、遒古瑰麗。古今評者謂其善寫隸書大字，愈大愈壯，氣勢恢宏。觀此碑當知其風格來源與取法碑帖有關。此碑用中鋒行筆，寬博、方嚴，藏頭護尾，法度森然。

圖 4-3-8　《臨裴岑碑軸》

取自《中國書法家全集·伊秉綬、
陳鴻壽》未言明尺寸。

〔註135〕姜一涵《書道美學隨緣談二》（台北：蕙風堂出版），頁119。
〔註136〕方朔《枕經堂題跋·漢敦煌太守裴岑紀功碑跋》（學海書局，1977年4月出
　　　　版），頁119。

（三）晚期（成熟階段）：復歸方正

　　五十歲後至其終老為伊秉綬書法的高峰期，此時之作，進一步提煉整理。注重大疏大密的對比變化，恣縱奇肆、雄健豪放，更強調變化後的和諧自然，將清代隸書推向了高潮。《變化、陶冶聯》、《翰墨、煙雲聯》、《為文、論詩聯》，此三聯為（52～55）歲作品，年代相近又同為對聯，故一併分析。《山濤傳》，同類型之作有《魏舒傳》，《劉毅傳》，風格一樣，故取一件。《宋拓僅存》，「宋拓顏魯公書多寶塔感應碑」十二字，伊秉綬以隸書《宋拓僅存》題之，形式為斗方，《遂性草堂》與《散邑盤銘》同為六十二歲作，皆最晚年作品。茲分析如下：

　　此三件作品均為對聯，作於晚期（52～55）歲時，分析說明如下：

1.《變化、陶冶聯》分析

　　由落款乙丑春日，知作於嘉慶十年，時伊秉綬五十二歲。性字齊整，靈字中間縮收，造成參差錯落之感。筆力雄健，其隸字愈大愈壯，觀此作確實如此。線條簡單化，凸顯藝術樸素真摯的本質，風格勁秀古媚，放縱飄逸，受儒家審美觀的影響，有高古博大的廟堂氣象。

2.《翰墨、煙雲聯》分析

　　五十四歲作，用筆參篆籀，結體多取正勢，此作大膽使用平行線，橫平豎直，端莊鄭重，使墨如漆，不作濃淡乾溼的變化，章法茂密，風格凝重、古樸典雅。凸顯作品的壯大雄厚。

　　伊氏隸書線條看似平直、均勻、齊整、少有變化，其實豐富多變耐人尋味。伊氏線條方處極方，圓處極圓，形成強烈對比。用篆書線條寫隸書，而轉折卻純用方折，折角為直角方正之極。斜畫則呈三角形，少有不規則空間。字型內部空間的方，呈穩定的幾何圖形，產生靜穆、沉穩、剛硬、飽滿、蒼拙之感。而線條起止的圓又顯得流轉、溫潤、優美、精巧。

3.《為文、論詩聯》分析

　　嘉慶丁卯即西元 1807 年伊秉綬五十五歲，此作中鋒用筆，真率質樸，整聯用筆感覺圓潤，結字規整，多用圓筆，橫畫少有波磔，橫細豎粗，隸書一般以橫畫為主，此則強化豎筆，對傳統隸書有所突破。「道」字三點用小圓點，「禪」字兩口處理成圓形，字字飽滿而撐滿四周，古勁又富金石味。少了刻意雕琢，融篆入隸，韻味十足。風格古樸渾厚、氣韻生動。

圖 4-3-9　《變化聯》　　　　　　　圖 4-3-10　《翰墨聯》

取自《中國書法家全集·伊秉綬、　　　54 歲作。取自西泠印社法帖叢編，
陳鴻壽》，頁 66，未註明尺寸。　　　伊秉綬隸書字帖。未註明尺寸。

圖 4-3-11　《為文聯》

55 歲作。取自《清代書法》，頁 169，大陸故宮
博物院藏，尺幅：109.3cm×25.3cm。

4.《山濤傳》分析

伊秉綬《山濤傳》作品約五十六歲作，風格類似者尚有《劉毅傳》、《魏舒傳》、《崔洪傳》等。《山濤傳》三行十四大字，章法上有格滿行密、四周充實的特點。字型結構上，構思精巧，結體寬博，字畫橫平豎直，顯得方嚴整肅，富有濃厚裝飾美意趣。分析如下：

（1）用筆：用筆渾圓近於繆篆。撇捺波挑不作蠶頭雁尾。

（2）結體：在方正中喜作疏密大小的變化。然字縮扁，少、莊拓寬，量、羣縱長。

（3）用墨：濃重如漆。

（4）章法：格滿行密、四周充實。

（5）風格：古貌渾樸，方嚴而不板刻，凝重而有韻致，富有金石氣。

5.「宋拓僅存」分析

清代書家伊秉綬六十一歲作，宋拓「顏魯公書多寶塔感應碑」十二字，伊秉綬以隸書題「宋拓僅存」。此四字為偏扁的方幅構圖，橫平豎直，筆筆如鋼筋，粗細在視覺上一律，兩端都為圓頭，線條粗細幾乎一樣，而起收筆兩端的型態卻極富變化。結體方正，佈白寬搏，是其特徵。每一字為一方塊，「存」字與「拓」字左右筆畫交相揖讓，拓字撇筆寫的與豎筆不加區別。馬國權於〈伊墨卿年表·序言〉說：「『宋』字之『木』，縮撇捺而為兩點，『存』字空左下便於留題，而其『子』之橫，則故右展以補空，一點一畫悉具巧思。」〔註137〕正所謂領略古法生新奇。伊秉綬的隸書橫平豎直，此作橫畫不作燕尾，其他作品，橫畫作挑筆者，也意到即止。「宋拓僅存」落款小行書兩行，又做為「存」字左下部的補充，最後在左下腳押一方朱文印。「宋」字其中「木」的兩點本為撇與捺，大膽變形改為圓點，造成意想不到的妙趣。

姜一涵說：「研究書法最好的方法是從作品的「形」入，一個人的外型，常決定於其基因。「形」是一大秘密，從形單刀直入，深入書道之道（核心）的所在處。而文化基因又稱文化密碼，作品本身就藏有許多密碼。」〔註138〕試著揭開密碼對瞭解書法有許多方便。

〔註137〕馬國權〈伊墨卿年表·序言〉收於《書譜·五十一期》，頁38。

〔註138〕姜一涵《紀念何紹基兩百週年論文集·何、鄧在中國書史地位之重估》，頁2～4。

圖 4-3-12　《山濤傳》　　　　　　圖 4-3-13　《宋拓僅存》

取自《書譜·五十一期》，頁 38。

取自《中國書法家全集·伊秉綬·陳鴻壽》，頁 11，未註明尺寸。

　　西元前六世紀末，古希臘哲學家畢達哥拉斯發現了黃金分割，被譽為最美最巧的比例。威尼斯數學家帕喬裏說：「一切企求成為美的東西……都得服從於黃金分割這天賜的比例。」〔註 139〕將線段 AC 分割成兩段，使短段比長段＝長段比全段這比值稱為黃金比，這樣的分割方式稱為黃金分割。黃金分割定義：1 比 1·618 而 0·618 稱之為黃金分割點。其運用比例圖式如下：

圖 4-3-14　黃金分割比例圖式

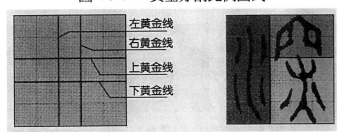

圖 4-3-15　伊秉綬書法符合黃金分割之例

　　根據黃金分割比例圖式，我們發現伊秉綬書法造型，如「聲」字左半部

〔註 139〕www.docin.com/search.do?nkey...searchcat=4.（2012/08/24）。

居黃金分割比例圖式的右黃金線，右邊的殳，上部居於黃金線上，下之「又」居於上黃金線之下。「敦」字左半部居黃金分割比例圖式的右黃金線，而左邊上下之比，亦合乎黃金分割之比例。「煌」字則左右之比與「聲」字相反，「煌」字右邊上下之比亦合乎黃金分割比例。「經」字左右之比如「煌」字，上下之比則與「煌」字右邊相反，然皆合乎黃金分割比例。以上四字以黃金分割比例圖式印證頗為符合。風格突出表現在視覺形式本身，陳振濂說：「在單調中見出無比的韻致，……構形中滲透入一種妙合陰陽的哲學意蘊，使他獲得哲學的高度與深刻度。」〔註140〕形式已耐人尋味，創造形式背後的人物，自然更加令人崇敬了。

6.《遂性草堂》分析

此《遂性草堂》六十二歲作，為隸書匾額，字大如斗，伊隸書愈大愈壯，氣勢不凡。用筆全從篆書中來，以中鋒逆勢緩行，不激不厲，線條圓潤豐厚，非常耐看。結體上四角方正，看似呆板無奇，但正是在方正的空間裡凝神造意。正如其主張，從事結體造形的更易、減省、虛實、奇肆的變化。渾厚的筆畫，幾何圖形的文字。「遂」，字上收下放，起收筆大多圓渾敦厚。短撇直切方起，斬釘截鐵。「性」字左密右疏，三橫的收筆，下兩橫的起筆方圓各別，形態不同。「草」字上重下輕，六豎除粗細的變化外，起筆的方向形狀各不同。左邊長豎收筆為方形，右邊長豎收筆為圓形。「堂」字上下兩豎故意不對正，下兩橫起筆方向不相同，收筆形狀不相同。此「遂性草堂」四字留下大大小小各種形狀的空白，別有趣味。張懷瓘說：「深識書者，惟觀神采，不見字形。」〔註141〕然神采亦得靠形質來顯現，伊秉綬形質強調筆端變化，而神彩則強調莫可忘拙。

7.《散邑盤銘》分析

此《散邑盤銘》六十二歲作，四字採用印章式的方形布勢，視覺上氣勢雄壯，收放自如，變化奇妙，布白處理，極盡疏密之能，真正體現了疏可走馬，密處不可容針的獨到之處。伊秉綬隸書折筆純用方折，內部空間方正或三角形，所以具靜穆、沉穩、剛硬、蒼拙。而線條又具有流轉、圓潤、優美、精巧的感覺。邵旭閔說：「被譽為清代碑學中隸書中興之王是當之無愧的」。〔註142〕

〔註140〕陳振濂《中國書畫篆刻品鑑》（北京：中華書局，1997年4月1版），頁316。
〔註141〕張懷瓘〈文字論〉收錄於黃簡《歷代書法論文選》，頁209。
〔註142〕邵旭閔《伊秉綬隸書字帖》（西泠印社，2001年8月2刷）。

伊秉綬在清代隸書的成就倍受肯定。

　　伊秉綬執筆採古代龍睛執筆法，將楷法融入隸書筆意，這樣漢隸的淳樸平實，唐楷的雍容大度，在他的作品中兼而有之。他的用筆不求形似某些書家，沒有一波三折，而是自我作古，落落大方，簡練而直率。以己意得其神似，銳變出自己的風貌。

　　結構方面，結字飽滿，點的表現趣味生動，伊秉綬也轉化了漢隸的扁平結體，或直或扁，任其自然，空間安排疏密得宜。章法方面，在橫平豎直的基調下，因字立形，造成大小、長短、方扁的強烈反差，而字體往往成幾何形。用墨方面則使墨如漆，凝重而又淳古，追求厚拙高古的美學境界。

　　總之，伊秉綬的隸書，橫畫用方筆居多，給人雄強之感。豎畫具有篆意，給人渾厚之感。結體扁方，給人壯闊之感。形體簡化，給人古樸之感。使墨如漆，給人飽滿厚實之感。造型符合最美的黃金分割比例，在在印證是有意味的形式。

圖 4-3-16　《遂性草堂》

《遂性草堂》取自《中國書法家全集‧伊秉綬、陳鴻壽》，頁 6，未註明尺寸。

圖 4-3-17　《散邑盤銘》

《散邑盤銘》取自《中國書法家全集‧伊秉綬、陳鴻壽》，頁 92，未註明尺寸。

五、風格特色與評價

伊秉綬的隸書，用篆書筆法寫隸書，藏鋒起筆，中鋒澀行，起收處大多為渾圓之形。轉折處不用篆書的圓轉筆法，純作方折，且折角為直角，方正之極。線條是書法的藝術語言，它的質感和筆法、墨法有很大的關係。伊秉綬善於用筆、用墨，用中鋒濃墨，重按澀行，故筆墨沉實，線條圓渾剛勁，骨肉相稱，藏骨抱筋，含文包質，線條力度大、質感強，因而給人以渾厚、含蓄、豐盈、充實的感覺。

（一）風格特色

伊氏隸書的風格特徵，大致表現在（一）結體方正，四邊充實。（二）用筆多寓篆意，平直縱橫。（三）用墨飽滿濃鬱。〔註143〕方正是漢隸的特點，伊秉綬隸書，橫平豎直，體勢多方，以正大為主要特徵。其特色歸納如下：

（1）方圓：方處極方，圓處極圓，造成強烈對比。

（2）粗細：橫豎筆畫相較，橫稍細豎稍粗。

（3）曲直：多用直線折線。

（4）變化：隸書中段平勻，變化全在兩端。

（5）整齊與參差：線條長短有意整齊，增加隸書的整飭、古拙、方正之感。

（6）立體感：黝黑、渾圓、峻厚充滿立體感。

（7）藏頭護尾力在字中，線條如萬歲枯藤，老辣蒼勁，內含骨力。

（8）動與靜：減去蠶頭燕尾的波折變化，追求靜穆、端莊、厚重的風格。追求造型之美、建築之美、含蓄之美、靜穆之美。而非張揚、律動之美。

（9）虛實：粗為實、細為虛，密為實、疏為虛。無虛則實不顯，無實則虛不著，純虛則空，純實則濁，故虛實相對方可稱妙。伊秉綬隸書處處有虛實對比，既充實又具空靈之美。

伊秉綬用筆、結體在穩健樸茂中透出恣縱、奇肆，雄偉莊嚴中蘊含奇巧、靈秀，這得力於他對構成的敏感，呈現出寓巧於拙、出奇制勝的巧思。伊秉綬隸書筆墨沉實，簡單而濃重的線條對空間作分割，給人樸實而醇厚的感覺，後

〔註143〕陳大中、來一石、呂金柱、汪永江著《隸書教程》（中國美術學院出版社），頁82。

人譽其隸書為「古穆」，這說明對秦漢的繼承與發展，可孕育更鮮活的生命，伊秉綬的創作實踐，與鄧石如同為碑學拓展的鼻祖。鄧石如詮釋漢魏，以時代審美思潮改造了古人，伊秉綬融入漢魏，以古人的審美境界改造了時代。

伊秉綬強調「凝神造意，莫可忘拙」，「拙」可謂伊秉綬書法最大特色。伊秉綬銳意創新，敢為天下先，所以他與同時代的隸書家拉開了距離，也正是這種創新精神，推動其風格形成的直接原因。

（二）風格評價

伊秉綬的隸書，康有為說：「頑伯實與汀州分分隸之治，而啟碑法之門，開山作祖，允推二子。」〔註144〕伊秉綬從漢碑中攝取神理，用筆勁健沉著，結體充實寬博，明顯融入《張遷碑》、《禮器碑》、《衡方碑》的優點。周祥林說：「他的隸書結字主要從《衡方碑額》化出，同時參入了極重的篆書筆法，再將篆書拙樸雄強的精神融為一體的同時，又書卷氣十足。」〔註145〕他的書法，師古而不留痕跡，很難找出具體的師法對象。既有鮮明的獨創意味，又有傳統文人的審美內涵。

伊秉綬的隸書，氣魄宏偉、威嚴壯麗。康有為說：「集分書之成，伊汀洲也。」〔註146〕集分書之大成，這是何等崇高的評價？伊秉綬的隸書所以被稱集大成是因其隸書具有高古博大、蒼勁挺拔的風格。結體方正典雅，大氣磅礴，有廟堂之氣。趙光《退庵隨筆》云：「墨卿遙接漢隸真傳，能拓漢隸而大之，愈大愈壯。」〔註147〕此說明伊秉綬隸書得漢隸真傳，且字體愈大愈壯。字大則適合匾額、對聯形式的作品。

清蔣寶齡《墨林今話》云：「以篆隸名當代，勁秀古媚，獨創一家。楷書亦入顏平原之室。」〔註148〕蔣寶齡評其勁秀古媚，「媚」字或當指其作品具書卷氣而言，蓋按其三十二字箴言，強調莫可忘「拙」。所追求的應是「拙」，而非「媚」。何紹基所言：「丈人八分出二篆」〔註149〕可知伊秉綬亦寫篆書，伊

〔註144〕康有為《廣藝舟雙楫・尊碑第二》，（台北：華正書局，1985年2月初版），頁14。
〔註145〕周祥林〈論清代早中期隸書審美風格的分野〉收錄於《全國隸書學術討論會論文集》。頁388。
〔註146〕康有為《廣藝舟雙楫・餘論十九》，頁258。
〔註147〕華人德編《歷代筆記論彙編》江蘇教育出版社，2001年2月2刷頁497。
〔註148〕蔣寶齡《墨林今話・卷八》收於《清代傳記叢刊》（明文書局印行），頁7。
〔註149〕馬宗霍《書林藻鑑・伊秉綬則》頁406。

氏篆書作品較為少見，然其作品線條具有明顯的篆意。

馬宗霍《霋嶽樓筆談》云：「世皆稱汀洲之隸，以其古拙也。然拙誠有之，古則未能。獨其以隸筆作行書，遂入魯公之室。」〔註150〕馬宗霍評「拙誠有之，古則未能。」實過於苛刻。其隸書放膽飄逸，超絕古格，氣象博大，堂皇之極。

六、新變成就

伊秉綬堪稱清代隸書第一大家，其所處的時代，正是乾嘉時期出土的金石碑版較多，考據之風盛行，又有阮元、包世臣推崇北碑，金農、鄧石如等大師的實踐，在客觀環境下，伊秉綬接受碑學潮流，乃風氣使然。有關伊秉綬的隸書，莊永固說：

> 於漢《衡方碑》、《張遷碑》、《孔宙碑》、《韓仁銘》及《五鳳二年刻石》等石碑，用功甚勤，臨習既熟，探索總則，終以「方正雄偉」概括其書法藝術表現，特點在橫平豎直、方正寬博、雄偉莊嚴，強調結字之方正飽滿，且偏重靜態之構築意趣，……以最簡潔的橫平豎直線條，不求姿媚，撫其拙體，仍能達到藝術尖頂，這「大巧若拙」的書法意境，可為書法藝術發展帶來不少的衝擊和助力。〔註151〕

伊秉綬的分隸，莊永固以方正雄偉，概括其書法表現，特點橫平豎直、方正寬博，靜態構築，大巧若拙。更易、簡省，改變常規，即是新變。其新變成就，體現在以下幾點：

（一）篆隸楷相容

何紹基稱伊秉綬的隸書「丈人八分出二篆，使墨如漆楮如簡。」〔註152〕即道出其隸書筆法篆籀，又其獨特風格，是將顏魯公的楷書與隸書相融。他對金石碑版的濃厚興趣，從中廣泛及取營養，並找到自己的發展方向，逐漸形成自己的風格。橫平豎直，中鋒用筆，既用顏楷寫隸字，又用隸的方法寫顏字，師顏之所師。

（二）中鋒用筆

中鋒用筆渾圓，與顏真卿楷書圓筆寫法同質，很合古人對篆籀筆意圓實

〔註150〕馬宗霍《書林藻鑑・伊秉綬》，頁407。
〔註151〕莊永固〈漢隸的轉化與運用〉收錄於《書畫藝術學刊第七期》，頁210。
〔註152〕馬宗霍《書林藻鑑・伊秉綬・何紹基東洲草堂詩抄》，頁406。

的認知。伊秉綬中鋒用筆是經過一番苦練的。謝章鋌《睹棋山莊詞話》載：「墨卿每朝起舉筆懸畫數十百圈，自小累大，以極勻圓為度，蓋謂能是則作書腕自健。」〔註153〕伊秉綬隸書，其線條具篆籀筆意，如巨木構屋，大氣磅礴，高雅靜穆，高古拙厚，富金石氣，寬博對稱，莊重凜然之中，卻時時有出人意表的變化，可謂寓婀娜於剛健之極致。

（三）構形簡易

結構方面，伊秉綬也轉化了漢隸的扁平結體，或直或扁，任其自然，看似粗木搭房，實質是嚴整工穩而又錯落有緻、疏密得宜的空間安排。不故求特色即是伊秉綬書法最感動人的特色，看來至簡至易，卻永遠散發著藝術真摯樸素的本質。林進忠說：

> 篆隸相通所成的沉穩厚實，加上結字的伸展、開合、挪讓，在規整
> 中透現勃勃生氣，錯落多姿的點線形態，在方整嚴謹組合中內含多
> 端變化。線質用筆追篆法古意，結體造形則出新意，融合構成強烈
> 的良好視覺效果，在書法史上創造出自我獨具的表現風格。〔註154〕

伊秉綬隸書線質用筆追篆法古意，結體造形則出新意，融合構成強烈的良好視覺效果，初看光潔方整，有些像今天的美術字，細細品味則是在不變中求變，在同中求不同，有一種大智若愚，大巧若拙之美。省去常見的蠶頭雁尾，其簡約處更接近於篆書，初觀不易發現其妙，但往往會被其氣魄所震撼，這就是藝術的力量。

（四）計白當黑

清代笪重光《書筏》有云：「精美出於揮毫，巧妙在於布白。」〔註155〕「計白當黑」雖是鄧石如所提出，而伊秉綬的隸書正是「計白當黑」美學巧妙的運用。翁毓濤說：

> 園林建築的空間（虛）與形體（實）互相聯繫，互相依存。如果把
> 建築當作「黑」，把院落空間當作「白」，它們所構成的平面圖案，
> 正如書法結構中的黑白相生、互補，也就是計白當黑的美學。一黑
> 一白，呈現西方現代藝術「圖地反轉」的空間觀，黑白互為「圖」、

〔註153〕金丹《中國書法家全集・伊秉綬、陳鴻壽》，頁63。
〔註154〕林進忠著《隸書》（國立藝術館出版），頁110。
〔註155〕黃簡《歷代書法論文選・笪重光書筏》，頁561。

　　「地」，在瞬間的視點轉換中，呈現四度空間。〔註156〕
四度空間，即長寬高的立體空間外加上時間。園林造景（空間立體），虛實相
互依存，而移步換形（加上時間流動），則景景不同。金農、伊秉綬的隸書，
均具有西方現代藝術圖地反轉的四度空間效果。

（五）樸素守拙

　　伊秉綬強調「凝神造意，莫可忘拙」。方正是隸書結體的根本，在方正
的基礎上，進而蒼健遒勁，必然會發展到奇肆、恣縱，而肆與縱，又都是從
意境中表現出來的。更易、減省，是指字形的更換和筆畫的省略；虛實，指
字的運筆要虛實相副，字的結體和佈局要虛實得宜，一字之中筆畫有肥瘦，
一篇之中，字體也有肥瘦，互相映襯。上述種種辯證的統一，都可歸結到運
腕上去。運腕是書法的關鍵，腕指揮毫端，表現以上種種變化。臨池時絕不
可心猿意馬，浮躁輕率，應「凝神造意，莫可忘拙」，以巧求拙，以工求不
工。

　　總之，伊秉綬廣涉博取，詩書畫印兼善，為其藝術提供了全面的營養，又
善於融會貫通，將平生所學融匯於筆端。既博學多才，又轉益多師，是伊秉綬
書法風格形成的重要原因。

　　古今評者謂其善寫隸書大字，愈大愈壯，氣勢恢宏。其隸書作品有「方
嚴、奇肆、寬博、恣縱」的特點。富有金石氣、廟堂氣，凝重而有韻致，清
雅而且古樸，具有很高的美學價值。

第四節　簡古超逸的陳鴻壽

　　歷來學隸書，一向以漢碑為主，陳鴻壽則取法摩崖刻石，因此他的隸書
與眾不同，極富有獨創性。秦祖永《桐蔭論畫》云：「陳鴻壽詩文書畫皆以姿
勝，八分書尤簡古超逸，脫盡恆蹊。」〔註157〕致力《開通褒斜道刻石》，心
摹手追，得其神駿，表現個人鮮明的風格。其篆刻藝術專宗秦漢，旁及丁敬，
為西冷八家之一，〔註158〕。浙派篆刻至陳鴻壽可謂發展到最高境界。學習他

〔註156〕翁毓濤撰《伊秉綬書法風格研究》（國立新竹教育大學美勞教育研究所96年
　　　　碩論），頁27。
〔註157〕馬宗霍《書林藻鑑‧陳鴻壽‧桐蔭論畫則》，頁416。
〔註158〕西冷八家是浙派篆刻家，丁敬、蔣仁、黃易、奚岡、陳豫鐘、陳鴻壽、趙之
　　　　琛、錢松等八人。

篆刻風格者甚眾，有曼派之稱。在金石氣中帶有書卷氣，風格豪邁奇逸。書法在西泠八家中最有情調，在形式上的表現，最富創造力。茲將從其生平、學書歷程、作品分析、風格特色，探討其新變之處。

一、陳鴻壽生平

陳鴻壽（1768～1822）錢塘（今浙江杭州）人，字頌，又字子恭，號曼生、曼龔、曼公、恭壽、翼盦、胥溪漁隱、種榆仙吏、種榆仙客、夾穀亭長、老曼等。乾隆三十三年生。十五歲失怙，三十七歲父親也離開人世。家貧，四方知名之士造訪，常借貸以應，可見其人品。好摩崖碑版之學，書法四體兼擅，隸書、行書尤佳。

陳鴻壽任溧陽知事三年，官江南海防河務同知。在溧陽期間，愛陽羨之泥細膩，可以為飲器，故創意造型，範為茶具。與宜興紫砂名家楊彭年一起合作創制紫沙壺新樣，還親自撰寫銘詞，鐫刻在壺上，人稱其壺為曼生壺。〔註159〕曼生壺有十八式，壺底常親蓋一方「阿曼陀室」的印，阿曼陀室是陳鴻壽的齋號。曼生壺是以壺為載體，表現書法、篆刻之美。

他活躍於嘉慶朝，一生恰好見證了清代由盛而衰的轉捩點。陳鴻壽具多樣才能，書法、篆刻、詩文、繪畫、壺藝、刻錫，性格豪爽，多才多藝，無所不佳。道光二年以風疾卒，年 55 歲。著有《種榆仙館摹印》、《種榆仙館印譜》、《種榆仙館詩集》、《桑連理館集》傳世。

二、學書歷程與主張

清代乾隆、嘉慶兩朝，考據之風盛行，訓詁、文字、金石、音韻等專門學科得到突破性發展，時稱「乾嘉學派」。經學研究必涉及金石學，研究成果不斷問世。陳鴻壽於藝術涉獵廣泛，而且造詣極高，為著名的「西泠八家」之一。他的篆刻出入秦漢，用刀大膽，自然隨意，古拙恣肆，蒼茫渾厚。書法以隸書和行書最為知名，陳鴻壽正是乾嘉時期的金石書法家。其主要宗承秦漢與浙派的丁、蔣、黃、奚，並受阮元碑學影響。

（一）取法摩崖　詔版

楊守敬《書學邇言》云：「桂未谷、伊墨卿、黃小松、陳鴻壽四家之分書

〔註159〕金丹著《中國書法家全集·伊秉綬·陳鴻壽》（河北教育出版社，2006 年 12月 1 版），頁 42。

皆根柢漢人，或變或不變，巧不傷雅，自足超越唐宋。」〔註160〕四家中桂未谷、黃小松隸書較為傳統，伊墨卿與陳鴻壽是創新求變的。王冬齡說：

> 曼生的隸書從《開通褒斜道》、《石門頌》、《楊淮表記》這一路漢碑出來，同時又吸收了秦詔版及西漢的隸書的藝術趣味。他的隸書用筆接近西漢諸碑，未強調波挑燕尾，篆書的筆意很濃。筆勢天然宕逸，有不掩性情之感，尤其在字形結體上，別有會心，每個字的結構都經過重新組合，一般中斂外肆，又能「應長反短，應縮反伸」，分行布白錯落生動，深得秦詔版章法「不齊而齊」的法理深韻。〔註161〕

王冬齡道出了陳鴻壽書法淵源，及其隸書特色是用筆接近西漢諸碑，未強調波挑燕尾，篆書的筆意很濃，又深得秦詔版章法。筆勢天然宕逸，自然與性情有關。陳鴻壽隸書主要取法《開通褒斜道》、《石門頌》、《楊淮表記》這三個摩崖，可貴的是他能遺貌取神，表現新意。

關於《開通褒斜道》，楊守敬《平碑記》云：「按其字體，長短廣狹，參差不齊，天然古秀若石紋然，百代而下，無從摹擬，此之謂神品。」〔註162〕至於《司隸校尉楊孟文石門頌》楊守敬評曰：「王述庵謂是碑勁挺有姿致，推為東漢人傑作。……其行筆真如野鶴閒鷗，飄飄欲仙。六朝疏秀一派，皆從此出。……不獨《開通褒斜道》之馳騁排宕也。」〔註163〕而《楊淮表記》楊守敬未有評語。王昶《金石萃編》載：「此摩崖高八尺三寸，寬二尺二寸，隸書七行，每行二十五六字不等。碑主楊淮、楊弼兄弟係《石門頌》中司隸校尉楊孟文之子，該摩崖即是其同鄉卞玉於熹平二年過石門時見《石門頌》，有感楊氏子孫業績而作表刻石紀之。」〔註164〕此碑風格與《石門頌》相類，但渾厚稍遜，更為疏秀放蕩，其書法天真雄放，渾樸古厚，瀟灑野逸，佈局隨意，豪放不羈，無拘無束，神情清朧，章法錯落而有天趣。粗獷稚拙中有古厚俊雅之氣。歸納此三碑有共同的特點，即《開通褒斜道》參差不齊，天然古秀。《石門頌》如野鶴閒鷗，六朝疏秀一派，皆從此出。《楊淮表記》比《石門頌》更為疏秀放蕩，瀟灑野逸。可知陳鴻壽取法摩崖，著重天真、野

〔註160〕楊守敬《書學邇言》，頁103。
〔註161〕王冬齡〈陳曼生的書法篆刻藝術〉收錄於《書論合訂本第十卷》，頁210～211。
〔註162〕金其楨著《中國碑文化·開通褒斜道》（重慶出版社，2002年1月1版），頁82。
〔註163〕楊守敬《激素飛清閣·評碑評帖記》，（湖北省博物館，1987年10月出版），頁26～27。
〔註164〕金其楨《中國碑文化》（重慶出版社，2002年1月1版），頁127～128。

逸、古厚、疏放一路。

圖 4-4-1　《開通褒斜道》　　圖 4-4-2　《石門頌》　　圖 4-4-3　《楊淮表記》

 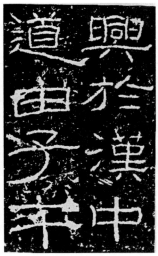 

（二）阮元碑學影響

阮元任浙江巡撫，為編輯《兩浙金石志》，身邊聚集大量金石研究學者，形成富有特色的金石文化圈。阮元有「一代經神」之稱，陳鴻壽小阮元四歲，但例稱阮元為師，任其幕僚，在阮元處受益甚深。蔣寶齡《墨林今話》云：

> 陳鴻壽初以古學受知于阮芸台尚書。撫浙時與從弟雲伯同在幕府，
>
> 有二陳之稱。〔註165〕

在經學、金石、書法方面，受阮元影響甚多。阮元訪碑，重刻石鼓文，陳鴻壽有詩讚述，詩中表達「大書深刻」、「氣體深厚」，顯然受其師阮元碑學思想的影響。他廣泛學習漢碑，尤其善於從漢摩崖石刻中汲取營養。陳鴻壽自云：「餘性好遊覽，每逢名勝之區，登山躋嶺，摩沙古碑，考據金石文字，樂而忘返者垂數十年。」〔註166〕可見他對金石的喜好。

（三）藝術主張

1. 天趣觀

陳鴻壽在藝術上主張，詩文書畫，不必十分到家，乃見天趣。《墨林今話》云：

〔註165〕蔣寶齡《墨林今話‧卷十》，收於《清代傳記叢刊》（明文書局印行），頁1。
〔註166〕陳鴻壽〈幾生修到〉印款。

曼生酷嗜摩崖碑版，行楷古雅有法度，篆刻得之款識為多，精嚴古宕，

人莫能及，其言曰，凡詩文書畫，不必十分到家，乃見天趣。〔註167〕

所謂「不必十分到家」，是指技法方面的生疏或不成熟，較少法度的約束，書寫更加自由，從心所欲，一派天機。這種因為書寫不合常規，而產生的意外新鮮感，就是天趣。大意創作不必精工細琢，即求其神而忘其形的意思。藝術講求天然之趣，不要過於人工化的痕跡。傅山說：「俗字全用人力擺列，而天機自然之妙，竟以安頓失之。」〔註168〕在清初傅山「四寧四勿」新的美學思想觀念之下，可說為清代碑學發展提供了美學基礎。陳鴻壽處於乾嘉金石學研究風氣盛行的時代，酷嗜摩崖碑版，追求古拙，是可以理解的。但天然之趣何嘗容易，從陳鴻壽的作品來看，與伊秉綬結字相較就顯得支離，但人為安排痕跡還是很明顯的，可貴的是勇於創造的精神。

2. 禪機觀

陳鴻壽將書畫與禪並論，他有一方印章刻「書畫禪」，其邊款云：「書畫雖小技，神而明之，可以養身，可以悟道，與禪機相通。宋以來如趙、如文、如董，皆不愧正法眼藏。餘性耽書畫，雖無能與古人為徒，而用力積久，頗有會於禪理，知昔賢不我欺也。」〔註169〕此印款署嘉慶乙丑作於羊城（廣州），陳鴻壽時為三十八歲，可見接觸禪學甚早。禪機妙悟與藝術相通，心入禪境，筆下自生雲水趣味。曹容說：

> 書道禪，就是藉著書法一道以參禪，以求得正覺。凡靜止一切念慮，
> 不使思想散漫者謂之禪。書法一道，只要鍊到一個功夫，即可以靜
> 慮、可以正心、可以專志、可以養氣、可以全神。〔註170〕

曹容創書道禪是以書法參禪，以求正覺，以迴腕法執筆，運筆如行太極拳，心筆合一，是心是筆，非心非筆，水乳交融的靜寂之域，無我，無人，亦無生的自在禪境，就是書道禪。以禪喻詩的嚴羽云：「大抵禪道惟在妙悟，詩道亦在妙悟。」〔註171〕其實書法精進之道，亦常在妙悟。所謂由技入藝，再由藝入

〔註167〕蔣寶齡《墨林今話‧卷十》，收於《清代傳記叢刊》（明文書局印行），頁1。
〔註168〕劉貫文、張海瀛、尹協理主編《傅山全書》（太原：山西人民出版社，1991年）
第一冊，頁862。
〔註169〕陳鴻壽〈書畫禪〉印款句。
〔註170〕沈德傳〈老書生曹秋圃‧書道禪〉（雄獅美術，1983年6月號第148期），頁
47。
〔註171〕嚴羽《滄浪詩話》（台北：里仁書局，1987年4月初版），頁12。

道。這中間禪悟與藝術境界高低關係很大。

　　六祖壇經云：「以無念為宗、無相為體、無住為本。」〔註172〕此即要於念而無念、於相而離相、念念不住，即無縛也。可見禪宗的修習重點在「無」。慧能禪偈：「本來無一物」，金剛經云：「無人相、無我相、無眾生相、無壽者相」，就是不要執著分別，不要著相，超越對立，與大道融為一體。這種思想觀念，運用在書法，即講求自然。所謂「平常心是道」，不刻意雕琢。

　　陳鴻壽講求天趣，即追求自然，是屬於道家思想。而禪機妙悟則屬於佛家禪宗思想。陳鴻壽又以古學受知於阮元，兼善詩文，是儒家思想，可見其具備儒、道、禪的多方面文化修養。高度的文化素養，是成就高度精神內涵藝術的條件。

三、作品分析

　　陳鴻壽書法以隸書、行書最具代表性，隸書根底漢人，行書峭拔，風骨高騫。〔註173〕而篆書則受篆刻影響，寫的是繆篆。印宗秦漢旁及丁敬與蔣仁、黃易、奚岡。今將其作品分隸書、篆書分析如下：

（一）隸書作品

　　陳鴻壽書法，以隸書成就最高，風格簡古。陳振濂說：「陳鴻壽簡單的出奇，信手直畫，不故為頓逗，一切聽其自然，既無藏頭護尾，又無一波三折，此非簡而何？而簡者只要保持線條形式美感，則他必然會古。……直過平實的線條必須以變化多端的結構來配合，不然也如白開水淡而無味。」〔註174〕線條已簡，結構造形不能再簡。茲列出不同風貌之隸書作品，並選擇較具代表性者作分析。早期隸書如《經之營之隸書軸》、《志樂隸書軸》等作品，風格尚未建立，有求奇求怪的傾向。因陳鴻壽作品大都未署年款，筆者將其作品，按風格相近者分為五類風格。1. 蒼秀簡古。如《散此、偶有隸書八言聯》、《畫就、賦成隸書七言聯》。2. 寬博沉靜。如《世業、天心對聯》、《曾子質孝隸書軸》、《錢塘許君墓誌銘》。3. 支離奇絕。如《清祕琴書對聯》、《種桐、流麥對聯》。4. 灑脫雅逸。如《閒中壽外對聯》、《課子成仙對聯》是陳鴻壽

〔註172〕孟穎集注《六祖壇經・定慧品第四》（台南：靝巨書局，1982年2月初版），頁144。
〔註173〕楊守敬《書學邇言・評書》，頁103。
〔註174〕陳振濂《中國書畫篆刻品鑑》（北京：中華書局，1997年4月1版），頁321。

的代表作。5. 雄強樸厚。如《漢室周人對聯》、《得魚賣畫對聯》等皆是隸書代表性作品。

1. 蒼秀簡古

圖4-4-4　《散此、偶有隸書八言聯》　圖4-4-5　《畫就、賦成隸書七言聯》

取自《中國書法家全集》（伊秉綬·陳鴻壽）河北教育出版社，頁36，尺幅：163cm×31cm×2。　　取自《中國書法家全集》（伊秉綬·陳鴻壽）河北教育出版社，頁43，首都博物館藏。尺幅：124cm×25.5cm×2。

（1）《散此、偶有隸書八言聯》分析

《中國書法鑑賞大辭典》中有件書寫內容與此相同的作品，落款為甲子（1804）年，即嘉慶九年，時陳鴻壽三十七歲。因此推論此為三十七歲前後所作。結字造形奇特是陳鴻壽隸書的特徵，陳鴻壽擅於運用疏密、長短、鬆緊、顧盼、呼應等來表現藝術構思，取法摩崖，運用帶有篆書筆意的線條，創造古樸氣息又有強烈個性色彩的書風。用筆簡古率意，結體似乎散漫而不經意，實則別具匠心。隸書以漢碑方整為主，此作則不見漢碑的方整。

（2）《畫就、賦成隸書七言聯》分析

此作與前作風格相近，用筆更為精熟，線條簡鍊，結字造型將篆隸相融，中斂外肆，意趣清新，變化多趣，線條帶有篆書線質，整體章法諧調，墨法上是以均勻的濃墨來表現，有厚實含蓄之感，耐看且富有韻味。

2. 寬博沉靜

（1）《曾子質孝隸書軸》分析

　　陳鴻壽書法主要取法《開通褒斜道》、《石門頌》、《楊淮表記》三個摩崖石刻，又深得秦詔版章法。此作用筆少提按，橫豎粗細一致，沒有波挑，線條感覺較平直生硬，因少有起伏而有沉靜的穩定感。結字寬博大方，由體勢的平穩沉靜，亦透露創作的主體是平心靜氣的。這與作者喜歡修禪有關，在細微地方有些變化，如「質」，線條有長短粗細的不同。「孝」的子特別小。「方」的撇一長一短，表現其造形獨特的趣味。

（2）《世業、天心對聯》分析

　　《世業、天心對聯》署款為嘉慶十五年，陳鴻壽四十三歲作。橫豎非常平直，橫畫重複時作長短變化，沒有波挑。用筆直來直往，結字橫畫誇張或縮短極具變化，一般中斂外肆，寬窄映襯明顯，有的撇捺改為小點，有些字的造形顯得古怪，線質給人平板剛硬的感覺，但整幅章法又具有諧調感。

圖 4-4-6　《曾子質孝隸書軸》　　　　圖 4-4-7　《世業天心對聯》

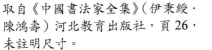

取自《中國書法家全集》（伊秉綬·陳鴻壽）河北教育出版社，頁 26，未註明尺寸。

取自《中國書法家全集》（伊秉綬·陳鴻壽）河北教育出版社，頁 29，嘉慶十五年 43 歲作，未註明尺寸。

圖 4-4-8 《錢塘許君墓誌銘》

取自《中國書法家全集》（伊秉綬·陳鴻壽）河北教育
出版社，頁 114，未註明尺寸。

（3）《錢塘許君墓誌銘》分析

這是陳鴻壽的小隸書，嘉慶二十一年，四十九歲作，此作有界格，結體寬博古雅，用筆顯示了隸書嫻熟的書寫技巧，行筆有波動感，流暢中見生澀，橫豎粗細較為一致，沒有波挑，此作字型扁平方整，具有金石氣。

3. 支離奇絕風格

（1）《清祕、琴書對聯》分析

陳鴻壽此聯「清祕倪迂閣，琴書靖節居。」倪迂即倪瓚，特妙山水，陳鴻壽山水畫學倪迂。靖節即田園詩人陶淵明，為隱逸詩人之宗。陳鴻壽亦是詩人，有《種榆仙館詩集》，此聯可見其仰慕追求與旨趣所在。此作結字給人支離、率性，「倪」字省人字旁，「居」字撇畫尖鋒出筆，非隸書寫法，書風有蕭疏簡淡、新奇狂怪之感。因線條簡單化，不能不在造形方面求變，否則就太單調。造形的奇崛，奇肆不羈，有狂放傲岸的氣概，亦可見作者的個性與匠心追求。

（2）《種桐、流麥對聯》分析

用筆除點為圓筆外，線條用方筆寫成，結字大小對比強烈或造形奇特。如

「種、屋、流、為」四字，此作風格與前作近似，惟前作章法較為疏朗，此作則緊密些，整體給人率性自然的感覺。

圖 4-4-9　《清祕琴書對聯》　　　　圖 4-4-10　《種桐、流麥對聯》

取自《中國書法家全集》（伊秉綬・陳　　　取自《中國書法家全集》（伊秉綬・陳
鴻壽）河北教育出版社，頁 32。尺幅：　鴻壽）河北教育出版社，頁 33。重慶
133cm×32cm×2。　　　　　　　　　　博物館藏。尺幅：128cm×31cm。

4. 灑脫雅逸風格

（1）《閒中、壽外對聯》分析

此隸書五言聯為代表作之一，用筆上方圓並用，結字造形奇特，撇捺寫法特殊。風格灑脫雅逸，於八分書中，別具一格。圓筆有流動感，給人溫潤靈動的感受。

（2）《課己、成仙七言聯》分析

此作風格與前幅近似，字的結體頗具匠心，凡字形相同的其型態皆各異。三個「課」字、三個「成」字，都不同。筆畫造型，反短為長，應伸卻縮，橫豎波磔多作變形處理。方筆與圓筆並用，直撇與斜撇兼有，竭盡變化，是經過一番巧思的，是其代表作之一。

圖4-4-11 《閒中壽外對聯》　　　　圖4-4-12 《課子成仙對聯》

取自《中國書法家全集》朵雲軒藏。
尺幅：121cm×29cm。

取自《中國書法家全集》小莽蒼蒼齋
藏。刊於日本《書道全集二十四》。尺
幅：131.5cm×31cm×2。

5. 雄強樸厚風格

（1）《得魚賣畫對聯》分析

此作落款嘉慶丁醜夏六月朔日，根據年表，陳鴻壽時為五十歲，是年表中署年最晚之隸書作品，此隸書對聯，線條粗細相近，橫畫方筆居多，直畫圓筆較多，方圓並用，用筆渾厚，結體方正而稍扁，省去蠶頭燕尾，少數筆劃帶枯筆，顯得蒼勁雄健有力。「得、畫、買」三字造型略有變化，然與以往隸書造型之狂怪，此則章法顯得穩健諧調，筆畫深具雄強功力。

（2）《漢室周人對聯》分析

此作運筆古樸，結體謹嚴，頗得漢隸碑韻，用篆書筆法，線條豐腴圓潤，結體取篆意，介乎篆隸之間，捨去隸書的蠶頭燕尾。章法雍容方正，疏密自然。用墨濃重均勻，給人厚實之感。陳鴻壽的隸書有簡古之稱。此作每個字

的結構，無不作整上迎下，縮小張大之處理，表面上的鋪排下包藏著內在的變化，既橫平豎直又錯落穿插，字中有橫畫則一橫特長，一橫短，對比強烈。橫平線條，若無變化多端的結構配合，就會淡而無味。

圖 4-4-12　《得魚賣畫對聯》　　　　　圖 4-4-13　《漢室周人對聯》

取自《中國書法家全集·伊秉綬、陳鴻壽》杭州：西冷印社藏。尺幅：132cm×29cm×2。

取自《中國書法藝術圖典》（上海畫報社出版），頁 254，未註明尺寸。

（二）篆書作品

陳鴻壽的篆書係以繆印篆創作，借《開通褒斜道刻石》之神駿，用於繆篆，精嚴古宕，富有個性，人莫能及。〔註175〕主要受金石碑版和其篆刻影響。同時代稍晚的釋達綬（六舟）（1791～1858）其作品《一室半窗聯》明顯受陳鴻壽的影響。茲將陳鴻壽《清譚、為文聯》與《書對、竹兼聯》兩幅篆書作分析。

1.《清譚為文篆書五言聯》分析

陳鴻壽以篆印之習為書，力求變古法，風格凸顯，其作品，中鋒行筆澀

<hr>

〔註175〕馬國權《書譜·清代篆書概論》（1988 年第 1 期總第 80 期），頁 67。

勁，流暢中略帶波動，筆圓而勢方，並時見隸書筆意，由此產生一種金石氣。
結體章法極具匠心，採用不是一般篆書統一的長方形，而是多樣性變化，有
扁、有方、有長，長短取決於結字章法的需要，如同安排印稿。陳鴻壽以篆
印為書，用繆印篆來創作，在風格上是一種突破，如果不是有嫻熟的篆刻技
巧，飽覽古印，是不能如此得心應手的。

圖 4-4-14 《清譚為文聯》

取自《中國書法家全集·伊秉綬、陳鴻壽》
未註明尺寸。

2.《書對竹兼篆書七言聯》分析

陳鴻壽的篆書以繆篆創作。關於繆篆桂馥在〈繆篆分韻序〉云：「秦書
八體五曰摹印，漢曰繆篆，以印文自為一體也。……漢印則出入小篆，削繁
增減與隸相通。」〔註176〕此聯風格簡古超逸、悠然意遠。用筆師法漢篆筆
畫勻稱波動，藏鋒收筆嚴謹，結體因字而異，單字的寬度一致，而長短有相
差數倍，如「成、竹」甚短，而「書、對、賢、笙、鏞」甚長。章法上、下

〔註176〕桂馥《晚學集卷七》（北京：中華書局，1985 年 1 版），頁 191。

聯整體對應，對稱呼應十分巧妙。上下字間緊湊密不透風，有天衣無縫之感。
聯重款輕，主題十分突出。

馬國權將繆篆總結出：「結構勻稱、筆劃飽滿、線條平正」〔註 177〕觀陳
鴻壽此聯，中鋒用筆，線條平正飽滿，結構布白以篆刻之習為書，妥貼勻稱，
足可印証馬國權所言三個形體特點。馬國權歸納出「屈滿、減省、挪讓、穿
插。」〔註 178〕為繆篆四種常用寫作方法。陳鴻壽此聯「客」、「似」筆畫屈
滿，「聖」、「風」減省筆畫，「對」、「兼」、「笙」、「鏞」挪讓穿插。陳鴻壽是
篆刻家，對繆篆自然熟悉，其以繆篆作書在取法上具新穎與變化，自比一般
篆書家的寫法在視覺上吸引更多的目光。

總之，陳鴻壽的隸書造型奇崛，風格多樣，有蒼秀簡古、寬博沉靜、支
離奇絕、灑脫雅逸、雄強樸厚等。篆書則取法繆篆，以篆印之習創作，具新
穎與變化的特色。

図 4-4-15　《書對竹兼聯》　　　　図 4-4-16　釋達綬《一室半窗聯》

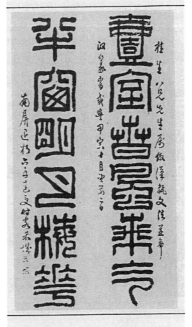

取自《中國書法家全集・伊秉綬、陳鴻
壽》未註明尺寸。

取自《書譜・1988 第一期・總第 80
期》，頁 67。

〔註 177〕馬國權《書譜・繆篆及其形體初探》（第六卷第一期總 32 期），頁 9。
〔註 178〕馬國權《書譜・繆篆及其形體初探》（第六卷第一期總 32 期），頁 9～10。

五、風格評價

　　陳鴻壽書法有何風格特色，世人對其評價又是如何呢？

　　陳鴻壽書法以隸書成就最高，他廣泛學習漢碑，從《開通褒斜道刻石》摩崖悟入，其風格特色如下。

　　（1）用筆：摩崖古隸的用筆，用古法，筆筆中鋒。

　　（2）結字：結字造形奇崛，是主要特色。運用篆刻的聚散伸縮配搭方法，有時縮大張小、有時應長反短、有時應伸反縮。陳鴻壽是篆刻家、金石家，所以其線條能表現古意，具金石氣。

　　（3）章法：在章法上，苦心經營，展現創新才能。

　　（4）風格：風格簡古超逸，意境蕭疏簡淡，具有狂怪的特點。

　　沃興華云：「陳鴻壽結體、章法苦心經營，展現獨到的藝術構思和精湛的造形能力，自我風格強烈，比鄧石如更具才情和靈氣。」〔註179〕鄧石如的隸書特色是雄強、功力深厚，結體章法重視計白當黑，但造形視覺上較為傳統。陳鴻壽則結字造形奇崛，具靈動變化。一般碑學家或重用筆遒勁或重姿態異趣，或顫掣以求剝蝕之金石味。陳鴻壽隸書卻線條簡單沒有藏頭護尾與一波三折。

　　陳鴻壽是清代中期（乾嘉時期）書法篆刻家。王潛剛《清人書評》云：「陳曼生，篆隸書力求變古法，而結構配合往往傷巧，緣其治印功深，不覺以篆印之習為書也。」〔註180〕王潛剛肯定陳鴻壽篆隸書力求變古法，卻對結構批評為傷巧，可謂有褒有貶。沙孟海說：

> 陳鴻壽也以寫隸字出名，他全仗聰明，把隸體割裂改裝，改裝的很
> 巧，很醒目的。他的隸字的價值，等於趙之謙的篆書的價值，畢竟
> 不十分大雅。〔註181〕

王潛剛認為結構傷巧，沙孟海認為改裝的很巧，看法不同，從接受美學的角度而言是可以接受的，接受美學強調的是讀者的判斷，可以不同。筆者認為其結構造形狂怪與其他隸書家不同，正說明其創新之勇氣與才能，此即是其新變所在。王冬齡說：

〔註179〕沃興華《插圖本・中國書法史》（上海：上海古籍出版社，2001年7月1版），頁493。

〔註180〕王潛剛《清人書評》收錄於崔爾平《歷代書法論文選續邊》，頁811。

〔註181〕沙孟海〈近三百年的書學〉收錄於《沙孟海論書文集》，頁67。

> 書從印入，印從書出，是有清一代碑學大家的共同特點。碑學書家
> 與金石書家，合二而一，會成一股洪流，推動著清代書法篆刻藝術
> 奔騰向前。陳鴻壽就是其中一位傑出的代表。〔註182〕

書印結合，相互影響是金石書家共有的特色。陳鴻壽是傑出的代表，又善制宜興紫砂壺，稱「曼生壺」是其書法契刻的載體。書法長於行、草、篆、隸諸體。

六、新變成就

（一）取法摩崖　簡古超逸

陳鴻壽書法風格鮮明，取法漢摩崖石刻從中汲取營養，他廣泛學習漢碑，尤以隸書著稱。結字造型則奇崛簡古，以巧思勝，表現出不與人同的超凡藝術創造力，影響其隸書風格最大的當推《開通褒斜道石刻》。方朔《枕經堂題跋》云：

> 明人以前無人擬習此體，近則錢塘陳曼生司馬心摹手追，幾乎得其
> 神駿，惜少完白山人之千鈞腕力耳。

由方朔之題跋，可知陳鴻壽的眼光遠大，明人以前無人學此體。說他得其神駿是對的，說他少完白山人的千鈞腕力則不可。蓋鄧石如以雄強勝，陳鴻壽以靈動見長。各有專擅，風格多樣，正是清代隸書成為標誌的重要因素。要求陳鴻壽雄強與要求鄧石如靈動，同樣不合理。《開通褒斜道石刻》隸書字體，有篆勢，渾樸蒼勁不可及，在漢代石刻中獨標新格，以一種清瘦野逸、豪放新奇之態，博得後人一致贊嘆。面對古老的摩崖，其天真雄放的氣勢、渾樸古厚、瀟灑野逸的意趣令人折服。東漢隸書已成熟，走向平正方整，此刻則有天然古樸之趣。

（二）結構奇崛　以篆印為書

陳鴻壽的隸書，具有狂怪的特點，其新變表現在結字和章法上。結字別有會心，應長反短，應縮反伸，此即其新變之處。他的隸書清勁瀟灑，結體自由。穿插挪讓，相映成趣，在當時是一種創新的風格。筆劃圓勁細插，如銀畫鐵鉤，意境蕭疏簡淡，雄渾恣肆，奇崛老辣。陳鴻壽的書法、篆刻，王潛剛《清人書評・陳鴻壽》云：

〔註182〕　《書論合訂本第十卷・王冬齡・陳曼生的書法篆刻藝術》，頁 210。

以余所見，陳曼生的行書甚雋，……其鐵筆作篆直逼秦漢，遠勝於
毛筆之書。〔註183〕

陳鴻壽以篆印之習為書，用筆、用刀，皆能得心應手，書法各體均能，隸書以
漢碑為宗，得古樸逸致，結字體態生動多姿，雖率筆縱放仍得沉著，於線質筆
意頗有自得。

總之，陳鴻壽隸書，取法摩崖，風格簡古超逸。結構奇崛，以篆印之習為
書，具有狂怪的特點。陳鴻壽書法不與人同，以靈動巧思勝，表現超凡的藝術
創造力，改變單純追求漢碑原味的創作，展現獨特的文人審美傾向。

〔註183〕崔爾平《歷代書法論文選・王潛剛清人書評》，頁 811。